El suicidio de España

LUIS HARANBURU ALTUNA

El suicidio de España

La autocracia de Pedro Sánchez

ALMUZARA

Editorial Almuzara • Sociedad actual
Editora: Ángeles López
Corrección: María José Pérez
Maquetación: Joaquín Treviño

www.editorialalmuzara.com
pedidos@almuzaralibros.com - info@almuzaralibros.com

Editorial Almuzara
Parque Logístico de Córdoba. Ctra. Palma del Río, km 4
C/8, Nave L2, nº 3. 14005 - Córdoba

Imprime: Black Print
ISBN: 978-84-10527-21-8
Depósito legal: CO-623-2025
Hecho e impreso en España - *Made and printed in Spain*

A los amantes de la libertad

Índice

Prefacio

Posiblemente, el autor del presente ensayo será considerado desde el sanchismo como miembro de la fachosfera, ya que no pueden concebir la existencia de ciudadanos libres y críticos. Pero se equivocan. Haranburu Altuna es uno de ellos. Una mayoría de españoles tiene por lema existencial y político la enseña de «libres e iguales». Una bandera abandonada por quienes de manera acrítica se someten al capricho y a la servidumbre del Uno.

Luis Haranburu Altuna comenzó su andadura intelectual escribiendo en las páginas de *Triunfo*, aquel semanario dirigido por José Ángel Ezcurra y Eduardo Haro Tecglen que oficiaba de mosca cojonera del franquismo. En aquel entonces militaba en el Partido Comunista de Euskadi, militancia que concluyó tras el referéndum de la Constitución de 1978. Jamás militó en otra formación política y la defensa de la democracia española y la impugnación del nacionalismo étnico se convirtieron en su principal afán.

Su obra principal la ha escrito en euskera, lengua en la que ha cultivado distintos géneros como la novela, el teatro, el periodismo y el ensayo. Pero casi al final de su trayecto vital utiliza el castellano para reflexionar sobre la hora grave y azarosa que vive España.

Este ensayo que prologo es, de algún modo, prolongación del libro publicado el año 2024 con el título de *Pedro Sánchez y el síndrome de Narciso* (Almuzara, 2024). El subtítulo del ensayo *De la democracia al socialpopulismo autócrata* indicaba el sesgo del recorrido de las políticas de Pedro Sánchez, que un año más tarde Haranburu Altuna califica como propias de una autocracia consumada. Según el autor del presente ensayo, la España democrática que echó a andar en los años 1976-1978 ha mutado hasta convertirse en una España políticamente híbrida bajo los gobiernos de Pedro Sánchez.

El ensayo se inicia de la mano de Étienne de la Boétie, nacido en Sarlat en 1530 y autor del opúsculo titulado *Discurso de la servidumbre voluntaria*, donde el joven La Boétie se pregunta: «Pero Dios mío, ¿qué puede ser? ¿Cómo diremos que se llama? ¿Qué desgracia es o qué vicio desgraciado es este de ver un número infinito, no obedecer, sino servir; no ser gobernados, sino tiranizados (…) sufrir el pillaje, las concupiscencias, las crueldades, no de un ejército, no de una banda de bárbaros, ¡sino de solo uno!, y no de un Hércules o Sansón, sino de un homúnculo y, con frecuencia, el más vil y afeminado de la nación». A lo largo del ensayo, La Boétie identifica al homúnculo, que no es ni Hércules ni Sansón, como el tirano o el Uno. El Uno al que Haranburu Altuna identifica en su trabajo con Pedro Sánchez.

A lo largo del ensayo se esboza una breve historia de la tiranía de la mano de autores Como Platón y Aristóteles, así como el testimonio de Maquiavelo, Montaigne, Spinoza, Hegel, Tocqueville, Marx, Nietzsche, Hayek, Frederic Lordon y, por supuesto, Carl Schmitt, quien a lo largo de sus casi cien años de vida actuó no solo como jurista del nacionalsocialismo, sino que sentó cátedra al afirmar que lo político no puede entenderse sin la distinción estructural entre el amigo y el enemigo. Enemigo que en el juego político consiste en la amenaza existencial que tomará cuerpo en la figura del «judío», quien será exterminado en los campos de exterminio del nazismo. Este mismo Carl Schmitt, que, tras la derrota del nazismo en 1945, fue juzgado en Nuremberg y tuvo que renunciar a la enseñanza. El mismo Carl Schmitt, amigo de Franco, que concibió al antagonismo como fundamento de lo político. Pasados algunos años, Carl Schmitt ha sido redescubierto por teóricos del populismo de izquierdas como Ernesto Laclau y Chantal Mouffe que han inspirado a la izquierda española, representada por Podemos y Sumar. Y, finalmente, al PSOE.

Y es así como Luis Haranburu Altuna conecta con el sanchismo encabezado por Pedro Sánchez, el mismo que tras las elecciones del 23 de julio de 2023 se empecinó en levantar un muro entre los españoles, con la vertiginosa e ignominiosa frase pronunciada en su discurso de investidura: «El único muro eficaz contra las políticas de la ultraderecha en comunidades y ayuntamientos ha sido el gobierno de coalición progresista de España». Frase detestable que rompe las cuadernas que desde la Transición habíamos construido entre todos los españoles, con una casa común que no es otra que la Constitución de 1978.

Echando la vista atrás, nos acordamos de aquella noche del 23 de julio de 2014 —día de las elecciones generales—, en que la masa convocada a las puertas de Ferraz gritaba «Somos más». Grito incomprensible, pues el PSOE había perdido las elecciones generales que ganó el Partido Popular. Pero también grito inaudito: ¿con quién contaban para decir «Somos más»? ¿Con los golpistas catalanes de ERC y Junts, con los bolivarianos de Podemos, con los herederos del terrorismo agrupados en Bildu, en definitiva, con lo más indeseable de cada casa?

No, no eran más y produce escalofríos que se pensara, y se gritara, lo contrario. Hace décadas, Felipe González solía decir que siempre hay que saber si uno es el problema o la solución. Aquella reflexión es hoy de vibrante actualidad. Es el Sr. Sánchez quien ha de plantearse si es el problema o la solución; si es capaz de embocar a España a un deterioro institucional próximo a lo irreparable, a un gobierno que está, pero no gobierna como consecuencia de su infinita debilidad, a un gobierno acogotado por los casos de corrupción que surgen aquí y allá —con independencia de su devenir judicial—. Si el Sr. Sánchez se considera todavía como la solución de esta malhadada legislatura, no solo será que no ha entendido nada, sino que el pueblo español pagará un alto precio en materia de empobrecimiento, en servicios públicos que no funcionan, en una juventud que se queda atrás, en una desindustrialización que prospera, en una insoportable crisis de vivienda, en una crisis de inmigración que avanza a ojos vista, en tantas otras cosas.

Es una evidencia que así no se puede gobernar, de hecho, no se gobierna. Es, también, una evidencia que España no se puede permitir estar cada día al pairo de una nueva resolución judicial en materia de corrupción. Pues, de seguir así, es el Estado de derecho, que define la Constitución de 1978, el que se encuentra seriamente torpedeado. Si esa Constitución establece, art. 97, que «el Gobierno dirige la política interior y exterior…», aquí se está ignorando ese precepto constitucional.

Cuando se ha llegado a este punto, es el momento de saber parar, que esto no da más de sí y que la única salida viable no es otra que convocar al pueblo español a unas elecciones generales.

Con un claro objetivo: que es el que asumió Felipe González en la triunfal campaña del PSOE en 1982 con el lema: «Por el cambio». Y cuando se le preguntaba qué significaba «Por el cambio», siempre contestaba que el cambio era «que España funcione». Ese, más de cuarenta años después, debe seguir siendo el objetivo, «que España funcione». Es la tarea que ha de presidir la acción de todo gobernante. Y cuando salta a la vista que eso no sucede en modo alguno en la actualidad, son las elecciones anticipadas, llamar a los españoles a las urnas, la única solución para resolver este infinito disparate. Es la única manera de frenar el suicidio colectivo de España, que el autor de este ensayo considera inevitable. El sanchismo considera enemiga a la mitad de la ciudadanía española y esa es, tal vez, la nota que la historia asignará a Pedro Sánchez.

Como dice el autor, la construcción del enemigo es fundamental para el proyecto sanchista:

> La historia juzgará, como a todos los que han acontecido, los gobiernos presididos por Pedro Sánchez, pero es muy probable que la principal característica en la que repararán los historiadores sea la laboriosa construcción del enemigo convertido en el motor de sus políticas. La construcción del enemigo es lo que mejor identifica la esencia de los gobiernos presididos por Sánchez. Sin la figura del enemigo, el sanchismo carece de alma y combustible para gobernar.

Todo un desenlace a la aventura iniciada por Pedro Sánchez, armada sobre la deshumanización del enemigo, que no adversario. Es así como se crea el suicidio colectivo de España, a base de construir enemigos por doquier.

No sé yo cómo acabará esta historia. Lo que sí sé es que cada día es más evidente que estamos perdiendo, a manos llenas, la condición inexcusable de ciudadanos. Así no podemos continuar.

Sería tan deseable como oportuno el que, antes que tarde, el autor de este fecundo ensayo acertara a narrar el modo y la manera en la que los españoles evitaron el suicidio colectivo que amenaza a la democracia española, eludiendo así el retorno a la España mas detestable del histórico cainismo. Esa historia que algunos tratan de revivir y rememorar con la excusa del franquismo insepulto que España había amortizado en la Transición. Pedro Sánchez pretende, ahora, exhibir el tótem incorrupto del franquismo, emulando así al dictador que exhibía el brazo incorrupto de Teresa de Ávila. El sanchismo necesita del tótem de Franco para significar al enemigo, que no es otro que el conjunto de los ciudadanos que aspiran a ser libres e iguales.

José María Múgica Heras
San Sebastián, 8 de febrero de 2025

Introducción

*Me he esmerado en
no ridiculizar
ni lamentar ni detestar
las acciones humanas,
sino en entenderlas.*

Spinoza (*Tratado político*, 1,4)

¿En que consiste la servidumbre voluntaria? ¿Cómo alguien libre y en lúcida posesión de sus derechos puede preferir la servidumbre a la libertad? Son estas las cuestiones que hace 470 años se planteó un muchacho que aún no había cumplido los dieciocho. Se llamaba Étienne de La Boétie y todavía no se había graduado como hombre de leyes. En un opúsculo que tituló *Discurso de la servidumbre voluntaria*, La Boétié se planteaba la siguiente cuestión:

> Pero, ¡Dios mío! ¿Qué puede ser? ¿Cómo diremos que se llama? ¿Qué desgracia es, o qué vicio, o, más bien, qué desgraciado vicio es éste de ver a un número infinito, no obedecer, sino servir; no ser gobernados, sino tiranizados (…). Sufrir el pillaje, las concupiscencias, las crueldades, no de un ejército, no de una banda de bárbaros, contra el cual y ante la cual podrían derramar su sangre y dejar la vida, ¡sino de uno solo!, y no de un Hércules o un Sansón, sino de un homúnculo y, con frecuencia, del más vil y afeminado de la nación» (*Discurso de la servidumbre voluntaria*, Étienne de La Boétie, edición de Jorge Álvarez Yágüez, Akal, 2022, pág. 122).

Pocos años antes, Nicolás Maquiavelo observaba la política desde la perspectiva del príncipe y de sus artes para alcanzar el poder y mantenerse en él, pero será Étienne de La Boétie quien cuestione a la política desde el lado de quien soporta el mandato del príncipe. Podríamos afirmar que el joven aquitano mira por los oprimidos, mientras que el toscano Maquiavelo se encarga de mirar por quienes gobiernan al común de los mortales.

La Boétie tuvo la fortuna de disfrutar de la amistad de Michel de Montaigne, quien se ocupó, tras su fallecimiento, de propagar el opúsculo de su joven amigo. En sus célebres *Essais*, Montaigne se encargó de dar a conocer el *Discurso* de su amigo que no cesará de ejercer un notable influjo hasta nuestros días. El breve pero contundente texto de La Boétie ha sido objeto de múltiples ediciones y versiones que han visto la luz en muchas de las encrucijadas políticas por las que Europa ha atravesado. Desde las guerras de religión en el siglo XVI hasta las revueltas del siglo XIX pasando por los días de la Revolución francesa, el *Discurso* ha ejercido de faro a quienes han luchado por la libertad y la autonomía del ser humano.

El texto de La Boétie posee un encanto especial que lo hace único e irrepetible. Se vale de los recursos de la retórica para exponer sus tesis, y las preguntas que se suceden a lo largo de sus reducidas páginas quedan a veces sin una respuesta contundente, aunque esboza siempre el camino que conduce a su comprensión. Como dirán Spinoza y Arendt, más que fustigar o lamentar los hechos La Boétie trata de comprender y entender lo que acontece. No le gusta lo que ve y, desde la desventura que constata en los siervos y los esclavos, arroja luz y marca el camino para la superación de la servidumbre humana. St. Just y Robespierre se inspiraron en el *Discurso* cuando trataron de afianzar la libertad, y, aunque fracasaron en el estrépito del terror, Lamennais lo adoptó en los días aciagos de los comuneros y Simone Weil lo comentó en el preámbulo de los totalitarismos que asolaron a Europa y al mundo en el pasado siglo. El texto de La Boétie, tal vez por su carácter de ensoñación adolescente, ha mantenido su frescura a lo largo de casi cinco siglos y todavía conserva toda su insolente fuerza en la denuncia de las nuevas pulsiones autocráticas que acosan actualmente a las democracias del mundo. Desde Donald Trump hasta Recep Erdogan y Viktor Orbán, pasando por Pedro Sánchez, la democracia es objeto de un grave deterioro que pone en evidencia los vicios que siempre acosaron al ser humano en su vocación de servidumbre.

Este ensayo intenta identificar las causas de la amenaza de ruina democrática a la que se ve abocada España, así como comprender la intencionalidad que guía a quienes han colocado a España en la agónica situación en la que se encuentra.

A simple vista, parece que el errático y cínico proceso de deconstrucción institucional que es observable desde que Pedro Sánchez asumió el poder es debido a la arbitrariedad del presidente acuciado por su extrema debilidad parlamentaria, que le obliga a convertir la necesidad en virtud y gobernar a golpe de decreto y sin un plan de gobierno, pero el lapso de seis años de Gobierno sanchista nos permite detectar una clara estrategia de demolición de las instituciones que soportan la democracia liberal española. Sin un ápice de «conspiranoia» cabe observar la lenta y callada actuación de la piqueta de demolición que en seis años ha hecho irreconocible la institucionalidad democrática derivada de la Constitución de 1978. El Ejecutivo ha convertido al Legislativo en mera correa de transmisión de sus arbitrarios bandazos y el Poder Judicial se encuentra bajo el acoso destituyente del Gobierno, que elude uno tras otro los controles y las instancias arbitrales del Estado de derecho. Ahora, además, pretende poner el bozal de la censura a las voces que discrepan de la venturosa realidad que el sanchismo pretende dibujar con sus relatos.

Todavía resuena en nuestros oídos aquella frase que Pedro Sánchez pronunció ante el Comité Federal del PSOE el día 7 de septiembre de 2024: «Vamos a gobernar con o sin apoyo del Poder Legislativo».

Entre los usos democracia liberal y representativa, figura que un ejecutivo sin el apoyo del Parlamento es un gobierno sin legitimidad. Pero Pedro Sánchez, con acento irritado, elevó el tono de su voz para proclamar que seguiría gobernando hasta el final de la legislatura. Como poco.

Pudiera pensarse que la deriva del sanchismo comienza y concluye con el «accidente» de la toma del poder por parte de Pedro Sánchez en junio de 2018 y los apoyos contra natura que recaba para mantenerse en el poder, pero la crónica política nos muestra que el secretario general del PSOE había mutado de ideología y de acción política desde el mismo momento que es aupado al frente de su partido en el año 2014. Ya entonces, Sánchez descubre sus cartas y en el año 2016 tras el primero de sus debacles electorales se muestra decidido a evitar un gobierno conservador presidido por

Rajoy y a postularse como cabeza de un frente «popular» formado por la ultraizquierda de Podemos y los nacionalistas étnicos del País Vasco y Cataluña. Pedro Sánchez se vio obligado a dimitir, pero un año más tarde es reelegido en unas primarias. Desde el regreso a la cúpula del partido, Sánchez se embarcó en la reforma del PSOE, que había sido uno de los principales soportes de la Transición, hasta convertirlo en un partido sin corrientes ideológicas ni contrapesos orgánicos al servicio del secretario general. En el primer volumen de sus memorias que lleva por título *Manual de resistencia*, Sánchez se explaya con satisfacción sobre el cambio operado en su partido y habla sin recato del nuevo PSOE que había conformado. Un partido sin disidencias y una ideología mutante que acabaría por suscribir las posiciones del nuevo «socialismo del siglo xxi».

El nuevo socialismo, sin embargo, había comenzado a construirse con José Luis Rodríguez Zapatero y sus «novedosas» convicciones sobre la estructura institucional del Estado español y las nuevas modas ideológicas que comenzaban a llegar desde los Estados Unidos de América. Lo que hoy conocemos como el fenómeno del wokismo político arribó a España en el año 2014 cuando surgió Podemos como partido ultraizquierdista dirigido por Pablo Iglesias. Diez años después, Podemos ha tocado fondo y apenas subsiste con una endémica representación política; en sus días de gloria, sin embargo, el PSOE llegó a temer el *sorpasso* del partido de Pablo Iglesias. Podemos no llegó a superar al PSOE, pero obtuvo una conquista más rotunda al infeccionarlo con su ideología política, que Pedro Sánchez ha acabado por hacer suya. En la coyunda PSOE-Podemos, el expresidente Rodríguez Zapatero actuó de padrino, no siendo ajena a dicha función su excelente posición en la cúpula del llamado «Grupo de Puebla» que conforma la nueva Internacional del socialismo del siglo xxi.

Los partidos comunistas y socialistas occidentales entraron en crisis cuando el Muro de Berlín cayó en la noche del día 10 de noviembre de 1989. El Muro, construido en 1961, fue un símbolo tangible de la división ideológica, política y económica entre el Este comunista y el Oeste capitalista. Su caída no solo representó el colapso de un régimen autoritario en Alemania del Este, sino también el principio del fin para muchos otros regímenes comunistas en Europa del Este. Este hecho marcó el inicio de una nueva era en Europa, donde la reunificación alemana y el eventual desmantelamiento de la Unión Soviética en 1991 consolidaron la victoria del modelo democrático y capitalista occidental.

Sin embargo, este «triunfo» del capitalismo también planteó un desafío significativo para las democracias sociales en Europa occidental. La socialdemocracia, que había sido una fuerza política dominante en muchos países europeos durante la segunda mitad del siglo XX, se enfrentó a una crisis ideológica y práctica. Esta crisis fue impulsada por una serie de factores interrelacionados que surgieron como resultado directo e indirecto de la caída del Muro de Berlín.

Sin el desafío del comunismo, los partidos socialdemócratas se vieron obligados a redefinir su agenda política y económica. En muchos casos, esto significó una «tercera vía», donde se aceptaban elementos del neoliberalismo, mientras se intentaba mantener un compromiso con la justicia social y la igualdad. Este enfoque híbrido, sin embargo, a menudo acabó en una dilución de los principios fundamentales de la socialdemocracia, creando confusión y zozobras entre su base tradicional de apoyo.

A veces la historia padece bruscas aceleraciones que afectan a las naciones de manera traumática. En los últimos años del siglo XX afloraron fenómenos económicos, sociales y culturales que tuvieron y siguen teniendo consecuencias determinantes en el mundo. Entre los nuevos fenómenos cabe señalar, en primer lugar, el de la globalización económica que intensificó la competencia mundial, desplazando la producción manufacturera hacia regiones con menores costos laborales. En Europa, esto llevó a una significativa desindustrialización en muchos países que habían dependido de la manufactura como columna vertebral de sus economías. Para las socialdemocracias, cuya base de apoyo incluía a la clase trabajadora industrial, esta desindustrialización significó una pérdida de apoyo fundamental, además de una presión adicional para adaptar sus políticas a un entorno económico cambiante.

La globalización de la economía y la desindustrialización subsiguiente trajeron consigo el aumento del desempleo y la precarización laboral. Los empleos seguros y bien remunerados de la industria fueron reemplazados en muchos casos por trabajos menos seguros en el sector de servicios, a menudo con salarios menos cuantiosos y condiciones laborales más precarias. Este cambio socioeconómico representó un desafío significativo para las socialdemocracias, que se vieron obligadas a equilibrar la necesidad de mantener el pleno empleo con las realidades de un mercado laboral en transformación.

Los años iniciales del siglo XXI resultaron convulsos tanto en lo económico como en lo político, y los anteriores fenómenos de la globalización, desindustrialización y paro estructural se vieron súbitamente potenciados por la crisis económica de 2008, uno de los eventos financieros más severos desde la Gran Depresión de la década de 1930. Comenzó con el colapso del mercado de hipotecas *subprime* en los Estados Unidos y rápidamente se extendió a nivel global, afectando a economías desarrolladas y emergentes por igual. Esta crisis tuvo profundas consecuencias económicas y políticas que transformaron el panorama global de manera significativa. El producto interior bruto (PIB) mundial se contrajo y muchas economías entraron en recesión. El desempleo aumentó drásticamente y millones de personas perdieron sus hogares debido a ejecuciones hipotecarias. La crisis también llevó a una disminución de la confianza en el sistema financiero global y a una contracción del crédito, lo que dificultó la recuperación económica.

Las repercusiones políticas de la crisis de 2008 fueron igualmente significativas. En muchos países, la crisis provocó un aumento de la desconfianza hacia las instituciones financieras y los Gobiernos, a los que se culpó de permitir que ocurriera la crisis a través de políticas de desregulación y falta de supervisión adecuada. Esta desconfianza alimentó el surgimiento de movimientos populistas tanto de izquierda como de derecha en diversas partes del mundo. En Europa, fue un factor clave en la crisis de la deuda soberana de la eurozona, que llevó a varios países, como Grecia, Irlanda y Portugal, a recibir rescates internacionales con condiciones de austeridad estrictas. Estas medidas de austeridad generaron un gran descontento social y político, alimentando movimientos de protesta y el auge de partidos políticos antiausteridad, como Syriza en Grecia y Podemos en España.

El 15-M, también conocido como el movimiento de los «indignados», aglutinó el malestar social ocasionado por el descalabro de la economía española, que el Gobierno de Zapatero fue incapaz de prever y se resistió a reconocer. La inacción del Gobierno del PSOE dio lugar a protestas y movilizaciones que comenzaron el 15 de mayo de 2011. Estas movilizaciones surgieron como una respuesta a la crisis económica, el desempleo, la corrupción política y el descontento generalizado con el sistema bipartidista, representado principalmente por el Partido Popular (PP) y el Partido Socialista Obrero Español (PSOE). Los manifestantes, mayoritariamente jóvenes y desempleados, se organizaron a través de redes sociales y plataformas digitales, ocupando plazas en varias ciudades, siendo la Puerta del Sol en Madrid el epicentro del movimiento.

El 15-M no solo criticó las políticas económicas y la gestión de la crisis, sino que también abogó por una democracia más participativa y transparente. Este ambiente de descontento y demanda de cambio social y político facilitó el surgimiento de nuevas fuerzas políticas, entre ellas Podemos, fundado en enero de 2014. Podemos, liderado por Pablo Iglesias, canalizó gran parte del espíritu del 15-M, defendiendo la lucha contra la austeridad, la corrupción y proponiendo reformas profundas en el sistema político español. En las elecciones europeas de 2014, Podemos obtuvo un sorprendente éxito, marcando el inicio de un cambio significativo en el panorama político español.

Pedro Sánchez no es un ideólogo brillante, pero dispone de una ilimitada fuente de inspiración en la numerosa nómina de asesores, que son capaces de construir un oportuno relato para cada coyuntura política. De su boca salen expresiones como «máquina de fango», «muro» o «inmigración circular», inicialmente vacías de contenido, que adquieren sentido y carga semántica según las necesidades. Pero más allá de los relatos circunstanciales y los términos vacíos de contenido, el sanchismo ha canjeado los postulados históricos del socialismo por los axiomas del «socialismo del siglo XXI». Dicho «socialismo» consiste en una hibridación entre el pensamiento de Laclau-Mouffe y la ideología woke. Esta amalgama híbrida y circunstancial se nutre de cuatro ideas básicas que constituyen el armazón del socialismo del siglo XXI en su adaptación sanchista.

Los cuatro postulados básicos del sanchismo, versión hispana del socialismo del siglo XXI, son, en primer lugar, la figuración de lo político como un espacio donde el antagonismo entre amigo y el enemigo es llevado hasta su paroxismo; en segundo lugar, la creación de una vaga y porosa ideología denominada «progresismo» que pretende ser hegemónica. Estos dos primeros postulados son el legado de la pareja formada por Lacau y Mouffe que tiene su referencia principal en los libros *Hegemonía y estrategia socialista* (1985) y *La razón populista* (2000), donde se defiende la existencia de un populismo de izquierdas. El tercer y cuarto postulado del sanchismo son legados del pensamiento woke y consisten en la entronización del identitarismo en el lugar que ocupaba la igualdad y la cancelación del legítimo antagonista convertido en enemigo.

Más adelante ampliaremos el esquema apuntado aquí, pero hemos de insistir en la mutación ideológica que se ha operado en la histórica formación socialista española y el papel que el PSOE desempeña en esta transformación. Ya no cabe hablar de un socialismo histórico que estaría inspirado por Felipe González y su generación frente a otro socialismo «nuevo» y adaptado a los tiempos. La dicotomía entre dos tipos de socialismo queda rota al surgir el sanchismo como una formación que, so capa de unas determinadas siglas, ha mutado en su esencia y en su contenido. El viejo lema de «libres e iguales» ha mutado hasta convertirse en un sectario «progresismo» que pretende ser hegemónico frente a un enemigo del que le separa el muro de la corrección política y la supuesta excelencia moral.

Esta hibridación que se conoce como el «socialismo del siglo XXI» es un constructo que lleva el certificado de origen de Pablo Iglesias y Podemos, su formación política, que, si bien no ha prosperado políticamente, ha colonizado al PSOE de Pedro Sánchez. Desde el primer minuto, tras su acceso a la jefatura del Gobierno, Sánchez se empeñó en colonizar las instituciones con el fin supremo de su permanencia en el poder. El interés general quedó reducido a una mera locución retórica y no tuvo empacho en patrimonializar a su partido y a todas las instituciones del Estado. En su célebre libro *Cómo mueren las democracias*, Steven Levitsky y Daniel Ziblatt advertían del peligro que supone para la democracia el acceso de personajes autoritarios a la cima del poder.

Los políticos no siempre revelan la magnitud de su autoritarismo antes de acceder al poder. Algunos se adhieren a las normas democráticas en los albores de sus carreras y las abandonan posteriormente (…). Deberíamos preocuparnos en serio cuando un político: 1) rechaza, ya sea de palabra o mediante acciones, las reglas democráticas de juego; 2) niega la legitimidad de sus oponentes; 3) tolera o alienta la violencia o 4) indica su voluntad de restringir las libertades civiles de sus opositores, incluidos los medios de comunicación (págs. 31-32).

Según los mencionados autores «un político que cumpla siquiera uno de estos criterios suele dar positivo al detectar el autoritarismo». Desgraciadamente, durante los seis años de ejercicio del poder, Pedro Sánchez ha dado positivo en los cuatro criterios para detectar al político autoritario. En cuanto al primer criterio: son innumerables las acciones en las que Sánchez ha roto las reglas del juego democrático al ignorar las instituciones de control o legislar saltándose a las cámaras legislativas. En segundo lugar, declarar indecente al líder de la oposición o burlarse histriónicamente del mismo denota la deshumanización del opositor. En tercer lugar, al sustentarse en el poder apoyándose en una organización política que se niega a condenar la violencia terrorista se hace cómplice de su historia criminal y, finalmente, su intención de instaurar una «regeneración democrática» para censurar a los medios de comunicación, no afines, pone el broche final al test propuesto por Levitsky y Ziblatt.

Ya antes de acceder al Gobierno de España, sus compañeros del PSOE detectaron la índole política de Pedro Sánchez y fue defenestrado de la dirección del partido, pero valiéndose de unas elecciones primarias regresó al poder con ánimo de vengarse de sus opositores. Dicho y hecho, Sánchez implantó su autoridad omnímoda sobre el PSOE y logró imponer sus políticas populistas y neosocialistas desde la Moncloa.

En un ensayo anterior (*Pedro Sánchez y el síndrome de Narciso*, Almuzara, 2023), me he ocupado de mostrar el posible trastorno de personalidad que aqueja a nuestro presidente y las consecuencias políticas que de ello se derivan. No insistiré, por lo tanto, en subrayar la importancia que reviste la personalidad de un jefe de Gobierno en las políticas que implementa y desarrolla. En un rapto de lucidez, el mismo Sánchez nos informa en el primer volumen de sus memorias la relación de causa-efecto que posee la personalidad psíquica de un gobernante cuando refiriéndose a Vladímir Putin afirma lo siguiente: «La forma de ser de Putin determina su forma de ver el mundo y ha tenido un papel decisivo como dirigente de un país autocrático».

Si el nombre de Vladímir Putin lo sustituyéramos por el de Pedro Sánchez, seguramente obtendríamos una foto fija de lo que acontece en esta España presidida por el autor de la frase. Efectivamente, la forma de ser de nuestro presidente determina su forma de ver el mundo y ha tenido un papel decisivo como dirigente de este país (cada vez, más) autocrático. Es decir, Sánchez es consciente de que la personalidad de un dirigente determina su cosmovisión y ejerce un papel decisivo en su manera de gobernar. Lo que no dice el presidente es que él, al igual que Putin, padece de un trastorno de personalidad narcisista que determina su forma de ver el mundo y condiciona sus políticas.

En esta España bipolar, que Pedro Sánchez ha logrado dividir, las encuestas demoscópicas y los reiterados resultados electorales nos muestran una nación rota y gobernada por un personaje con claros signos autocráticos. Seis años de gobernanza acreditan una voluntad de poder que no repara en daños a la democracia y que la suprema virtud del autócrata no es otra que la de perdurar en el poder. El deterioro de las instituciones de la democracia y la subsiguiente merma de libertades no ocurre de súbito, sino que la destrucción de la democracia se da paulatinamente y sin sobresaltos. En su conocido libro, convertido en manual de la deconstrucción de las democracias, Steven Levitsky y Daniel Ziblatt constatan el paulatino proceso que lleva a una democracia a su indefectible deterioro:

> Para muchos ciudadanos, al principio puede resultar imperceptible. Al fin y al cabo, se siguen celebrando elecciones, los políticos de la oposición continúan ocupando escaños en el Congreso y la prensa independiente sigue publicándose. La erosión de la democracia tiene lugar poco a poco, a menudo a pasitos diminutos. Cada uno de esos pasos por separado, se antoja insignificante: ninguno de ellos no parece amenazar realmente la democracia. De hecho, los movimientos del gobierno para subvertirla suelen estar dotados de una pátina de legalidad: o bien los aprueba el Parlamento o bien el Tribunal Supremo garantiza su constitucionalidad. Muchos de ellos se adoptan con el pretexto de perseguir un objetivo público legítimo como combatir la corrupción… o mejorar la calidad de la democracia (pág. 95).

Pedro Sánchez ha utilizado diversos argumentos, relatos y añagazas para alterar las leyes o socavar el «espíritu» de la Constitución.

Mediante argumentos dolosos o la subversión de las instituciones ha gobernado a golpe de reales decretos sin el sometimiento a los arbitrajes previstos por la ley y previo sometimiento del Congreso, mediante la complicidad de partidos políticos enemigos de la Constitución o la colonización del Tribunal Constitucional. Con ocasión de la epidemia del COVID-19, Pedro Sánchez decretó por dos veces el estado de alarma con grave quebranto de los derechos de la ciudadanía; alteró el Código Penal para indultar a los soberanistas catalanes que encabezaron el golpe de Estado del 1 de noviembre de 2017; decretó la amnistía para quienes lideraron el *procés* que culminaría con la declaración unilateral de independencia de Cataluña; cambió la política exterior española referente al Sahara sin conocimiento del Consejo de Ministros ni del Parlamento. Las excusas utilizadas para la declaración de los indultos y posterior amnistía fueron las del apaciguamiento del independentismo catalán y el bien común, cuando de lo que se trataba era de la cínica compra de los votos que permitieron la investidura de Sánchez tras su derrota electoral del 23 de julio de 2023. El coste político de las maniobras de Sánchez para perdurar en el poder ha supuesto cambios no consensuados de la Constitución española, realizados mediante artimañas y hechos consumados que han afectado a la igualdad en derechos de los ciudadanos españoles, entronizando la arbitrariedad política como norma de gobierno.

Una mayoría de españoles ve con alarma creciente el deterioro de la democracia española. Sánchez gobierna al frente de un anómalo «somos más» donde se suman apoyos legítimos con el apoyo impropio de quienes tienen por objetivo político y existencial la ruina de la democracia española. El objetivo declarado de Sánchez es hacer frente a la ultraderecha fascista que representa a la mayoría de los votantes españoles, pero derrotar al supuesto fascismo no es sino la excusa para eternizarse en el poder y afianzar su autocracia.

Ante este panorama desolador de la democracia española donde la igualdad de los españoles ha saltado por los aires y la arbitrariedad de un autócrata doblega a la voluntad, más o menos silente, de la mayoría de la población de España, cobra toda su actualidad las preguntas que Étienne de La Boétie se hacía hace casi cinco siglos: ¿cómo es que Uno domina a toda una nación, a millones de ciudadanos? ¿Cómo es posible que un autócrata disfrute de la servidumbre de tantos? ¿Cuál es el nombre de la desgracia que afecta a quienes soportan la privación de la libertad? El *Discurso* de La Boétie contiene la respuesta que no deja de ser tan increíble como cierta. Es la servidumbre voluntaria la que permite al autócrata gobernar sobre los ciudadanos convertidos en siervos.

Pedro Sánchez obtuvo en las últimas elecciones de julio de 2023 el abultado resultado 7 700 970 votos. No ganó las elecciones, pero son muchos votos, demasiados, para considerar a todos sus votantes como siervos entregados a su amo y señor. No es razonable pensar que todos sus votantes estén infeccionados por el virus de la «servidumbre voluntaria». Los casi ocho millones de votos merecen todo el respeto, pero no por ello podemos dejar de preguntarnos por los porqués ni por las pulsiones profundas que motivan su voto. El *Discurso* de Étienne de La Boétie nos ayudará a discernir las razones profundas de la servidumbre voluntaria, sin la que no es posible la autocracia sanchista.

Por razones obvias circunscribimos a España y al fenómeno del sanchismo las preguntas y respuestas que la actualidad política nos suscita, sin desentendernos por ello del contexto internacional en el que se inscribe el fenómeno de la autocracia española, con especial atención al vínculo existente entre el narcisismo político que define a muchos de los políticos actuales y el fenómeno de los autoritarismos crecientes que jalonan el mapa de la política global. Trump, Erdogan, Orbán, Meloni, Maduro, Putin, Macron o Sánchez son, a derecha e izquierda, modelos del trastorno de personalidad narcisista, que se halla en el origen del autoritarismo, que es la condición de posibilidad del incremento de las autocracias en el mundo. El trastorno de personalidad de los autócratas, por otra parte, es inexplicable sin la predisposición a la servidumbre voluntaria de los ciudadanos que, una vez convertidos en siervos, renuncian a su condición de ciudadanos libres e iguales.

¿Se encuentra vigente en España la servidumbre voluntaria que Étienne de La Boétie denunciaba en su discurso? ¿Sirve el modelo político descrito por La Boétie para explicar la deriva autocrática de España de la mano de Pedro Sánchez? ¿Estamos inmersos en una autocracia? Son las preguntas que trataré de responder en el presente ensayo y para ello me dispongo a describir el modelo político que Étienne de La Boétie denunció en su *Discurso* y la eventual validez del mismo 470 años después. La servidumbre voluntaria ha cobrado a lo largo de la historia diversas caras y distintos modos que trataré de enunciar, pero focalizaré mi esfuerzo principal en el señalamiento del vigor que la voluntad de servidumbre ha adquirido en nuestros días, y en España, de manera especial.

I.
De la Boétie y la servidumbre voluntaria

Aquél a quien el pueblo ha dado el Estado
debería ser, me parece, más soportable;
y lo sería, creo yo, pero,
desde que se ve elevado por encima de los otros
y adulado por eso que se denomina la grandeza,
decide no moverse más de su puesto.

Étienne de La Boétie

Étienne de La Boétie nació el 1 de noviembre de 1530 en la villa de Sarlat, en el Perigord, Francia, en una familia acomodada, lo que le permitió acceder a una educación de alto nivel. Desde temprana edad mostró un notable talento intelectual, destacando en sus estudios y logrando una gran habilidad en las humanidades, lo que lo llevó a formarse en Derecho en la Universidad de Orleans, uno de los centros académicos más prestigiosos de la época.

A los dieciocho años, La Boétie escribió el *Discurso de la servidumbre voluntaria*, obra que analiza las raíces de la opresión política y la pasividad del pueblo frente a la tiranía. En este ensayo, que marcaría su legado intelectual, La Boétie reflexiona sobre el poder que los tiranos ejercen y, lo más importante, sobre cómo los pueblos sometidos, por costumbre o miedo, consienten su propia servidumbre. Para La Boétie, la libertad es un derecho natural del ser humano, pero muchas veces es abandonada voluntariamente, permitiendo que la tiranía se perpetúe.

El *Discurso* apenas tuvo difusión durante la vida de La Boétie, pero su contenido revolucionario y profundo influyó en generaciones posteriores, lo que inspiró a filósofos como Jean-Jacques Rousseau y alimentó movimientos políticos orientados a la emancipación y resistencia frente a la opresión. A lo largo de los siglos XVIII y XIX, especialmente durante la Revolución francesa, su obra fue redescubierta como un texto clave en la lucha por la libertad política.

Tras finalizar sus estudios de Derecho, La Boétie fue nombrado consejero en el Parlamento de Burdeos a los veintitrés años, donde desarrolló una brillante carrera como magistrado. En esta etapa de su vida, conoció al célebre escritor Michel de Montaigne, con quien forjó una amistad profunda y duradera. Montaigne lo describiría posteriormente en sus *Ensayos*, dedicándole un texto conmovedor en el que ensalza su sabiduría, su bondad y su carácter afable. Esta amistad es una de las más famosas de la literatura francesa y su influencia en Montaigne fue tan grande que inspiró parte de los *Ensayos*, en especial aquellos relacionados con la amistad y la ética.

A pesar de su juventud, La Boétie tuvo una prolífica carrera como funcionario y hombre de letras. También participó en misiones diplomáticas y jugó un papel moderador en las tensiones religiosas entre católicos y protestantes durante las guerras de religión que sacudían Francia en ese momento.

Sin embargo, su vida fue muy breve. En 1563, a la edad de treinta y dos años, murió de forma prematura, probablemente a causa de una enfermedad infecciosa, tal vez la peste, que azotaba a la región. Su fallecimiento afectó profundamente a Montaigne, quien en su memoria mantuvo viva la obra y el pensamiento de su amigo.

La Boétie dejó varios escritos, incluyendo traducciones de textos clásicos y poesías, pero es recordado principalmente por su *Discurso de la servidumbre voluntaria*, una obra que, a pesar de haber sido escrita en su juventud, sigue siendo un punto de referencia en el pensamiento político contemporáneo. Su análisis sobre la naturaleza del poder y la sumisión sigue siendo relevante en debates sobre la libertad, el autoritarismo y la resistencia civil, consolidando a La Boétie como un precursor del pensamiento libertario y una figura central en la filosofía política occidental.

El *Discours de la servitude volontaire* (DSV) fue confiado por Étienne de La Boétie a su amigo Michel de Montaigne (1533-1592). El manuscrito original nunca fue hallado, pero los estudiosos coinciden en ubicar la redacción del mismo entre 1552 y 1553, habiendo sido escrito por La Boétie a la edad no superior de dieciocho años y luego modificado en su redacción final.

La primera edición parcial del *Discours* aparecería en 1574 bajo una recopilación anónima realizada por partidarios calvinistas bajo el título de *Le Reveille matin des François* (*El despertador de los franceses*) y dos años más tarde en 1576 el hugonote genovés Simon Goulart publicaría —también de manera no integral—, pero ya con el nombre de La Boétie, con el título *Contr'Un* (*Contra Uno*).

CONTEXTO HISTÓRICO DEL *DISCURSO*

El siglo XVI en Francia fue un período de profundos cambios sociales, políticos y culturales. Fue la época del Renacimiento, un movimiento cultural que comenzó en Italia en el siglo XV y se extendió por toda Europa. Durante esta era, los intelectuales redescubrieron las obras clásicas de la Antigüedad griega y romana, lo que impulsó un interés renovado en la filosofía, la ciencia, el arte y la literatura.

En Francia, el Renacimiento llegó con el reinado de Francisco I (1515-1547), quien fue un mecenas de las artes y promovió el humanismo. Bajo su gobierno, la cultura francesa floreció, y figuras como François Rabelais, Michel de Montaigne y Étienne de La Boétie emergieron como voces influyentes. El humanismo renacentista, una corriente de pensamiento que exaltaba la dignidad humana y el potencial del individuo, influyó profundamente en las ideas políticas de la época. La Boétie, como humanista, se centró en cuestiones fundamentales sobre la libertad y el poder.

Uno de los aspectos más cruciales del contexto histórico del *Discurso de la servidumbre voluntaria* es el ambiente político y religioso turbulento que dominaba Francia. A mediados del siglo XVI, el país estaba en medio de intensos conflictos religiosos, principalmente entre católicos y protestantes (hugonotes). Estas tensiones culminaron en las guerras de religión (1562-1598), una serie de guerras civiles sangrientas que devastaron a Francia.

Aunque el *Discurso* fue escrito antes del estallido de estas guerras, su crítica a la tiranía puede interpretarse como una respuesta al creciente poder autoritario de los monarcas franceses y la falta de libertad religiosa. Durante el reinado de Enrique II (1547-1559), hubo una intensa represión de los protestantes, lo que agravó las divisiones en la sociedad. La Boétie, aunque no estaba alineado explícitamente con ninguna facción religiosa, veía con preocupación el despotismo y la violencia que surgían del poder absoluto.

El *Discurso de la servidumbre voluntaria* es una meditación sobre las causas y la naturaleza de la tiranía. A diferencia de muchos pensadores políticos que se centraban en las virtudes o defectos de los gobernantes, La Boétie puso el foco en los gobernados. Para él, el poder de un tirano no residía únicamente en su fuerza o astucia, sino en la sumisión voluntaria de la gente. Es decir, la verdadera fuente del poder autoritario es la pasividad y el consentimiento de los gobernados.

Este enfoque fue innovador en su época. La Boétie argumentaba que los pueblos, al aceptar ser gobernados por tiranos, se despojaban de su libertad de manera voluntaria. Para ilustrar esto, utilizó referencias a la historia antigua, como el ejemplo de los esclavos de Esparta, quienes estaban sometidos a sus amos no tanto por la fuerza, sino por la costumbre y la aceptación de su destino.

Su crítica a la servidumbre voluntaria puede interpretarse como un eco de las preocupaciones que existían en su tiempo sobre el creciente poder de los monarcas europeos, en particular en Francia. Durante el Renacimiento, muchos gobernantes consolidaron su poder, a menudo a expensas de las libertades locales y de la nobleza. En Francia, la monarquía comenzó a transformarse en una institución más centralizada y absolutista, un proceso que culminaría en el absolutismo de Luis XIV en el siglo XVII.

A pesar de que La Boétie murió joven y no llegó a ver el impacto de su obra, el *Discurso de la servidumbre voluntaria* ha tenido una profunda influencia en la historia del pensamiento político. A lo largo de los siglos, ha sido leído por revolucionarios, anarquistas y defensores de la libertad individual. Durante la Revolución francesa, por ejemplo, su texto fue redescubierto como una crítica al Antiguo Régimen y una inspiración para los ideales republicanos. Su análisis de cómo los pueblos pueden liberarse de la tiranía al negarse a colaborar con ella resuena con las teorías modernas sobre la no violencia y la desobediencia civil, defendidas por figuras como Mahatma Gandhi y Martin Luther King.

El *Discurso de la servidumbre voluntaria* de Étienne de La Boétie es una obra atemporal que sigue siendo relevante en el debate sobre la libertad, el poder y la tiranía. Es un texto profundamente enraizado en el contexto político y social del siglo XVI, pero su mensaje trasciende su época. La Boétie nos invita a reflexionar sobre nuestra propia complicidad en la creación de sistemas opresivos.

CONTENIDO DEL *DISCURSO*

El *Discurso de la servidumbre voluntaria* es un texto intencionadamente atemporal en tanto que no refiere los avatares históricos contemporáneos a La Boétie. En su breve opúsculo, reflexiona sobre por qué las personas aceptan someterse a tiranos y autoridades sin necesidad de coerción física o militar. El texto, pese a su brevedad, es una obra inquietante que invita a la reflexión crítica sobre las dinámicas de poder, libertad y opresión.

Escrito en la década de 1540, el *Discurso* es un tratado breve pero contundente en el que La Boétie expone su perplejidad ante el hecho de que grandes masas de personas acepten la dominación de un solo individuo o un pequeño grupo, incluso cuando podrían liberarse de esa servidumbre. En el contexto de la Francia renacentista, marcada por monarquías autoritarias y las guerras religiosas, la obra ofrece una crítica velada a las formas de gobierno tiránicas, aunque sin señalar directamente a ningún gobernante específico.

La tesis principal de la obra es que la tiranía y el poder opresivo solo son posibles gracias a la «servidumbre voluntaria» de los súbditos. Para La Boétie, el poder de los tiranos no se sostiene por su fortaleza personal ni por la violencia, sino por el consentimiento de aquellos que están sujetos a él. Los hombres, argumenta, se someten voluntariamente a los tiranos y, al hacerlo, contribuyen a su propia esclavitud.

> Pero, ¡Dios mío! ¿Qué puede ser? ¿Cómo diremos que se llama? ¿Qué desgracia es, o qué vicio, o, más bien, qué desgraciado vicio es éste de ver a un número infinito, no obedecer, sino servir; no ser gobernados,

sino tiranizados, no teniendo bienes, parientes, ni hijos, ni la misma vida que sea de ellos? Sufrir el pillaje, las concupiscencias, las crueldades, no de un ejército, no de una banda de bárbaros, contra el cual y ante la cual podrían derramar su sangre y dejar la vida, ¡sino de uno solo!, y no de un Hércules o un Sansón, sino de un homúnculo y, con frecuencia, del más vil y afeminado de la nación (pág. 122).

La noción de servidumbre voluntaria es el corazón del *Discurso*. La Boétie plantea que, en lugar de ser víctimas pasivas de la tiranía, los pueblos colaboran activamente con su opresión. Este consentimiento puede no ser siempre consciente, pero es la base que sostiene cualquier régimen autoritario. Si el pueblo se negara a colaborar, el poder del tirano se desmoronaría. La Boétie subraya que los tiranos son «uno» y los oprimidos son «muchos»; es decir, no hay ninguna razón lógica por la que las mayorías deberían someterse a la voluntad de un solo hombre.

El poder de los tiranos, según el autor, reside en un tipo de alienación colectiva o costumbre que lleva a las personas a obedecer sin cuestionar. Las personas se acostumbran a la servidumbre, a la tiranía, y poco a poco olvidan la posibilidad de ser libres. Este olvido de la libertad es, en sí mismo, una forma de esclavitud moral.

La Boétie explora varias razones por las cuales las personas aceptan voluntariamente la opresión. Una de las principales razones es la costumbre. La gente que nace bajo un régimen tiránico lo acepta porque no conoce otra forma de vida. A medida que pasan las generaciones, la tiranía se normaliza y los súbditos olvidan que alguna vez fueron libres. La servidumbre, entonces, se convierte en un hábito. La costumbre, el hábito, es el fundamento de la moral social que tolera la tiranía de Uno solo sobre los muchos que se habitúan a vivir sin libertad. Esta reflexión de La Boétie nos traslada a la cultura de la opresión que padecimos en el franquismo. A quienes nacimos en la autocracia de Franco se nos hace familiar la cultura de sumisión que La Boétie describe: la inmensa mayoría de la población española vivíamos bajo el dictado del régimen sin cuestionarnos la ausencia de libertad. Era el hábitat político en el que nacimos y en él nos acostumbramos a vivir. Pero la costumbre y el hábito no son las únicas causas de la pervivencia de la autocracia. La Boétie no titubea al afirmar que la primera razón por la que los hombres sirven voluntariamente es porque nacen siervos y son educados como tales.

Otra razón es el engaño. Los tiranos, explica La Boétie, no gobiernan solo por la fuerza, sino también mediante el control de las ideas y las creencias. Los tiranos manipulan a las masas para que crean que su gobierno es necesario, natural o incluso beneficioso. A través de la propaganda, el adoctrinamiento y las estructuras religiosas o culturales, los tiranos logran convencer a sus súbditos de que la sumisión es el camino más seguro o el único posible.

«A todos los hombres, antes de dejarse subyugar, les ocurre una de estas dos cosas: o son coaccionados o burlados» (pág. 136).

Además, La Boétie señala que muchos se benefician directamente de la tiranía. Hay una élite, un pequeño grupo cercano al tirano, que obtiene riquezas, poder y privilegios a cambio de su lealtad. Estos individuos tienen un interés directo en mantener el *statu quo* y en convencer a los demás de que la tiranía es inevitable. Así, la tiranía se sostiene no solo por el tirano, sino por una pirámide de personas que colaboran en su mantenimiento. Es en esta parte del *Discurso* donde La Boétie desnuda más crudamente el sistema de complicidades que hace posible la infraestructura del poder tiránico, que basa en diversos círculos concéntricos y que se alimentan a otros en una sucesión de complicidades.

Siempre ha habido cinco o seis que han captado la atención del tirano y se han acercado a él, o incluso han sido llamados por él, para hacerlos cómplices de sus crueldades, compañeros de sus placeres, alcahuetes de su voluptuosidad y participantes de los frutos de sus pillajes (…). Estos seis tienen seiscientos, que se aprovechan bajo su protección, y hacen de los seiscientos lo que los seis hacen al tirano. Estos seiscientos tienen bajo ellos seis mil… Y el que quiera divertirse en devanar esta madeja verá que no por los seis mil, sino por los cien mil, los millones, por esta cuerda se sostiene el tirano, ayudándose de ella de modo que, en Homero, Júpiter se vanagloria de que si él tira de la cadena atrae hacia sí a todos los dioses (…) se llega a esto por los favores, por las ganancias o partes de ganancias que se tienen con los tiranos, pues se encuentran casi tantas gentes para las cuales la tiranía parece ser útil, como tantas otras para quienes la libertad sería agradable (…) desde el momento en que un rey se ha declarado tirano, todos los malvados, toda la hez del reino —y no hablo de un conjunto de ladronzuelos y de «desorejados» que apenas pueden hacer mal ni bien en una república, sino de aquellos que son tachados de una ambición ardiente y de una avaricia notable— se agrupa alrededor de él, le sostienen para tener parte en el botín y ser, bajo el tirano, tiranuelos ellos mismos (págs. 162-163).

La Boétie critica con vehemencia la figura del tirano, describiéndolo como un ser caprichoso, débil y profundamente dependiente de los que lo rodean. A diferencia de los grandes líderes de la historia, que pueden haber ganado el respeto de sus súbditos a través de su valor o sabiduría, el tirano es descrito como un parásito que se alimenta de la obediencia y la sumisión de su pueblo. El tirano no es fuerte por sí mismo; es fuerte únicamente porque otros le prestan su fuerza.

Una de las críticas más agudas que hace La Boétie es que el tirano no solo somete a sus súbditos, sino que también los degrada moralmente. Al someterse a la voluntad del tirano, los individuos pierden su dignidad, su capacidad de razonar y su voluntad de actuar de manera autónoma. El tirano, por tanto, no solo oprime físicamente, sino que también corrompe el alma de aquellos que gobierna.

«¿Qué monstruoso vicio es éste que no merece ni siquiera el título de cobardía? ¿Quién encuentra un hombre más villano? ¿Qué naturaleza no desaprueba esta actuación que hasta la lengua rehúsa denominarla?» (pág. 123).

Aunque el *Discurso* es, en gran medida, un análisis filosófico de la servidumbre, también contiene una llamada implícita a la acción. La Boétie sostiene que los tiranos solo tienen poder porque la gente se lo concede. Si el pueblo simplemente dejara de obedecer, el tirano quedaría impotente. Esta es una de las ideas más radicales del texto: la liberación no requiere de una revolución violenta ni de un enfrentamiento directo con el tirano. Basta con que el pueblo retire su apoyo y deje de colaborar con su propia opresión.

Esta llamada a la desobediencia civil fue sumamente innovadora en su tiempo y ha influido, en la modernidad, a movimientos de resistencia no violenta. La Boétie sugiere que el poder de un tirano es frágil porque depende enteramente de la complicidad de los oprimidos. Sin esa complicidad, la tiranía colapsaría. El *Discurso sobre la servidumbre voluntaria* ha tenido un impacto duradero en la historia del pensamiento político, aunque su recepción fue limitada durante la vida de La Boétie. La obra fue publicada póstumamente, y no fue hasta siglos después que empezó a ser reconocida por su originalidad y profundidad.

La influencia de La Boétie es evidente en filósofos y activistas posteriores, como Jean-Jacques Rousseau, quien retomó la idea de que los gobiernos dependen del consentimiento de los gobernados. La larga estela que dejó el texto de La Boétie adquirió especial relevancia en los siglos XVII y XVIII de la mano de pensadores como Spinoza y Hegel. Robespierre y St. Just, con ocasión de la Revolución francesa, y Lamennais en las revueltas comunales utilizaron el *Discurso* y sirvió de inspiración a los movimientos libertarios del siglo XIX.

En última instancia, La Boétie nos ofrece una reflexión atemporal sobre la naturaleza del poder y la libertad. Al identificar la servidumbre como algo voluntario, nos invita a preguntarnos por qué las personas aceptan la opresión y qué podemos hacer para liberarnos de ella. Aunque el texto fue escrito en el siglo XVI, su mensaje sigue siendo relevante en cualquier sociedad donde exista el autoritarismo, la opresión o la tiranía.

El *Discurso* no solo es una crítica a los tiranos, sino también una llamada a la responsabilidad individual y colectiva. La libertad, nos dice La Boétie, no es algo que se concede desde arriba, sino algo que se reclama desde abajo. Solo cuando las personas deciden dejar de servir pueden ser verdaderamente libres.

A lo largo de la historia y en distintas naciones, siempre ha habido quien ha defendido los gobiernos autoritarios, por no decir dictatoriales, en razón de la necesidad de sortear determinadas carencias o simplemente para asegurar el éxito de planes que no podrían lograrse sin la coerción o la imposición más o menos violenta. En el último siglo hemos conocido tiranías extremas y dictaduras más atenuadas, pero todas ellas han acabado en la deshumanización de sus súbditos o en la indignidad. La Boétie posee una extrema clarividencia cuando vaticina el triste final de las dictaduras y tiranías:

> Los tiranos más saquean, más exigen, más arruinan y destruyen, mientras más se les entrega y más se les sirve, tanto más se fortalecen y se hacen tanto más fuertes y más ansiosos de aniquilar y destruir todo; y si no se les entrega nada, si no se les obedece, sin combatir y sin herir, quedan desnudos y derrotados y no son nada, igual que la raíz que, no teniendo sustancia ni alimento, degenera en una rama seca y muerta (pág. 126).

LA BOÉTIE, MONTAIGNE Y LA AMISTAD

Étienne de La Boétie (1530-1563) y Michel de Montaigne (1533-1592) se conocieron en el Parlamento de Burdeos alrededor del año 1558. En ese momento, ambos eran jóvenes magistrados. Montaigne, impresionado por el intelecto y el carácter de La Boétie, desarrolló una profunda admiración y afecto por él. La amistad entre La Boétie y Montaigne fue descrita por este último como una unión casi mística de almas. Montaigne relata que su amistad no se basaba en intereses o razones prácticas, sino en una conexión profunda y esencial. En su ensayo *De la amistad*, Montaigne menciona:

«Si me preguntaran por qué lo quería, siento que no lo puedo expresar más que respondiendo: "Porque *él era él; porque yo era yo*"».

Sobre la intensidad de la amistad entre La Boétie y Montaige, J. L. Hennig (*De la amistad extrema. Montaigne y La Boétie*, Barcelona, Planeta, 2016) especula incluso con la posibilidad de que entre ambos hubiera algún tipo de relación amorosa. ¿Pero qué verdadera amistad está exenta de amor? En su testamento, La Boétie se referirá a Montaigne en los siguientes términos, que el autor de *Essais* nos transmite:

> Mi hermano, dijo, al que quiero tan cariñosamente y que había elegido entre tantos hombres, para renovar con vosotros esta virtuosa y sincera amistad, cuyo uso, a causa de los vicios, desde hace largo tiempo se ha alejado de entre nosotros de modo que no queda de ella que viejas trazas en la memoria de la Antigüedad (citado por Jorge Álvarez Yáguez en su obra mencionada, pág. 17).

La amistad entre ambos fue truncada por la muerte prematura de La Boétie en 1563, a la edad de treinta y dos años. La pérdida de su amigo afectó profundamente a Montaigne, quien dedicó varias páginas de sus *Ensayos* a la memoria de La Boétie, lamentando su pérdida y reflexionando sobre la naturaleza de la amistad verdadera.

La influencia de La Boétie en Montaigne es evidente en muchos de sus escritos. Montaigne consideraba a La Boétie no solo como un amigo, sino también como una fuente de inspiración intelectual y moral.

En el capítulo titulado «De la amistad» en sus *Essais* (Montaigne, *Oeuvres complètes*, Gallimard, París, 1962), Montaigne expresa su dolor y describe la intensidad de su relación con su amigo. Se refiere a La Boétie como su «otro yo», describiendo su relación como una unión de almas que es casi indescriptible y que va más allá de las palabras:

> En la amistad de que hablo, las almas se mezclan y confunden una en otra con una unión tan universal que borran y no hallan más la costura que las ha unido.
>
> Cuando me preguntaron cómo podía soportar tanto dolor de corazón, respondí que es lo único que me reconcilia con la muerte: que la muerte me llevará donde encontraré a mi amigo.

Montaigne afirmó que la muerte de La Boétie ha dejado un vacío tan grande que la única forma en la que puede reconciliarse con la idea de la muerte es pensar en la posibilidad de reunirse con su amigo después de la vida.

En la carta que Montaigne escribe a su padre, informándole sobre la muerte de su amigo, el autor de los *Essais* llega a afirmar lo siguiente: «El Señor de La Boétie, el hombre más grande de nuestro siglo» (*Oeuvres complètes*, pág. 1362).

En el mencionado capítulo sobre la amistad, Montaigne describe así la entidad de la amistad que le unía a La Boétie:

> Nuestras almas han tirado juntas del mismo carro de una manera tan acompasada, se han estimado con un sentimiento tan ardiente; y se han descubierto, con el mismo sentimiento, tan íntimamente la una a la otra, que no solo conocía yo la suya como si fuese la mía, sino que ciertamente, con respecto a mí, habría preferido fiarme de él a hacerlo de mí mismo.

La Boétie manifestó un profundo aprecio por la amistad a la que consideraba una gran virtud moral política. Para La Boétie, la amistad es una fuerza de resistencia frente a la opresión y la tiranía. La verdadera amistad, basada en la igualdad, la confianza y la reciprocidad, se convierte en un baluarte contra la corrupción que la tiranía provoca en la sociedad. En un contexto donde el tirano somete a los individuos, los aísla y los divide para gobernar con más facilidad, la amistad actúa como un vínculo que fortalece a las personas y las une en la lucha por la libertad.

La amistad, según La Boétie, no se basa en la conveniencia o el interés personal, sino en un profundo respeto mutuo y una comunión de valores. Este tipo de amistad auténtica es incompatible con la sumisión al tirano, ya que se basa en la autonomía y el reconocimiento de la igualdad entre las partes. Es una relación libre y voluntaria que, a diferencia de la servidumbre, no requiere de subordinación ni dominación.

En un régimen tiránico, el tirano busca aislar a los individuos para evitar la creación de vínculos que puedan amenazar su poder. La Boétie señala que los tiranos desconfían de las amistades verdaderas porque saben que estas relaciones pueden inspirar solidaridad y resistencia. La amistad es, por tanto, un espacio de libertad que permite a los individuos escapar, al menos en parte, de la opresión y mantener viva la esperanza de la libertad. Al tirano le repugna la amistad y por ello carece de amigos y tan solo tiene cómplices.

> El tirano no es nunca amado, ni no amado. La amistad es un nombre sagrado, es una cosa santa; no se produce nunca más que entre gentes de bien, no se traba más que por una mutua estimación, no se sostiene tanto por un interés como por la buena vida. (…). Entre los malvados, cuando se reúnen, existe un complot, no una compañía: no conversan, sino recelan unos de otros, no son amigos, sino cómplices (*Discurso*, pág. 169).

LA ÉLITE DE LOS QUE AMAN LA LIBERTAD

Uno de los conceptos más fascinantes del pensamiento de La Boétie es su idea de la élite de personas que aman la libertad, aquellos que son conscientes de su condición de esclavitud y que se niegan a someterse a la tiranía. Para La Boétie, en toda sociedad bajo un régimen tiránico siempre existen algunos individuos que, a pesar de la opresión generalizada, conservan un amor instintivo por la libertad. Estos individuos forman una élite moral, no en el sentido de una aristocracia basada en el nacimiento o en el estatus social, sino en una élite ética y filosófica basada en su deseo innato de ser libres y de vivir en una sociedad justa.

Siempre quedan algunos mejor nacidos que los otros que sienten el peso del yugo y no pueden abstenerse de sacudirlo; no se acostumbran jamás a la sujeción y jamás saben desprenderse de sus naturales privilegios ni dejan de acordarse de sus predecesores, ni de su primer ser, lo mismo que Ulises, el cual por mar y tierra buscaba ver el humo de su casa. Estos son, desde luego, los que, teniendo el entendimiento claro y el espíritu clarividente, no se contentan como el pueblo bajo en mirar lo que está delante de sus pies, ni miran atrás ni adelante, ni consideran, pues, las cosas pasadas para juzgar las del porvenir, ni para medir las presentes; son los que, teniendo su cabeza bien hecha y habiéndola pulido por el estudio y el saber, aun cuando la libertad estuviera enteramente perdida, y totalmente fuera del mundo, ellos, imaginándola y sintiéndola en su espíritu y saboreándola aún, consideran que la servidumbre no es nunca digna de su aprecio, por bien que se la adorne (págs. 144-145).

Estos amantes de la libertad no son necesariamente muchos, pero su influencia puede ser decisiva. La Boétie cree que, a pesar de la tiranía, siempre habrá algunos que mantendrán su espíritu libre y que resistirán, aunque sea en secreto, a la opresión. Estos individuos, que rechazan el conformismo de las masas, son esenciales para la eventual caída de la tiranía, ya que son quienes preservan y transmiten la idea de la libertad a las generaciones futuras.

La Boétie describe a esta élite como personas que no se dejan engañar por la propaganda del tirano, ni se ven atrapadas en la red de privilegios y beneficios que el tirano ofrece a aquellos que le sirven. A diferencia de los que se someten voluntariamente, estas personas mantienen su dignidad y su capacidad de pensar de manera crítica. La Boétie señala que, aunque el tirano pueda ofrecer recompensas materiales, los que aman la libertad no se dejarán seducir por tales incentivos, ya que valoran la libertad por encima de todo.

La Boétie sugiere que esta élite de amantes de la libertad tiene un papel crucial en la resistencia contra la tiranía. Aunque numéricamente son pocos, su influencia moral y su ejemplo pueden inspirar a otros a cuestionar su propia servidumbre y a luchar por su libertad. Estos individuos no solo resisten de manera pasiva, sino que pueden actuar como líderes y guías para aquellos que aún no han despertado a la realidad de su opresión.

Sin embargo, La Boétie también reconoce que esta élite enfrenta enormes dificultades. En una sociedad donde la mayoría de las personas aceptan voluntariamente la servidumbre, los que aman la libertad son percibidos como extraños o incluso como peligrosos. El tirano y sus colaboradores harán todo lo posible por silenciar a estos individuos, ya sea mediante la represión directa o la cooptación, ofreciendo recompensas para que se unan al sistema de opresión.

A pesar de estos obstáculos, La Boétie es optimista sobre el poder de esta élite. Cree que, a largo plazo, la verdad de la libertad no puede ser suprimida indefinidamente. La resistencia puede comenzar con unos pocos, pero sus ideas y su ejemplo tienen el potencial de despertar a una mayor parte de la población. La Boétie sugiere que la tiranía se sostiene principalmente por la ignorancia y la costumbre, y, una vez que estas son desafiadas, el régimen tiránico comienza a desmoronarse.

El amor por la libertad es, para La Boétie, un instinto natural en el ser humano. En su *Discurso*, expresa su asombro ante el hecho de que tantas personas acepten vivir bajo la tiranía cuando podrían, si quisieran, liberarse fácilmente de su opresión. Este asombro se basa en su convicción de que la libertad es el estado natural del ser humano, y que la servidumbre, especialmente cuando es voluntaria, es una aberración.

La Boétie defiende una visión de la libertad como un valor supremo, algo que no puede ser sustituido por la comodidad material o la seguridad ofrecida por el tirano. La verdadera libertad, en su opinión, es inseparable de la dignidad humana. No es simplemente la ausencia de restricciones externas, sino la capacidad de vivir de acuerdo con la razón y la moral, sin estar sometido a la voluntad arbitraria de otro. «La libertad es natural y, por la misma razón, a mi entender, que no hemos nacido tan sólo en posesión de nuestra libertad, sino también con el deseo de defenderla» (pág. 132).

Es esta concepción elevada de la libertad la que inspira a la élite de amantes de la libertad a resistir la tiranía. Para ellos, vivir en libertad no es solo una cuestión política, sino una necesidad ética y existencial. No pueden aceptar una vida de servidumbre, porque hacerlo sería traicionar su propio sentido de la justicia y la dignidad.

LIBERTAD, IGUALDAD Y RECONOCIMIENTO

El texto del *Discurso de la servidumbre voluntaria* contiene la posibilidad de diversas lecturas y entre ellas destaca su carácter prospectivo en relación a la sociedad democrática y liberal. El lugar central que ocupa el concepto de la libertad personal y política en el *Discurso* nos sitúa ante un texto que nos interpela sobre las cualidades y defectos de la sociedad democrática. Al referirse al tirano, La Boétie desnuda la frágil relación que une al tirano con el hombre corriente. Se trata de una atadura tan frágil como inevitable, como la que ata al amo con el esclavo. Es frágil porque es una cuestión subjetiva, pero es inevitable por cuanto que posee una cualidad óntica.

El objetivo del buen gobierno es la creación de un espacio político donde los seres humanos delegamos parte de nuestro poder y de nuestros derechos en aquel a quien hemos elegido con la intención de obtener la seguridad y la libertad que la sociedad democrática nos procura.

El pensamiento de Étienne de La Boétie sobre la amistad y la libertad ha tenido una profunda influencia en el pensamiento político y filosófico posterior. Su insistencia en que la tiranía depende del consentimiento de los oprimidos, y que la resistencia puede comenzar con una élite de personas que aman la libertad, ha inspirado a generaciones de pensadores y activistas.

Filósofos como Jean-Jacques Rousseau tomaron la idea de La Boétie de que la libertad es un derecho natural del ser humano, y que la sumisión a la autoridad es una forma de corrupción moral. Para La Boétie, la idea de la libertad tiene un valor nuclear en todo su pensamiento y de ella emanan las ideas sobre la amistad, el reconocimiento y la posibilidad de sanar el «vicio» de la servidumbre.

> No hay nada tan claro y aparente en la naturaleza, y ante lo cual no está permitido hacerse el ciego, como esto: que la naturaleza —ministro de Dios y gobernadora de los hombres— nos ha hecho a todos de la misma forma y, al parecer, en el mismo molde, a fin de que nos reconozcamos mutuamente todos como compañeros, o más bien como hermanos (pág. 130).

Para La Boétie, el reconocimiento mutuo será la condición de posibilidad para remontar el estado de servidumbre de los humanos. Una idea que Spinoza retomará al diseñar su pensamiento político y que Hegel convertirá en axial en su dialéctica amo/esclavo. Esta idea del reconocimiento, como demanda fundamental de la ideología woke nos recuerda a La Boétie, solo que en caso del *Discurso* se trata de una idea de carácter universal y no acotado a determinados grupos en busca de un reconocimiento con un fuerte sesgo tribal.

En el siglo pasado F. von Hayek publicó, cuatro siglos después, una importante obra con el título de *Camino de servidumbre* (1940) que nos aproxima el debate sobre la servidumbre que nunca fue abandonado por el pensamiento moderno. Spinoza, Rousseau, Marat, Hegel o Marx retomarán una y otra vez los temas de la servidumbre, la libertad, el reconocimiento, la igualdad y la amistad desde diversas ópticas, pero siempre desde la radicalidad, que, en apenas veinte páginas, La Boétie esbozó de manera seminal.

La amistad representa un espacio de libertad y solidaridad que desafía la atomización y el aislamiento que impone la tiranía, mientras que la élite de los que aman la libertad actúa como la chispa que puede encender la resistencia contra la opresión. A través de su ejemplo y su firme convicción en el valor supremo de la libertad, estos individuos tienen el potencial de despertar a otros y de desmantelar la estructura de la servidumbre voluntaria que sostiene a los tiranos.

A modo de un quitamiedos, La Boétie insistirá en el carácter contingente del tirano y nos anima a ser libres, reconociendo al amigo en su igualdad. Un reconocimiento que nos hace solidarios, libres e iguales en dignidad y derechos. Así de rotundas y llenas de esperanza resuenan las palabras de La Boétie:

> Este que os domina tanto, no tiene más que dos ojos, no tiene más que dos manos, no tiene más que un cuerpo y no tiene ni una cosa más de las que posee el último hombre de entre los infinitos que habitan en vuestras ciudades. Lo que tiene de más sobre todos vosotros son las prerrogativas que le habéis otorgado para que os destruya (...) ¿De dónde tomaría tantos ojos con los cuales os espía, si vosotros no se los hubierais dado? ¿Cómo tiene tantas manos para golpear si no las toma de vosotros? Los pies con que holla vuestras ciudades,

¿de dónde los tiene si no es de vosotros? ¿Cómo tiene algún poder sobre vosotros, si no es por obra de vosotros mismos? ¿Cómo osaría perseguiros, si no hubiera sido enseñado por vosotros? ¿Qué os podría hacer si vosotros no fuerais encubridores del ladrón que os roba, cómplices del asesino que os mata y traidores a vosotros mismos? (pág. 128).

Sapere aude nos exhortó Kant, pero, ya antes, La Boétie nos instaba a tomar conciencia de nuestra condición de seres libres e iguales. «Atrévete a ser libre» es la lúcida consigna que La Boétie nos transmite.

II.
Servidumbre y poder

MAQUIAVELO, BODIN, ARENDT Y LA BOÉTIE

Nicolás Maquiavelo, uno de los pensadores políticos más influyentes del Renacimiento, es célebre por su obra *El Príncipe* (1513), donde expone una visión pragmática del poder y del Estado que rompió con las tradiciones morales y filosóficas de la época. Su concepto del Estado fue radicalmente novedoso por su enfoque secular y realista, alejándose de las ideas medievales y religiosas que habían dominado la política hasta ese momento.

Para Maquiavelo, el Estado es una entidad autónoma cuyo principal objetivo es mantener el poder y garantizar la estabilidad. En *El Príncipe*, sostiene que el éxito de un gobernante se mide no por su virtud moral, sino por su capacidad para conservar el poder y asegurar el bienestar del Estado. Esto implica que el gobernante puede recurrir a medios que, bajo otros parámetros, serían considerados inmorales, como la violencia, el engaño o la manipulación, siempre que estos sean eficaces para lograr sus fines políticos.

La novedad del concepto del Estado en Maquiavelo reside en su secularización de la política. En contraste con la tradición medieval, que consideraba que el poder terrenal debía estar subordinado a la autoridad divina y a la Iglesia, Maquiavelo propuso una política libre de consideraciones religiosas. Transformó la concepción del Estado al proponer una política basada en la realidad y no en la moralidad. Su enfoque pragmático y secular fue revolucionario, influyendo en la construcción de los Estados modernos y en el desarrollo de la ciencia política, al desvincular el poder de los ideales religiosos o éticos, y enfocarse en la supervivencia y eficacia del Estado. Su enfoque era realista, incluso brutal, sugiriendo que los gobernantes deben estar dispuestos a usar la fuerza, el engaño y otras tácticas inmorales cuando sea necesario para mantener el control. Ello no significa que Maquiavelo fuera un defensor de la tiranía como paradigma político.

En la filosofía política clásica, la tiranía se contrastaba con la monarquía. Mientras que un monarca gobernaba de acuerdo con la ley y en interés del bien común, un tirano gobernaba en su propio beneficio y sin restricciones legales. En el mundo moderno, el término «maquiavélico» se ha convertido en sinónimo de astucia, engaño y manipulación, pero esto simplifica en exceso la rica complejidad de las ideas de Maquiavelo. Su obra es tanto una advertencia contra el abuso del poder como una guía para la prudencia en el liderazgo. A través de su enfoque realista, Maquiavelo nos recuerda que el poder en sí mismo no es ni bueno ni malo; es la forma en que se ejerce lo que determina su impacto en la sociedad. De todos modos, Maquiavelo aborda el tema del poder desde la perspectiva del gobernante, mientras que La Boétie lo aborda desde la perspectiva del siervo. Existe, por tanto, una clara dicotomía entre ambos; sin embargo, coinciden en el abordaje al tema del poder desde una óptica secular, lo que los sitúa en el atrio de la modernidad.

Claude Lefort, estudioso e intérprete destacado de la obra de Maquiavelo, ha tratado de establecer una posible relación intelectual entre La Boétie y el autor de *El Príncipe*, y señala que muy posiblemente el joven amigo de Montaigne conociera la obra del florentino.

> Hablando de lecturas, se impone irresistiblemente a nuestra propia memoria un predecesor de La Boétie: Maquiavelo (…) ¿Es Maquiavelo un predecesor? El término de predecesor no nos alertaría tanto, si no observáramos que, una vez pronunciado, se multiplican las referencias a grandes pensadores de la Antigüedad. Cicerón, Jenofonte, Hipócrates, Tácito, Platón son los nombres que cita el autor en un espacio muy corto. Por otra parte, el recuerdo de Maquiavelo no volvería con tanta insistencia, si, en cuatro ocasiones, una tras otra, los juicios o las palabras de La Boétie no evocaran los suyos (*Discurso de la servidumbre voluntaria*, con prólogo de Abensur y lectura de C. Lefort, Ed. Utopía libertaria, Buenos Aires, 2008, págs. 146-147).

Mas allá de la voluntariosa intención de situar a Maquiavelo como predecesor de La Boétie, pienso que no es descartable el que el autor del *Discurso* conociera la obra de Maquiavelo. No en vano la Universidad de Orleans, y su Departamento de Derecho, donde La Boétie cursó sus estudios, era en aquella época un centro intelectual de primer orden y es más que probable el que la obra de Maquiavelo fuera conocida en Orleans en la época en la que el joven La Boétie realizaba sus estudios. De todas formas, la eventual influencia de Maquiavelo ni quita ni pone nada, en absoluto, a la originalidad del *Discurso*. Ambos se sitúan en la temprana modernidad del siglo xvi y marcan una ruptura clara en la concepción medieval de lo político.

Tal vez convendrá más que nos fijemos en la persona de otro gran artífice de la filosofía política que con toda seguridad sí conocía el texto del *Discurso sobre la servidumbre voluntaria* que circulaba en Francia con anterioridad al año 1574, que es cuando los calvinistas editan una edición pirata. Nos referimos a Jean Bodin que publicó *Los seis libros de la República* en el año 1576, donde desarrolló las bases del moderno Estado nación. En la mencionada obra, Jean Bodin marca un hito en la reflexión sobre el poder soberano y la autoridad política, al introducir el concepto de soberanía como el poder supremo que reside en el monarca o en una asamblea.

Para Bodin, la soberanía es el poder absoluto y perpetuo de una república (entendida como el cuerpo político de una comunidad). Este poder debe ser absoluto, es decir, no subordinado a ninguna otra autoridad en el ámbito interno ni externo. El soberano, por tanto, está por encima de las leyes ordinarias y las costumbres, ya que es quien tiene la capacidad de dictarlas o derogarlas. Aun así, este poder no es arbitrario: el soberano debe regirse por las leyes naturales y divinas, así como por ciertos principios fundamentales, como el respeto a la propiedad privada y los pactos realizados. Pero dentro de estas limitaciones, el soberano tiene plena autoridad para gobernar.

Además de ser absoluto, Bodin concibe la soberanía como perpetua, lo que significa que no es un poder temporal o delegado, sino inherente a la estructura del Estado. Incluso si el titular del poder cambia (como en el caso de la muerte de un monarca o el cambio de un gobernante en una república), la soberanía permanece intacta, pues es un atributo esencial del Estado en sí mismo.

Bodin también subraya que la soberanía debe ser indivisible y que esta no puede dividirse entre diferentes entidades sin socavar su esencia. Esto implicaba un rechazo directo a las ideas medievales de una Europa fragmentada bajo el poder compartido entre el papa y el emperador. La propuesta de Bodin fue novedosa y radical en su tiempo por varias razones. Primero, rompe con la estructura política medieval, que estaba caracterizada por una fragmentación del poder. En la Edad Media, el poder político se distribuía entre múltiples entidades, como la nobleza, la Iglesia y los monarcas, lo que generaba una red compleja de lealtades y jurisdicciones superpuestas. Bodin rechaza este modelo, proponiendo que el poder esté concentrado en una única autoridad soberana, un enfoque que sería fundamental para el surgimiento del Estado centralizado en Europa. En segundo lugar, la noción de que la soberanía es absoluta fue novedosa en cuanto a que proponía una autoridad capaz de superar las limitaciones impuestas por las costumbres, los señores feudales o incluso la Iglesia. El soberano, según Bodin, no tenía por qué rendir cuentas a nadie más que a las leyes divinas y naturales, lo que fue visto como una defensa del poder monárquico frente a las crecientes tensiones con la nobleza y otros cuerpos políticos.

Otras innovaciones clave de Bodin fueron su idea de que la soberanía debía ser permanente e indivisible. Esto rompió con la visión de los poderes temporales o delegados que caracterizaban muchas formas de gobierno anteriores. La soberanía no depende de la persona del gobernante, sino que reside en la institución del Estado. Este planteamiento, junto con la idea de que el soberano está encargado de la promulgación y derogación de leyes, fue esencial para la consolidación del concepto de Estado nación. El concepto de soberanía de Jean Bodin fue una innovación política fundamental en su tiempo. Al definir la soberanía como un poder absoluto, perpetuo e indivisible, Bodin sentó las bases teóricas para el surgimiento de los Estados modernos y centralizados, en los que el poder político se concentra en una única autoridad suprema. Su pensamiento rompió con las estructuras medievales de poder fragmentado y creó un marco conceptual que influenciaría profundamente la política europea en los siglos posteriores.

Conociera o no el *Discurso de la servidumbre voluntaria* de Étienne de La Boétie, la obra *Les Six Livres de la République* de Jean Bodin puede parecer una respuesta contundente a las cuestiones sobre la legitimidad del poder del monarca que se planteaban en el *Discurso*. Sin embargo, La Boétie plantea una cuestión previa a la de la soberanía al cuestionarse el entramado que el poder del Uno soberano entraña. La cuestión que La Boétie plantea precede a la idea del Estado maquiavélico y al de la soberanía descrita por Jean Bodin y la pregunta no es otra que la de la cualidad moral y política del poder absoluto que el monarca o el tirano, en su caso, encarnan. La cuestión boetieana trasciende al Estado y al soberano al cuestionar la médula del poder político. La Boétie nos habla en su discurso del soberano convertido en tirano y describe la articulación del «vicio» del poder ilegítimo que el dictador representa, pero también advierte de la posibilidad de un gobierno legítimo y democrático donde los individuos sean libres e iguales. En el *Discurso* se comparan el comportamiento servil de pueblo deshumanizado y la capacidad de una élite cuyos integrantes se «reconocen» como iguales y libres, representando la salud democrática del poder.

La vigencia del *Discurso* de La Boétie reside en la radicalidad de su interpelación al poder y la idoneidad moral y política del soberano. La Boétie trasciende el marco histórico que era el suyo, donde aflora el advenimiento de los monarcas absolutos de Francia y España, así como las guerras de religión que infestaran Europa, cuestionando la libertad de pensamiento y la adhesión incondicional al monarca. La Boétie, con su discurso, pone pie en pared para reivindicar la dignidad y la libertad de la condición que hace iguales a todos los humanos, incluidos los monarcas. Es por ello que su modernidad trasciende los avatares concretos de la historia de la democracia, asentando con rotundidad la pregunta sobre el poder y la soberanía. ¿Cómo es que muchos unos, obedecen y sirven a Uno?

Hannah Arendt se pregunta en su *Ensayo sobre la violencia* acerca de la esencia del poder y critica con autoridad algunos de los postulados que identifican al poder con la violencia. Es especialmente crítica con el pensamiento de Wright Mills, quien identifica el poder con la violencia al afirmar que la violencia no es sino la más flagrante manifestación de poder. Arendt tampoco comparte las palabras de Max Weber cuando este afirma que el Estado consiste en «el dominio de los hombres sobre los hombres basado en los medios de la violencia, es decir, supuestamente legitimada» (*Sobre la violencia*, Alianza, Madrid, 2008, pág. 49).

Arendt define el poder como un instrumento y destaca la existencia del llamado «instinto de dominación» que es consustancial a la condición humana y en su apoyo cita a Voltaire quien expresaba que el poder «consiste en hacer que otros actúen como yo decida» e incluso apela al testimonio de Clausewitz para quien la guerra es un acto de violencia para obligar al oponente a hacer lo que queremos que haga. Arendt denuncia la deficiente o nula distinción entre conceptos clave que intervienen en la definición del poder, aportando claridad y rigor al redefinir el poder, la violencia, la fuerza y la autoridad. Pero, en resumen y al objeto de este ensayo, lo que aquí nos interesa es la definición que Hannah Arendt efectúa sobre lo que es el poder.

> Poder corresponde a la capacidad humana, no simplemente para actuar, sino para actuar concertadamente. El poder nunca es propiedad de un individuo; pertenece a un grupo y sigue existiendo mientras el grupo ¡se mantenga unido (…) en el momento en el que el grupo de que el poder se ha originado desaparece, «su poder» también desaparece (pág. 60).

Es decir, Arendt redefine el poder no como una fuerza que unos ejercen sobre otros, sino como una capacidad colectiva que surge cuando las personas actúan juntas hacia un objetivo común. Para Arendt, el poder es esencialmente una propiedad de la comunidad, no del individuo. En este sentido, el poder no es algo que se posee de forma individual ni algo que se pueda acumular o retener. En su visión, el poder emerge únicamente en el espacio público y a través de la acción concertada de los ciudadanos.

En lugar de ver el poder como coerción, dominación o violencia, Arendt subraya la naturaleza constructiva y creativa del poder. Según ella, cuando las personas se reúnen para deliberar, debatir y actuar de manera conjunta, generan poder. Es un poder que se mantiene mientras la comunidad continúa actuando junta, pero desaparece tan pronto como la acción colectiva se disuelve. Arendt enfatiza que el poder «no necesita la justificación de la verdad», sino que su única fuente de legitimidad es el consenso y la participación activa de los involucrados.

En este marco, el poder no es necesariamente el dominio de unos pocos sobre otros, sino la capacidad de una comunidad para actuar unida y tomar decisiones. La acción colectiva es, en esencia, la manifestación del poder en el ámbito político, lo que lo distingue de otras formas de poder, como el poder militar o económico, que se basan en la coerción o el control.

Aunque Arendt celebra el poder como una fuerza positiva que puede surgir de la acción colectiva, también reconoce su fragilidad. Dado que el poder depende de la cooperación y el consenso de los participantes, puede desaparecer rápidamente si las personas se desentienden o si el espacio público se cierra. Arendt señala que las sociedades totalitarias, como la Alemania nazi o la Unión Soviética bajo Stalin, son ejemplos de regímenes que destruyen el espacio público y, con ello, eliminan la posibilidad de ejercer poder de manera auténtica. En estos contextos, el poder se reemplaza por la violencia, ya que los regímenes totalitarios no confían en la acción colectiva o el consenso.

Vemos que Hannah Arendt cambia sustancialmente el concepto del poder y de la soberanía con respecto a Nicolás Maquiavelo y Jean Bodin, al tiempo que sitúa la esencia del poder en la voluntad de consenso y en la acción concertada de los ciudadanos. Es decir, el lenguaje que utiliza es más cercano al de Étienne de La Boétie, quien establece la esencia del poder en la voluntad del ciudadano, quien posee la potestad de dar o retirar, en su caso, su apoyo a quien ejerce el poder. Al Uno. Para Arendt, como para La Boétie, el poder surge de la acción colectica y es esencialmente relacional. No es algo que pueda imponerse desde arriba ni a la fuerza, sino que depende de la anuencia del ciudadano, que es libre de otorgar o retirar legitimidad al príncipe de turno.

Es esta concepción del poder, radical y, esencialmente, relacional, lo que da actualidad y potencia al pensamiento de La Boétie y lo sitúa como legítimo crítico de los vicios de la democracia en general y de la autocracia en particular.

III.
Pedro Sánchez y la
servidumbre voluntaria

La cuestión que late a lo largo de este ensayo no es otra que la pregunta sobre la cualidad del sanchismo como modo y estilo de gobernanza. ¿Es el sanchismo una autocracia? ¿Es una democracia iliberal? ¿Es acaso una democradura? Es decir, un régimen con apariencia democrática, pero con contenidos y políticas autoritarias o incluso dictatoriales. Para responder a estas cuestiones de nada sirven las autodefiniciones propagadas ni las declaraciones solemnes de fe democrática. Solo las acciones políticas serán las que nos permitan identificar el cariz y la identidad del sanchismo.

Han transcurrido seis años desde que Pedro Sánchez accedió a la Presidencia del Gobierno y parece plausible el que se hable de «sanchismo» como una manera de gobernar que posee una serie de características que le son inherentes. A estas alturas del relato político el término «sanchismo» ha adquirido consistencia académica y existe un consenso para denominar un modo de gobernanza de sesgo autoritario en el que predomina la presencia de un líder con una fuerte voluntad de poder, al que no le es ajena la presunción de estar aquejado de un síndrome de personalidad narcisista.

En esta parte del ensayo trataré de responder a las preguntas con las que se inicia el epígrafe. Veamos las acciones políticas, así como los resultados de sus actuaciones, con el ánimo de evaluar aquellos rasgos que caracterizan al sanchismo y esclarezcamos, en consecuencia, la tipología política de los gobiernos de Pedro Sánchez.

LA CONSTRUCCIÓN DEL ENEMIGO

La democracia es el régimen donde ciudadanos de distinta índole ideológica y diferente condición se reúnen para discutir y acordar cuestiones que afectan a la gobernanza de todos. Las diferencias entre ciudadanos diversos se resuelven mediante acuerdos que no implican ni la deshumanización ni la indignidad de los adversarios enfrentados. La democracia es el régimen que reconoce igual dignidad y libertad a la totalidad de la ciudadanía sean o no adversarios. En las dictaduras, autocracias o regímenes iliberales, el adversario político es considerado un enemigo. Las tiranías necesitan de un enemigo para construir su identidad.

La historia juzgará, como a todos los que han acontecido, los gobiernos presididos por Pedro Sánchez, pero es muy probable que la principal característica en la que repararán los historiadores sea la laboriosa construcción del enemigo convertido en el motor de sus políticas. La construcción del enemigo es lo que mejor identifica la esencia de los gobiernos presididos por Sánchez. Sin la figura del enemigo, el sanchismo carece de alma y combustible para gobernar.

Los tiranos, nos decía La Boétie, gobiernan desde el miedo. El soberano absoluto teme a sus siervos y estos le obedecen, voluntariamente o no, porque temen al dictador. También hemos recogido el pensamiento del autor del *Discurso sobre la servidumbre*, que afirma que el tirano tiene cómplices, pero carece de amigos. En el texto de La Boétie hemos admirado la admirable exaltación sobre la amistad y la correspondencia de Montaigne hacia su amigo. La amistad, se señala, en ambos es la característica de las democracias, y de los amigos que se «reconocen» como libres e iguales depende la salud de la democracia e incluso su sanación cuando esta se trasmuta en tiranía.

El sanchismo declara su enemistad a cuantos no participan de sus relatos ni comulgan con sus políticas. El famoso muro que Pedro Sánchez declaró haber construido en el discurso de investidura de 2023 indica bien a las claras la esencia del sanchismo, cuya primera característica es la separación entre quienes aplauden sus políticas y entre quienes no se rinden a la voluntad del líder.

La creación de muro es, por supuesto, un deseo más que una realidad efectiva, ya que la ciudadanía en su conjunto no vive enfrentada de manera paroxística y convive en la vida real a pesar del designio del sanchismo. Pero la intencionalidad de Pedro Sánchez es clara y evidente al mencionar como un triunfo la construcción del muro que separa a los ciudadanos buenos y serviles de quienes no le tributan el homenaje continuado que el líder requiere y demanda para cumplir sus designios.

La sociedad española afrontó en su día la determinación de hermanarse políticamente, tras la atroz secuencia del franquismo que también dividía a los españoles entre los afines al régimen y los desafectos al mismo. El franquismo se eternizó gracias a sus políticas divisivas y, tan solo, al morir el dictador los españoles fueron capaces de idear un destino común que refrendó con la aprobación de la Constitución de 1978. Al acceder al poder, Pedro Sánchez cometió la peor de sus tropelías al tratar de dividir a los españoles entre afectos y desafectos de su persona y de sus políticas.

La transición política que condujo a España desde la dictadura a la democracia se inició con un pacto mediante el cual se hacía tabla rasa del odio entre españoles engendrado en la anteguerra y en el franquismo. Pero fueron las políticas de José Luis Zapatero las que abrieron la caja de Pandora donde dormía el pasado expresamente arrinconado por los españoles. Sus nefastas políticas de memoria histórica se ensañaron en reabrir la brecha entre los buenos y malos españoles y en dar vida a los rescoldos del odio político, con la mejor de sus sonrisas. De pronto, la oposición fue asimilada al franquismo y los odios que desencadenaron la Guerra Civil fueron bendecidos como el paradigma del virtuoso republicanismo vencido.

Por el camino abierto por Zapatero, comenzó a transitar Pedro Sánchez que con su «no es no», que negaba cualquier posible colaboración con los conservadores, comenzó a construir el muro con el que intentaría perpetuarse en el poder. Todas sus políticas se encaminaron a engrosar y enaltecer al muro que habría de separar a los siervos que le aplaudían de aquellos otros ciudadanos que fueron considerados enemigos. El muro del sanchismo será el desgraciado legado que Pedro Sánchez deje a la posteridad.

Pero la construcción del muro y la emergencia del enemigo no se deben al azar ni al descuido, sino que obedecen a un claro designio que posee un entramado ideológico y discursivo con la finalidad de alcanzar el poder y perpetuarse en él. Los antecedentes están claros y son conocidos sus artífices. Pedro Sánchez no destaca por su solidez ideológica y menos aún por su fidelidad a una axiología de valores determinada. La verdad y la transparencia le son ajenos, pero dispone de la facultad de hacer suyas las ideas y métodos que le permiten gobernar y permanecer en el poder. Su método es el tacticismo y se nutre ideológicamente por ósmosis de las ideas ajenas.

Es un hecho cierto que la ideología de la socialdemocracia conformada tras la Segunda Guerra Mundial padeció un fuerte declive a partir de los acontecimientos de Mayo de 1968. El progresivo deterioro y merma de influencia de la socialdemocracia conoció un repunte con el acceso de Mitterrand a la presidencia de la República francesa y los días felices de la *union de la gauche*. Con Mitterrand, sin embargo, la socialdemocracia manifestó alarmantes síntomas de decadencia ante la gobernanza personalista y autoritaria del presidente francés. Con la caída del Muro de Berlín en el otoño de 1989 la crisis de la socialdemocracia se agravó de manera exponencial y desde aquella fecha colapsó como ideología alternativa a la democracia liberal y representativa. Podría, también, afirmarse que la socialdemocracia falleció de éxito al apoderarse la derecha conservadora de sus postulados principales. La sociedad del bienestar pasó a figurar en la agenda de todos los partidos democráticos conservadores o no.

Cuando en 2018 Pedro Sánchez accede al poder tras la presentación de la moción de censura contra Mariano Rajoy, su bagaje ideológico es tan escaso como ecléctico. Según se desprende de la lectura de su primer libro de memorias *Manual de resistencia*, sus ideas políticas son las tópicas de la socialdemocracia al uso. Lo que principalmente descuella en el mencionado libro es su fuerte carácter narcisista y el convencimiento de estar llamado a las más altas magistraturas de la política.

Cuando, tras una intensa campaña de agrupación en agrupación, Pedro Sánchez accede a la Secretaría General del PSOE por segunda vez, se declara como el candidato predestinado por la base militante y comienza a perfilar un partido personalista a la medida de su exacerbada ambición política. Fulmina a sus detractores y construye un partido que carece de contrapoderes, y la disidencia es condenada al silencio. Sánchez es consciente de que su PSOE se parece poco al partido socialista que se reinventó en el Congreso de Suresnes; él es consciente, y así lo afirma en el mencionado libro de memorias, de hallarse al frente de un «nuevo» PSOE en el que el aspecto programático decae ante el principal objetivo de obtener el poder y conservarlo.

Hemos hecho mención del legado de José Luis Rodríguez Zapatero y de la asunción por parte de Sánchez de sus postulados sobre la memoria histórica y su afán de polarización política. La principal influencia, sin embargo, es la que recibió de Pablo Iglesias y Podemos, su formación política.

La coalición entre el PSOE y Podemos no se formalizó hasta el año 2020 pese a que Pedro Sánchez descartó tal posibilidad por antinatural y nociva para España, según afirmó de manera reiterada. En los años previos a la coalición del PSOE con la ultraizquierda de Podemos, Sánchez hubo de sortear, con justeza, el *sorpasso* de la formación de Pablo Iglesias. Podemos surge tras las movilizaciones de los «indignados» del 15-M que Pablo Iglesias acertó a aglutinar y capitanear.

Con Sánchez el partido socialista español ha perdido su vocación de formación mayoritaria, pero ha sabido articular un frente político presidido por él. Sin embargo, los gobiernos de coalición con la ultraizquierda de Podemos y de Sumar se han saldado con una transferencia ideológica desde la ultraizquierda al PSOE que ha llenado de contenido el vacío ideológico mostrado por el sanchismo. A continuación, expondremos la manera como se ha operado la mencionada transferencia de los modos y contenidos que han supuesto una auténtica «colonización» ideológica del PSOE.

La secreta fascinación que ejerció Podemos sobre la militancia del PSOE y de algunos de sus dirigentes tuvo su mejor exponente cuando José Bono y José Luis Rodríguez Zapatero se entrevistaron —cena mediante— con Pablo Iglesias. La cita tuvo visos de contacto clandestino y aconteció cuando Pedro Sánchez accedió a la Secretaría General del PSOE por segunda vez.

El PSOE envidiaba de Podemos su juventud y su entusiasmo, así como la novedad de algunas de sus propuestas que, como veremos, apenas tenían nada de novedosas, ya que se trataba de una ecléctica mezcla ideológica de indigenismo sudamericano y pensamiento identitarista cocinado en los campus universitarios de Estados Unidos. Se trataba de una especie de colonización invertida que trataba de olvidar la iniciada por España en 1492. Se trataba de una amalgama de neomarxismo, espíritu de Mayo de 1968 y los fuegos artificiales de la *intelligentsia* francesa postestructuralista, capitaneada por Lacan, Derrida, Foucault y Deleuze entre otros.

LACLAU, MOUFFE Y EL SOCIALISMO DEL SIGLO XXI

Alicia Delibes Liniers, en su luminoso ensayo sobre *El suicidio de Occidente* (Ediciones Encuentro, Madrid, 2024), realiza una breve síntesis del llamado «socialismo del siglo XXI» y el posmarxismo, así como el esbozo biográfico de Ernesto Laclau y Chantal Mouffe, dos de sus principales teóricos que han influido de manera determinante en la ideología de Podemos y en la del PSOE por añadidura.

Ernesto Laclau (1935-2014) conoció al historiador marxista Eric Hobsbawm en la Universidad de Buenos Aires, donde ambos trabaron una fructífera amistad hasta el punto de que Hobsbawm ofreció a Laclau una beca para realizar su doctorado en la Universidad de Oxford. El año 1969 Laclau estableció su residencia en Inglaterra y el año 1977 culminó su doctorado en la Universidad de Essex, donde fue contratado como profesor de Teoría Política hasta su jubilación en 1986. Laclau ejerció de asesor ideológico de los Kirchner en Argentina y de Hugo Chávez en Venezuela. Laclau conoció en Essex a la politóloga Chantal Mouffe, quien sería su colaboradora y compañera. Mouffe había estudiado Filosofía en la Universidad Católica de Lovaina y al concluir sus estudios se trasladó a París donde fue alumna de Louis Althusser. Chantal Mouffe conoció en París a un economista colombiano con el que se casó y trasladó a Sudamérica con la intención de iniciar una guerrilla para establecer un régimen inspirado en la Cuba de Castro. El sueño revolucionario de Mouffe fracasó, así como su matrimonio, y optó por trasladarse a la Universidad de Essex donde conoció a Laclau. Chantal Mouffe fue una inspiradora de Podemos y llegó a publicar en el año 2015 un libro-entrevista con Iñigo Errejón que lleva por título *Construir pueblo. Hegemonía y radicalización de la democracia* (Icaria, 2015). El libro ha sido traducido al francés, siendo utilizado por los ideólogos de la formación La France Insoumise de Jean-Luc Mélenchon para confeccionar su ideario. Iñigo Errejón ha reconocido el importante influjo de Laclau y Mouffe en Podemos.

En el año 1985 Laclau y Mouffe publicaron su ensayo titulado *Hegemonía y estrategia socialista* (Gedisa, 2001) donde efectuaban una relectura de Marx a la luz del pensamiento de Gramsci. Inicialmente el ensayo obtuvo un escaso éxito, pero paulatinamente pasó a convertirse en un manual que ha servido a políticos de la cúpula inicial de Podemos para la confección de su ideario, también ha servido de inspiración para diversas formaciones de la extrema izquierda de América y Europa. Su influjo es evidente en el ideario del sanchismo y concretamente en lo referente a la construcción del enemigo y la utilización de los «significantes vacíos» como progresismo o fascismo que abordaremos más tarde.

En el mencionado libro, Laclau y Mouffe replantearon el concepto de hegemonía, originalmente desarrollado por Antonio Gramsci, en un contexto posmarxista. Para ellos, la hegemonía no se refiere simplemente a la dominación de una clase sobre otra, sino a la construcción de un «bloque histórico» a través de la articulación de demandas sociales diversas en un discurso hegemónico. Este discurso no es fijo ni predeterminado, sino que es contingente y depende de las luchas sociales que lo constituyen. Es este «bloque histórico» lo que inspirará el frente progresista que Pedro Sánchez tratará de conformar en España.

Para Laclau y Mouffe, toda realidad social está estructurada a través del lenguaje y el discurso. Esto significa que conceptos como «amigo», «enemigo», «nosotros» y «ellos» no son categorías preexistentes o naturales, sino que se construyen en el marco de las luchas por el poder y la hegemonía. Inspirados por el pensamiento postestructuralista y el psicoanálisis lacaniano, ambos teóricos sostienen que el sentido de los significantes siempre es contingente y está sujeto a disputas.

En este sentido, el enemigo es, en primer lugar, una construcción discursiva. No existe un «enemigo objetivo» al margen de las relaciones discursivas; lo que existe es una pluralidad de identidades políticas que se forman a través de la articulación de demandas sociales. Para que se configure un «enemigo», debe producirse una operación de delimitación que construya una frontera entre un «nosotros» y un «ellos». Esta operación es política y no ontológica; no es la esencia del enemigo lo que lo define, sino el proceso discursivo que lo produce.

El enemigo se convierte, así, en una figura central en la política, pero no en términos de una identidad fija, sino como un otro que se define a través de la construcción de cadenas de equivalencia y diferencia. El «enemigo» es aquel que amenaza la identidad del «nosotros», pero esa identidad está siempre en proceso de construcción, de tal modo que el enemigo también es contingente y mutable.

Un concepto clave para entender la concepción del enemigo en Laclau y Mouffe es la distinción entre «antagonismo» y «agonismo». El antagonismo, tal como lo presentan, es el conflicto irreductible entre identidades políticas. Este conflicto no puede ser resuelto de manera racional o definitiva, porque surge de la naturaleza misma de la política: la lucha por la hegemonía y la articulación de identidades sociales.

El antagonismo se manifiesta como un conflicto entre dos posiciones incompatibles, y es aquí donde surge el «enemigo». El enemigo es aquel que, en términos discursivos, representa una amenaza para la identidad política propia. Sin embargo, este conflicto no es simplemente una lucha por el poder económico o el control de los recursos, sino una lucha por la significación y la hegemonía discursiva. En otras palabras, el enemigo no es simplemente alguien con intereses opuestos, sino una figura que amenaza el orden simbólico y político que un grupo ha construido.

Otra de las aportaciones fundamentales de Laclau y Mouffe a la teoría política es su concepto de hegemonía, que se refiere a la capacidad de un grupo político para articular una serie de demandas sociales dispares en un proyecto político común. La hegemonía, en este sentido, no es un hecho dado, sino el resultado de una lucha por la significación y el poder discursivo.

En el proceso de construcción hegemónica, la definición de un «nosotros» y un «ellos» es fundamental. El «nosotros» se construye a través de la articulación de demandas equivalentes, es decir, demandas que, aunque inicialmente sean distintas, se agrupan bajo un mismo significante. Esta cadena de equivalencias permite la creación de un sujeto político colectivo que lucha por un objetivo común.

Sin embargo, la construcción de un «nosotros» siempre implica la exclusión de un «ellos». Esta exclusión es necesaria para la identidad del «nosotros», ya que solo a través de la oposición se define la propia identidad política. Aquí es donde aparece la figura del enemigo:

el «ellos» es aquel que se opone a la articulación hegemónica y amenaza su estabilidad.

Es preciso señalar que, para Laclau y Mouffe, la construcción del enemigo no es una instancia moral que demonice y deshumanice al enemigo, sino que ha de entenderse como la construcción de fronteras simbólicas que separan a los sujetos políticos. En resumen, la política es siempre un proceso de exclusión e inclusión, y el enemigo es aquel que queda fuera de la articulación hegemónica. Si nos atenemos al sanchismo, sin embargo, no está muy claro el que se sigan las pautas de la pareja Laclau-Moufee con respecto a la excepción moral del enemigo. Tal vez, impulsados por un atavismo de tipo antropológico, la concepción del adversario convertido en enemigo se salda con la plena deshumanización del mismo. El odio es el sentimiento predominante en relación al enemigo político y dicho sentimiento empaña las relaciones políticas impidiendo incluso la cortesía parlamentaria y los usos civilizados de la convivencia pública.

El deterioro de las relaciones entre políticos de distinto signo es una de las características que predominan en el sanchismo. Desde que en un debate televisivo previo a las elecciones de 2015 Pedro Sánchez espetó a Mariano Rajoy: «Usted no es decente», a lo que Rajoy repuso:

> Hasta aquí hemos llegado (…). Le voy a decir una cosa y no olvide lo que le voy a decir ahora: usted es joven, usted va a perder estas elecciones, pero de eso se puede recuperar uno, pero de lo que no se puede recuperar es de la afirmación ruin, mezquina y miserable que ha hecho hoy aquí.

Aquel episodio marcó las relaciones entre Sánchez, jefe de la oposición, entonces, y el presidente Mariano Rajoy, y reveló por parte de Pedro Sánchez un estilo de hacer política en el que el adversario era considerado enemigo.

Otro concepto elaborado por el tándem Laclau-Mouffe es el del antagonismo que afecta a la relación entre partidos políticos opuestos. El antagonismo se manifiesta como un conflicto entre dos posiciones incompatibles, y es aquí donde surge el «enemigo». El enemigo es aquel que, en términos políticos, representa una amenaza para la identidad política propia. Sin embargo, este conflicto no es simplemente una lucha por el poder económico o el control de los recursos, sino una lucha por la significación y la hegemonía discursiva. En otras palabras, el enemigo no es simplemente alguien con intereses opuestos, sino una figura que amenaza el orden simbólico y político que un grupo ha construido.

Ya en solitario, Chantal Mouffe introdujo en sus trabajos posteriores: *The Democratic Paradox* (2000) y *On the Political* (2005) el concepto de «agonismo» tratando de reconfigurar y atenuar la relación entre adversarios en el marco de una democracia pluralista. En lugar de ver al otro como un enemigo que debe ser eliminado, el agonismo propone una relación de adversarios. El adversario es alguien con quien se comparte un marco de referencia común (las reglas democráticas), pero con quien se tienen desacuerdos fundamentales sobre cómo debe organizarse la sociedad. La transformación del antagonismo en agonismo es crucial para Mouffe, ya que busca salvar la política democrática de una deriva hacia la violencia o la eliminación del otro. La diferencia entre enemigo y adversario radica en que el enemigo es aquel que debe ser eliminado para garantizar la supervivencia de la identidad propia, mientras que el adversario es alguien cuya presencia es necesaria para la democracia, aunque se esté en desacuerdo con sus propuestas. La política, entonces, no es la eliminación del otro, sino la articulación de una pluralidad de demandas que se confrontan de manera agonística.

La virguería conceptual que representa la noción «agonista» (palabra procedente del ámbito de la química) no oculta la crudeza y la radicalidad de la concepción del adversario convertido en enemigo. Para Laclau-Mouffe, el enemigo es algo contingente que puede mutar; en efecto, el enemigo, entonces, no es un dato fijo en la política. La identidad del enemigo puede cambiar en función de las articulaciones hegemónicas que se construyan en diferentes momentos históricos. Un grupo que en un momento puede ser considerado enemigo, en otro puede ser cooptado en la cadena de equivalencias que constituye el «nosotros». La contingencia del enemigo también está relacionada con su noción de lo «político» frente a la «política». Lo político se refiere al conflicto y la división fundamental que subyacen a toda sociedad, mientras que la política se refiere a las prácticas concretas a través de las cuales se negocian y gestionan esos conflictos. El enemigo pertenece a la esfera de lo político: es la figura que encarna la división y el antagonismo que atraviesan cualquier orden social.

Laclau y Mouffe han innovado el concepto de lo político, así como el del enemigo, pero no siempre confiesan ni reconocen la deuda contraída con otro pensador que desde un lugar antagónico llegó a posiciones teóricas similares, cuando no idénticas. Nos referimos, cómo no, a Carl Schmitt, considerado como la cabeza jurídica del nacionalsocialismo hitleriano. Es comprensible que desde la óptica de la izquierda no se quiera reconocer la deuda conceptual contraída con quien teorizó sobre la conversión del adversario en enemigo y la soberanía basada en el decisionismo. Es normal que Podemos y el sanchismo no reivindiquen a todos sus ancestros ideológicos, pero lo cierto es que algunas de sus políticas tienen mejor compresión desde el antecesor de Laclau y Mouffe.

CARL SCHMITT, ANTECESOR DEL SOCIALISMO DEL SIGLO XXI

Carl Schmitt nació en 1888 y fue un jurista y teórico político alemán que ejerció una gran influencia en la filosofía política, especialmente en la tradición conservadora y autoritaria. Su trabajo se vio profundamente influenciado por las crisis políticas de la República de Weimar y la inestabilidad de Europa en las primeras décadas del siglo xx.

Carl Schmitt es, sin duda, uno de los pensadores políticos más influyentes y controvertidos del siglo xx, especialmente por su conceptualización del derecho y la política en términos de conflicto y decisión. Uno de los aspectos más destacados de su pensamiento es su definición del «enemigo», que es central en su obra sobre la política. Para Schmitt, la política no puede entenderse sin hacer referencia a la distinción entre amigos y enemigos. Schmitt dice que la política se define esencialmente por la capacidad de una comunidad para distinguir entre amigos y enemigos. Esta distinción no es moral ni económica ni estética, sino política en su esencia más pura. Según Schmitt el enemigo no es un adversario privado ni una figura demoníaca a la que deba exterminarse, sino una entidad pública que representa una amenaza existencial para la comunidad política.

Una de las ideas centrales en la teoría de Schmitt es que el enemigo es, ante todo, una amenaza existencial. Esto significa que la existencia de un enemigo pone en peligro la supervivencia misma de la comunidad política, y es en esta amenaza donde radica la política. Mientras haya un enemigo potencial, la comunidad política debe estar preparada para la confrontación.

Schmitt sostiene que el conflicto con el enemigo puede, en ciertos casos, desembocar en la guerra, que es la manifestación extrema de la política. De hecho, define la guerra como «la forma extrema de la relación política», ya que es el conflicto abierto y violento entre entidades que se reconocen como enemigos. Sin embargo, no todas las relaciones entre Estados o comunidades necesariamente conducen a la guerra. La guerra es la posibilidad última, pero la distinción entre amigo y enemigo puede estar presente incluso en tiempos de paz. Lo importante es que esta distinción permite a la comunidad política reconocer su propia identidad en contraste con la del otro, el enemigo.

La definición del enemigo teorizada por Schmitt se concretó históricamente en «el judío», que será exterminado por millones en los campos de concentración del III Reich. Tras la derrota del nacional-socialismo del que Carl Schmitt fue su principal cabeza jurídica, fue juzgado en Nuremberg, pero fue absuelto, aunque hubo de renunciar a la enseñanza. Schmitt, gran admirador del dictador Franco, fue un asiduo huésped de las autoridades franquistas en España y residió en Galicia durante períodos de su vida.

Aunque parezca mentira, no fueron Pedro Sánchez ni Pablo Iglesias quienes idearon el concepto del antagonismo ni la figura del enemigo como eje de lo político. Fue el nazi Carl Schmitt quien concibió al antagonismo como fundamento de lo político. Lo propuso al afirmar que la distinción entre amigo y enemigo constituye la esencia de lo político. El antagonismo como fundamento de lo político ocupa en Schmitt el lugar de un axioma y reviste las características de lo ontológico. Carl Schmitt afirma en el inicio de su tratado sobre *El concepto de lo político,* que muchos de los conceptos jurídicos y políticos utilizados en la modernidad corresponden a conceptos teológicos secularizados y, tal vez, para afianzar esta concepción subsidiaria de la teología afirma el carácter absoluto del antagonismo.

Según Schmitt la esfera de la política coincide con la esfera de la relación amigo-enemigo. Fundamentándose en esta definición, el campo del origen y aplicación de la política sería el antagonismo y su función consistiría en delimitar los campos del amigo de los del enemigo. Aunar a los amigos y combatir a loenemigos sería la función primordial de la política. A fin de fundamentar su aseveración, Schmitt cita los ámbitos de la estética y la moral, concluyendo que también estos campos se definen por el antagonismo entre lo feo y lo bello, lo bueno y lo malo, etc. Así, afirma:

> La distinción política específica, aquella a la que pueden reconducirse todas las acciones y motivos políticos, es la distinción amigo, enemigo (…) en la medida en que no deriva de otros criterios, esta distinción se corresponde en el dominio de lo político con criterios relativamente autónomos, que proporcionan distinciones como la del bien y el mal en lo moral, la belleza y fealdad en lo estético etc. (*El concepto de lo político*, Alianza, Madrid, 2014, pág. 56).

Observamos, aquí, que la política es entendida desde un prisma unilateral y exclusivo que es el particular antagonismo entre el amigo y el enemigo. Esta distinción con ser importante no agota, sin embargo, la complejidad del fenómeno político. Es cierto que la política tiene que ver con la conflictividad humana, pero dicha conflictividad, lejos de agotar el fenómeno de lo político, lo reduce a una concepción monista. Esta perspectiva de Schmitt tiene algo de principio absoluto que, al modo del raciocinio teológico, fundamenta el edificio racional, aunque sin un fundamento empírico y positivo. Schmitt abunda en el carácter monista de su concepción política cuando afirma:

> La oposición o el antagonismo constituye la más intensa y extrema de todas las oposiciones, y cualquier antagonismo concreto se aproximará tanto más a lo político cuanto mayor sea su cercanía al punto extremo, esto es, a la distinción entre amigo y enemigo (pág. 59).

Finalmente, el antagonismo político extremo entre el amigo y el enemigo lo constituirá la guerra. La guerra tanto interna como externa.

Del antagonismo entre los humanos se han ocupado con anterioridad tanto C. Schmitt, Maquiavelo como Hobbes, pero en el caso de Schmitt resulta llamativa su concepción pesimista del carácter humano y de la sociedad. El pesimismo antropológico del que hace gala, en su razonamiento, tiene un trasfondo religioso que recuerda el antagonismo establecido por san Agustín entre la ciudad de Dios y la ciudad de los hombres. En la concepción agustiniana el hombre es un ser caído, incapaz de superar su contingencia pecadora. San Agustín desarrolló sus tesis en contraposición a los criterios de Pelagio, quien concebía al hombre en su positividad y resaltaba su innata capacidad para obrar el bien. C. Schmitt se reconoció deudor del pensador español Juan Donoso Cortés y, de hecho, fue él quien dio a conocer en Europa su pensamiento.

Donoso Cortés, marqués, diplomático y político, nació en Don Benito (Badajoz) y heredó el título nobiliario del marquesado de Valdegamas. Estudió Derecho en las universidades de Salamanca y Sevilla. En 1832 se instaló en Madrid, donde publicó *Memoria sobre la monarquía*, de línea liberal-conservadora, y donde dio comienzo su actividad como periodista político. Recibió una fuerte influencia del filósofo italiano Giambattista Vico, introduciendo su estudio en lengua española. En 1833 ingresó en la Secretaría de Estado e inició su carrera política, que le llevó a ser secretario del Gabinete y de la presidencia del Consejo en 1836, con el Gobierno de Mendizábal. En 1837 fue elegido diputado por Cádiz y en 1840 marchó a Francia, poco antes de que fuese depuesta la regente María Cristina. En Francia contactó con movimientos católicos que determinaron su devenir político como defensor de la tradición. El año 1848 Donoso Cortés llevó a la imprenta su famoso *Discurso sobre la dictadura*, que contiene su teoría de la «dictadura del sable», una apología del gobierno fuerte, como consecuencia del caos que él atisbaba en la revolución de la modernidad. En 1851 salió a la luz su *Ensayo sobre el catolicismo, el liberalismo y el socialismo*.

El recorrido de Donoso Cortés desde el liberalismo doctrinario a la reacción antiparlamentaria hasta admitir el recurso a la dictadura en situaciones «excepcionales» en las que la libertad está a punto de destruir la sociedad. Es en este punto de la justificación y reivindicación de la dictadura donde Carl Schmitt engarza, un siglo después, con Donoso Cortés de quien se confiesa seguidor.

> Tan pronto como Donoso advierte que la época de la monarquía ha terminado porque ya no hay reyes —escribe Schmitt en el año 1922— y ninguno de ellos tendrá el valor de serlo sino por la voluntad popular,

lleva su decisionismo a una conclusión; es decir pide una dictadura política. Ya para De Maistre latía una reducción del estado al factor decisión pura, que no razona, ni discute, ni se justifica, es decir, creada de la nada y absoluta (...) Donoso Cortes estaba convencido de que había llegado al instante de la lucha final; frente a lo radicalmente malo solo cabe una dictadura y la idea legitimista de sucesión dinástica se convierte en tal coyuntura vacío legalista. Así los extremos opuestos de autoridad y anarquía pudieron enfrentarse con absoluta nitidez y constituir la clara antítesis antes mencionada» (*Interpretación europea de Donoso Cortés*, Madrid, Rialp, 1952, pág. 93).

Un siglo separa las palabras de Schmitt de los escritos de Donoso Cortés y es legítimo preguntarse por la coincidencia intelectual de ambos personajes. No es muy frecuente el que un filósofo alemán del derecho fije su mirada en alguien que en España reflexionó sobre lo político en plena vorágine social y política a mitades del siglo xix. Tal vez lo explica que la complicidad de ambos pensadores resida en la situación extrema del que ambos parten a la hora de elaborar sus teorías políticas. Schmitt tiene en mente la crisis que padece la República de Weimar, y Donoso, por su parte, vive con preocupación la descomposición política de España y la crisis del liberalismo que culmina con la Revolución de 1868. Ambos parten de situaciones críticas que les conducen a la búsqueda de soluciones extremas.

En ambos autores, destaca la denuncia del parlamentarismo como modelo político y entienden la democracia representativa como un régimen que es víctima de sus propias contradicciones y conduce, en definitiva, a la anarquía. Conciben al monarca como el líder natural que se identifica con el pueblo y está legitimado para la toma de decisiones. La prevalencia de la decisión sobre la discusión política los impele a formular un decisionismo capaz de encontrar salidas al conflicto constitutivo de la sociedad. La buena política requiere de la toma de decisiones por parte del monarca, decisiones que encuentran su legitimidad en el poder intrínseco al monarca. Con estos antecedentes teóricos no es de extrañar que Donoso terminara por hacer la *laudatio* de la dictadura en el Congreso de Madrid y que Schmitt apoyara al III Reich y viera en Hitler y Mussolini arquetipos del líder capaz de decidir. Schmitt asiste al hundimiento de Alemania tras la Primera Guerra Mundial y observa la ruina de la sociedad alemana que a duras penas puede pagar las onerosas contrapartidas impuestas por los aliados. Son momentos excepcionales para Alemania y desde esa excepcionalidad es como Schmitt concibe su decisionismo político.

Carl Schmitt se afilió al partido nacionalsocialista alemán, pero su más apreciado modelo no era otro que Mussolini. El jurista alemán lo visitó en su palacio de *piazza* Venecia, donde pudo manifestarle su admiración. También manifestó su entusiasmo al régimen franquista, que con tanta frecuencia echó mano del estado de excepción. Fue uno de los pensadores más influyentes del siglo xx, aunque sus seguidores no siempre lo citen. Su influencia alcanzó a los *neocons* americanos de la época de Reagan y Bush. Hoy en día son nuestros nacionalistas quienes, sin mencionarlo, ponen en práctica sus ideas. Ven compatible su decisionismo con la democracia, pero, llevado a su extremo, el decisionismo es constitutivamente antidemocrático.

Tanto a Carl Schmitt como a Donoso Cortés les corresponde el mérito de figurar entre los ancestros del llamado «socialismo del siglo xxi» auspiciado por Ernesto Laclau y reivindicado por Hugo Chávez como ideología de la revolución bolivariana. Es sorprendente observar la carga de pulsiones reaccionarias que la llamada política progresista soporta. La intuición clarividente de Carl Schmitt, al observar que los pilares conceptuales de lo político y de lo jurídico reposan sobre los viejos postulados de la teología, resulta esclarecedora al mirar el obstinado sectarismo y dogmatismo que el llamado progresismo en versión de socialismo del siglo xxi encarna. El wokismo del que más tarde nos ocuparemos es la demostración paroxística de la conversión secular de los apriorismos teológicos. El desvarío epistémico del llamado progresismo oculta, a golpe de sentencias anacrónicas y caducadas, la ausencia de rigor racional y de inteligencia creativa.

EL REGRESO DEL JUDÍO

Tras la Segunda Guerra Mundial y la culminación del genocidio judío con más de seis millones de hebreos asesinados, el juicio de Nuremberg dejó sentenciado el antisemitismo que durante siglos estuvo en el origen de pogromos y linchamientos racistas que emborronan la historia de Europa. Tras Hitler y su solución final, parecía que el odio al judío y el antisemitismo habían dejado de ser una constante histórica, pero bastó la fundación del Estado de Israel para que el odio de los países que lo circundan se convirtiera en letal amenaza existencial. Desgraciadamente, Nuremberg no supuso un punto y aparte, sino que, tras la decisión de la ONU para la creación del Estado judío, el antisemitismo adquirió la forma de un punto y seguido y no solo en el mundo árabe. La izquierda europea siempre simpatizó con la causa palestina y tras la caída del Muro de Berlín pasó a convertirse en una de sus referencias, en sustitución de otras reivindicaciones y causas que se dieron por amortizadas o imposibles.

La izquierda siempre supo crear marcos políticos y relatos que condicionaron la cultura política occidental. Inicialmente, la izquierda se rindió fascinada ante los kibutz que en Israel asumieron la bandera de un cierto socialismo utópico, pero llegó la guerra de los Seis Días (1967) y la izquierda europea miró con creciente simpatía a Yasser Arafat y a Al-Fatah. La causa palestina se convirtió en el paradigma de las causas justas. Con la actual guerra, provocada por el atentado terrorista de Hamás del 7 de octubre de 2024, el judío y el antisemitismo han regresado por la puerta de atrás[1].

Alain Badiou es una de las principales referencias de la cultura woke que en Estados Unidos ha desencadenado las protestas contra Israel. Refiriéndose a los nombres que construyen los marcos ideológicos contemporáneos ha formulado el siguiente postulado: «Un nombre cuenta solamente en la medida en la que las divisiones que

---

1   La solución de los dos Estados que hoy reclaman algunos sancionados en los Acuerdos de Oslo (1993) fue en su día expresamente rechazada por Hamás y no parece que, hoy por hoy, sea viable pese al empeño del presidente Sánchez. Existe, sin embargo, otra posible solución a la cronificada guerra entre árabes y judíos que consiste en el establecimiento de un único Estado democrático, secular y plurinacional en el que judíos y árabes convivan en paz. Pero existen demasiados intereses ajenos a Palestina para que la paz y la «conllevancia» tengan una oportunidad. Para ello habría que resignificar el nombre judío como aquellos que inventaron y ejercieron la universalidad al modo de Baruch Spinoza o Einstein. El regreso del judío debería abrirnos a la oportunidad de reconsiderar aquellos valores que un día fueron los que alumbraron a Europa y a la modernidad. El de los dos Estados es una inercia binaria y divisiva. ¿Por qué no soñar con una Palestina laica y democrática, donde la universalidad del judío encuentre, por fin, su sentido y cobijo?

induce funcionan». Dividir y vencer; enfrentar y polarizar, he ahí la finalidad de los nombres divisivos. El nombre «judío» ha recuperado el potencial de odio y polarización que tuvo en la Edad Media y en los pogromos de la Europa del Este; el potencial que provocó la Shoah de Hitler y la capacidad divisiva de las conjuras judeomasónicas de Franco. Una vicepresidenta del actual Gobierno de España ha proferido el conjuro «Del río hasta el mar» que reclama la desaparición del actual Estado de Israel. ¿Qué tendrá el judío que desata semejantes emociones divisivas?

Según el filósofo y lingüista Jean-Claude Milner autor de *L'arrogance du present* (2009) «el único acontecimiento verdadero del siglo xx es el regreso del nombre judío» y argumenta su afirmación centrándose en los cambios sobrevenidos a partir del Mayo de 1968 y la posterior caída del Muro de Berlín (1989) y concluye que el nombre «judío» es uno de los principales términos divisivos de la actual coyuntura cultural y política. Constata J. C. Milner que la lucha de clases y todos los nombres a ella conectados han sido sustituidos por la palabra «judío» que posee un carácter divisivo del que carecen otros términos clásicos del discurso de la izquierda política europea. Palabras como proletariado, obrero y otras del mismo jaez ya no dividen a nadie y han dejado de tener un sentido movilizador, mientras que palabras como judío han recobrado actualidad revestidas de pasión y significación movilizadora.

La actualidad política parece dar la razón a Milner en tanto que la nueva vigencia de la palabra judío nos sitúa en el umbral de una nueva era donde las ideologías ceden su sitio a las pasiones y a las emociones en detrimento de la razón y de la comprensión universal. El mundo de la política se atomiza y se divide en pequeñas parcelas en virtud de nombres que creíamos amortizados e incluso olvidados. La causa de la emancipación universal, objetivo de la izquierda en los dos últimos siglos, ha sido sustituida en nuestros días por las múltiples y variadas «emancipaciones parciales» como el feminismo, el ecologismo o las identidades étnicas.

El judío ha regresado como encarnación del «otro» absoluto, que equivale al enemigo que Carl Schmitt y Ernesto Laclau describieron como elemento fundamental para entender lo político y monitorizar las políticas de disruptivas y sectarias que el progresismo y el llamado socialismo del siglo xxi reclaman como propias y progresistas.

El «otro» y el «judío» son significantes vacíos que el progresismo ha rellenado con las causas movilizadoras que despiertan aquellas pasiones tristes de las que hablaba Spinoza. Pasiones y sentimientos de odio, exclusión y cancelación que necesita rellenar, sin cesar, la carcasa vacía del enemigo que circunstancialmente puede llamarse «fachosfera» «tardofranquista» o fascista, sin más.

La gran aportación de Pedro Sánchez y sus políticas de disenso no es otra que la resurrección de olvidadas batallas y rencillas amortizadas con el único objetivo de polarizar a la sociedad española. Polarización que trata de cronificar y alimentar sin descanso, para perpetuarse en el poder. La construcción del enemigo por parte del sanchismo ha concluido con éxito, aunque para ello se haya tenido que convertir la democracia representativa que la Constitución de 1978 instauró en una autocracia de medio pelo con pujos de autocracia confederal averiada.

Muchos españoles nos resistimos a ser identificados como miembros de la fachosfera o como partes integrantes del enemigo imaginario que Pedro Sánchez ha ideado. La fachosfera es un invento del sanchismo que ha servido para poner nombre al enemigo, que de manera contingente puede adoptar un nombre u otro. Lo que importa en la construcción del enemigo no es la realidad sociológica o una determinada cartografía electoral, lo que de verdad importa es el discurso o el relato, que se difunde mediante la poderosa máquina de propaganda que el Gobierno alimenta y financia. El gobierno autocrático es alérgico a la crítica y a la verdad alternativa. Los argumentos razonados chocan con el escudo o el muro con el que el gobierno se guarece. El intramuro donde se cobija la autocracia es la guarida de los «nuestros», frente al enemigo que habita extramuros. Cuando en septiembre de 2024 el Gobierno adoptó en el Consejo de Ministros las llamadas medidas para la regeneración democrática, se trataba tan solo de fortalecer el muro que Pedro Sánchez anunció en la investidura de 2023 con el objeto de diferenciar a los buenos de los malos, a los progresistas de los reaccionarios, a los decentes de los indecentes, a los honrados de los malhechores, fieles devotos de los desafectos, a los fieles de los enemigos. Se trató de un burdo trabajo de albañilería para engalanar y recrecer el muro de la autocracia. Pedro Sánchez siempre sale al quite cuando algo no le funciona en su tramoya discursiva.

Cuando en plena guerra entre Israel y Hamás Pedro Sánchez acudió a la linde entre Israel y Egipto, no lo hizo impulsado por un espíritu de paz y concordia, sino que realizó un acto de afirmación contra Israel y su derecho de defensa tras el multitudinario crimen terrorista cometido por Hamás el 7 de octubre de 2023. La respuesta de Israel polarizó la opinión mundial y la izquierda desplegó sin rubor su antisemitismo radical. Pedro Sánchez aprovechó la coyuntura para tratar de asumir un liderazgo internacional, en un momento de graves dificultades en la política doméstica, reconociendo al Estado palestino sin previa consulta al Parlamento español ni al conjunto de la Unión Europea. Lo hizo por su cuenta y riesgo, buscando un rédito inmediato y escudándose en el horror de las imágenes de la guerra en Gaza. Se escudó, una vez más, en la excepcionalidad del momento para decidir por su cuenta y riesgo, poniendo de relieve su poder soberano sin someterse a los usos políticos de una democracia.

Una vez más, Pedro Sánchez hizo buena la afirmación de Carl Schmitt cuando decía: «Soberano es quien decreta el estado de excepción». Gobernar desde la excepción es, tal vez, el síntoma propio del autócrata. Desde que Franco murió en el año 1975, ningún otro gobernante había recurrido jamás a la excepcionalidad como habitual manera de gobernar. Es en este sentido como cabe referirse a Pedro Sánchez, como un «presidente excepcional».

IV.
Arbitrariedad y autocracia

Lo del «presidente excepcional» se ha de entender no como la cualidad de excelencia de nuestro presidente, sino como alusión a la querencia de Pedro Sánchez por las situaciones de excepcionalidad política. Es notorio que Sánchez ama el poder, y tanto la soberanía como el poder son las hijuelas de la excepción.

La democracia debería ser un régimen previsto y previsible donde el gobierno de la nación actúa según unas pautas preestablecidas. Los sustos y sobresaltos que salpican toda acción humana deberían estar limitados a contingencias externas y deberían ser tratados con prudencia, rigor y templanza, pero, a veces, ocurre que los gobernantes, que son humanos y vulnerables como cualquier ser humano, son víctimas de acontecimientos imprevisibles que les desbordan. La rutina democrática y la previsibilidad saltan por los aires cuando un gobernante es objeto de una incidencia personal que es incapaz de asumir con parsimonia y entonces rebasa el ámbito personal para incidir en lo político.

Es conocida la proverbial capacidad de Pedro Sánchez para resistir los golpes de la vida, así como su capacidad de resiliencia para enfrentar dificultades y obstáculos, pero toda su capacidad de aguante quedó en nada cuando algunos periódicos comenzaron a hacerse eco de algunas irregularidades de su esposa en el ámbito universitario y en la gestión de algunas iniciativas de orden personal. Se trataba, en principio, de algunas actuaciones impropias de una esposa del presidente del Gobierno que por su celo o interés personal rozaban lo inusual o ponían en entredicho su conveniencia. Hasta que un buen día Dña. Begoña Gómez, esposa del presidente del Gobierno, fue imputada por un posible delito de tráfico de influencias. El runrún de los periódicos se convirtió, de súbito, en una cuestión judicial que estalló como artefacto sin control ni medida. El presidente del Gobierno, como es normal y obvio, fue cuestionado por el asunto durante una sesión del Parlamento por parte del jefe de la oposición, y Pedro Sánchez intervino desde su asiento con presteza y gallardía, aunque sin disimular su quebranto, negando la mayor y porfiando por la inocencia de su señora. Su aspecto no era el habitual, se le notaba tenso y sus mandíbulas prietas delataban la tensión de su rostro. Su lenguaje corporal evidenciaba un extraordinario estrés.

Fue un breve parlamento en el que Sánchez atacó a los «pseudoperiódicos» que se habían hecho eco de las actividades impropias de la Sra. Gómez, condenando así mismo la mala fe de la oposición parlamentaria que había osado poner en duda la inocencia de su esposa. Al presidente se le vio muy afectado y en su rostro se dibujó la gran tensión que le embargaba. Las últimas palabras de su breve intervención fueron una declaración formal de su fe en la justicia. El presidente abandonó el hemiciclo con gesto sombrío y preocupado, pero su embarazo no había hecho más que comenzar. Aquella misma tarde escribió una carta que conmocionó a la nación. Se trataba de una misiva personal, que, a juzgar por el estilo y por las palabras empleadas, había escrito de su puño y letra sin la ayuda ni el concurso de su legión de asesores. Una carta que abría un tiempo excepcional en la gobernación de España. No era la primera vez que Pedro Sánchez declaraba una situación de excepción en sus años como presidente, pero esta vez se trataba de una excepcionalidad que arrancaba en lo personal y terminaba por afectar a toda la nación.

UNA CARTA EXCEPCIONAL

Algunos lo calificaron de *performance*, otros de simple postureo, pero lo cierto es que la carta en cuestión a nadie dejó indiferente. La carta ofrece al desnudo algunas de las características más singulares de la personalidad del presidente Sánchez. El redactor de la carta se nos aparece como un hombre herido en su amor propio y se muestra desolado por el abandono de los suyos. La carta demanda el apoyo debido y la frustración ante la ausencia del reconocimiento que a sus presuntos éxitos corresponde. Es narciso que no se reconoce en el falso espejo que el enemigo pretende exhibir. El texto íntegro de la carta se halla en las hemerotecas y está disponible en internet para quien lo desee leer en su integridad. Me limitaré a reseñar algunos aspectos llamativos de la misiva presidencial.

La carta se inicia reconociendo que «no suele ser habitual» que el presidente se dirija directamente a cada uno de los ciudadanos, y con ello trasluce su experiencia positiva cuando se dirigió a la militancia del PSOE sin intermediarios. Se trata, en suma, de algo excepcional al pretender una relación «amo/ciudadano» sin mediación alguna. Seguidamente se entra en materia señalando el mal que le embarga: «Un juzgado de Madrid ha abierto diligencias previas contra mi mujer, Begoña Gómez, a petición de una organización ultraderechista». Como ya es habitual en nuestro presidente no dice toda la verdad cuando se refiere a «las diligencias abiertas» a su esposa, ya que sabía que había sido imputada por el juez. Junto a la media verdad/mentira sobre la imputación de Begoña Gómez, Sánchez señala de entrada al enemigo que no es otro que la ultraderecha. Y a renglón seguido remacha su afirmación anterior con la concreción del enemigo: «En mi opinión, son medios de marcada orientación derechista y ultraderechista», quienes han venido informando sobre el asunto. Una vez establecido el muro que separa a los buenos de los malos, afirma categóricamente que «Begoña defenderá su honorabilidad y colaborará con la Justicia en todo lo que se la requiera para esclarecer unos hechos tan escandalosos en apariencia como inexistentes».

Por la mañana en el Parlamento, Sánchez terminó su breve intervención afirmando su fe en la justicia, y en la carta que escribe a continuación vuelve a afirmar su confianza en la justicia al aseverar que Begoña Gómez contribuirá con la justicia para esclarecer unos hechos que el presidente califica de «inexistentes». Esta colaboración leal con la justicia, sin embargo, ha sido negada por los hechos, ya que tanto la imputada Gómez como su marido Pedro Sánchez se negaron a declarar ante el juez, haciendo uso de su derecho a no declarar. Pero su colaboración con la justicia fue más allá cuando ambos, marido y mujer, presentaron sendas querellas por prevaricación contra el juez que llevaba la causa, utilizando para ello los servicios de la Abogacía del Estado. Obsérvese que de una imputación a una persona privada como es la Sra. Begoña Gómez se hace una cuestión de Estado al utilizar los medios de propiedad del Estado como es la Abogacía estatal. Una causa privada muta en una cuestión de Estado al intervenir el presidente no como esposo de la imputada, sino como cabeza del Gobierno de la nación.

Uno de los rasgos más claros que identifican a la voluntad autocrática es la confusión y, en su caso, usurpación de poderes y funciones en la política democrática. Pedro Sánchez no ha sido nunca escrupuloso en la utilización de los poderes puestos a su alcance de manera provisional y, siempre, contingente. Su desmesurada voluntad de poder le ha impulsado a no diferenciar poderes y ámbitos que son distintos y específicos. Su poder en el PSOE lo ha utilizado de manera discrecional, identificando y confundiendo el partido con el Gobierno y este con el Estado. Arrogarse todo el poder y confundir los ámbitos específicos de sus poderes ha sido una constante en las políticas llevadas a cabo por Pedro Sánchez y ello le ha granjeado una imagen cesarista y despótica, pero sigamos con la lectura de la carta.

La parte más extensa y medular de la carta se extiende en identificar al enemigo que está detrás de los infundios y bulos que han ensombrecido la imagen inocente de la esposa del presidente. En la carta se alude al formidable enemigo al que Pedro Sánchez y su esposa se enfrentan. Las cabeceras iniciales se convierten pronto en «esa constelación de cabeceras ultraconservadoras» cuyas informaciones y falsedades «hemos ido desmintiendo». Desde el primer momento la política seguida por la Moncloa se redujo al desmentido oficioso de las noticias publicadas, pero en ningún caso fueron rebatidas ni explicadas mediante la confrontación de la realidad de los hechos; ello provocó el que los rumores se extendieran y los juicios de la prensa crítica se afianzaran. Pero fue la Moncloa quien echó leña al fuego con su postura de soberbia y desprecio frente a los medios «desafectos». Lo que comenzó siendo una serie de noticias deslavazadas se convirtió en una cuestión de política nacional y a ello contribuyó de manera decisiva la burda tentativa de polarizar a la ciudadanía recurriendo, una vez más, al binomio amigo/enemigo que en la carta cobra protagonismo cuando tras la alusión a la «constelación» se eleva al enemigo a la categoría de «galaxia», focalizando y señalando, además, los nombres de los enemigos que se esconden tras la conjura desatada por la galaxia de los pseudomedios: «Esta estrategia de acoso y derribo lleva meses perpetrándose. Por tanto, no me sorprende la sobreactuación del Sr. Feijóo y el Sr. Abascal. En este atropello tan grave como burdo, ambos son colaboradores necesarios junto a una galaxia digital ultraderechista». Y por si hubiera alguna duda, el presidente insiste y denuncia que «se trata de una operación de acoso y derribo por tierra, mar y aire, para intentar hacerme desfallecer en lo político y en lo personal atacando a mi esposa».

Pero el presidente Sánchez no es ningún ingenuo, sabe perfectamente que quienes denuncian a Begoña no es porque haya hecho algo ilegal, ellos saben que es inocente y son conscientes de que «no hay caso». Sánchez es consciente de que

«los ataques que sufro no son a mi persona, sino a lo que represento: una opción política progresista, respaldada elección tras elección por millones de españoles, basada en el avance económico, la justicia social y la regeneración democrática».

De pronto una imputación sobre una conducta impropia de la Sra. Gómez se ha convertido, en la pluma de Pedro Sánchez, en una cuestión política que globaliza y abarca toda su actividad política. Es en este párrafo donde por primera vez aparece el sintagma «regeneración democrática» que cuatro meses más tarde será objeto de una serie de iniciativas aprobadas, bajo ese nombre, en el Consejo de Ministros. Una «regeneración democrática» que pretende instaurar la censura de prensa y supone un cuestionamiento de los medios tanto digitales o no, que no gustan a la Moncloa.

Reza el proverbio latino que *excusatio non petita, accusatio manifesta*, y es que una excusa traída a desmano significa una acusación evidente. Y es en lo que Pedro Sánchez incurre cuando tras identificar al enemigo rebate una acusación de la que sí había cuestión. Sánchez se cura en salud y reclama su legitimidad política cuando arguye:

El último episodio fueron las elecciones generales del 23 de julio de 2023. El pueblo español votó mayoritariamente por el avance, permitiendo la reedición de un gobierno de coalición progresista (…) La democracia habló, pero la derecha y la ultraderecha, nuevamente, no aceptaron el resultado electoral. Fueron conscientes de que con el ataque político no sería suficiente y ahora han traspasado la línea del respeto a la vida familiar de un presidente del Gobierno y el ataque a su vida personal.

Es aquí donde la máquina del fango, en expresión de Umberto Eco, cobra todo su sentido. Se trata de una máquina de calumniar, deslegitimar y deshumanizar al adversario político a través de falsas y escandalosas denuncias. Los maquinistas de semejante artefacto no son otros que Feijóo y Abascal que tienen por único objetivo la destrucción de Pedro Sánchez. Pero el presidente no se conforma con guarecerse de los ataques inhumanos de la ultraderecha española y, para que el lector se dé cuenta de lo que está en juego, Sánchez eleva el vuelo y constata que lo de España no es más que una parte del problema. Sánchez se ve como la víctima propiciatoria de «una coalición de intereses derechistas y ultraderechistas que se extiende a lo largo y ancho de las principales democracias occidentales, y a las que, le garantizo, responderé siempre desde la razón, la verdad y la educación».

Ahí es nada, toda una internacional ultraderechista, formada por todas las derechas de Occidente, está tratando de hundir a nuestro presidente que inerme y indefenso se defiende con los únicos instrumentos de la razón, la verdad y la educación.

La carta del presidente, sin embargo, está ayuna de razón y verdad; y la educación se limita al insulto y a la descalificación de sus opositores. Es conocida la mendacidad orgánica de Sánchez que a la mentira suele calificar de cambio de opinión y que no conoce otra razón que su desmesurada voluntad de poder. Apelar a la verdad y a la razón en una carta que solo pretende ocultar la verdad de las imputaciones a su esposa y utilizar el victimismo como última razón solo se entiende desde una falsa percepción de la realidad. Una realidad virtual insuflada por un narcisismo extremo que le impulsa a encarnar el papel de víctima de la confabulación internacional en su contra. La educación a la que el presidente de refiere como única respuesta a quienes le desean toda suerte de maldades tiene todos los visos de una ingenua condescendencia, habida cuenta de la manera con que se las trae con sus enemigos.

Ante el espectáculo dantesco que Sánchez describe «en mi lectura de la situación», Sánchez opta por la pregunta existencial sobre seguir o no aguantando el desmesurado ataque de la que es víctima. Hasta aquí hemos llegado. El presidente se siente abatido y menospreciado, ¿es así como los españoles corresponden a sus desvelos? ¿Merece la pena seguir?

> Llegados a este punto, la pregunta que legítimamente me hago es ¿merece la pena todo esto? Sinceramente, no lo sé. Este ataque no tiene precedentes, es tan grave y tan burdo que necesito parar y reflexionar con mi esposa.

La carta en su conjunto puede parecer inconexa o sentimental en exceso, pero lo cierto es que destila un dolor cierto que el presidente expresa sin rubor. La carta será o no políticamente afortunada, pero expresa la profunda frustración de una persona que se ve atacada sin tener en cuenta sus desvelos y esfuerzos abnegados por España.

«Nunca he tenido apego al cargo. Sí lo tengo al deber, al compromiso político y al servicio público», nos dice el presidente y lo cierto es que en este punto el lector desapasionado no puede sino asombrarse ante la ingenua pretensión de que se le crea. Si Sánchez ha descollado por algo es precisamente por su desmesurada ambición y voluntad de poder, que ha guiado toda su vida pública. Esta última apreciación sobre el no apego al cargo denota o bien una falsa percepción de sí mismo, o una acerva nota de humor que desentona del conjunto de la carta. El desinterés por el cargo, en boca de quien ha hecho de la permanencia en el poder su principal y obsesivo objetivo, suena a tomadura de pelo que pretende conmover al lector y granjearse su adhesión.

Llegados a este punto en el que se ha despachado a gusto con quienes considera sus enemigos y han tratado de ningunear las supuestas actuaciones impropias de su esposa, ha llegado la hora de anunciar su gran decisión: Sánchez necesita «parar y reflexionar», se nos dice. Y nos lo anuncia como si el ejercicio del poder como presidente contemplara la opción de parar en marcha y apearse de su responsabilidad. Sánchez decide recurrir a la excepción como solución para salir del atolladero. No es normal lo que se propone, no es usual que un presidente juegue al «ahora voy, ahora vengo» estableciendo una cesura de cinco días no para reflexionar él, sino para que reflexionemos nosotros, todos a los que la carta se dirige. En las últimas líneas de la carta deja bien claro que él seguirá trabajando y que es a nosotros a quienes toca reflexionar. En ningún caso está dispuesto a dimitir, lo que pretende es que la herida causada por el enjuiciamiento de su esposa nos la subroguemos los ciudadanos. Nos pide comprensión, apoyo y amor y no duda en presentarse como un hombre profundamente enamorado de su esposa, tan falsa e injustamente acusada de un delito que nunca cometió.

La confesión de su profundo amor a la esposa, que le va acompañar en su reflexión sobre si seguir o no en la brecha, es el colofón a una carta privada que pretende tocar y conmover las fibras más sensibles del ser humano: el amor y la piedad. La carta pretende soslayar la imputación judicial de la esposa del presidente y trata, al mismo tiempo, de concitar el apoyo incondicional de los suyos. La mención a la reflexión conjunta que los esposos pretenden acometer durante cinco días pone en evidencia el papel fundamental que Begoña Gómez ejerce y representa en la vida de Pedro Sánchez.

Ya en el primer libro de memorias de Sánchez, *Manual de resistencia,* se percibe la presencia constante y decisiva de la mujer del futuro presidente. El amor y la unión afectiva entre esposos es una feliz realidad que acompaña a las parejas afortunadas. Es normal que los esposos velen por el éxito y la fortuna de su pareja, pero en el caso del matrimonio formado por Pedro Sánchez y Begoña Gómez se deja constancia de su implicación existencial en la carrera hacia el poder. Nos encontramos ante un matrimonio muy unido, pero al mismo tiempo queda claro que la aventura del poder es una aventura mutua. Se trata de un equipo. De un tándem. Una sociedad matrimonial que se extiende más allá del ámbito doméstico.

La carta que comentamos es un ejercicio narcisista donde lo privado, lo público y lo político se entremezclan en un espectáculo que tiene algo obsceno, entendiendo por obscenidad lo que en su literalidad significa: de estar fuera de escena. Una escena donde se representa lo privado como un ejercicio de poder. Se trata de convertir la excepcionalidad en una reivindicación de soberanía y de ejercerla. El reiterado axioma de Carl Schmitt de que soberano es quien es capaz de declarar el estado de excepción se manifiesta en la carta al decretar una cesura y un lapso excepcional en el que el poder soberano de todos es recluido en la intimidad del hogar monclovita. Durante cinco días el poder quedó en suspenso y usurpado en el ámbito privado del soberano que determinó que, «llegados a este punto», soy yo quien ha de decidir en solitario y sin anuencia ni consejo de ningún otro poder del Estado la determinación de si merecéis que «yo» os gobierne o no.

La carta en cuestión no parece que cumplió el cometido que pretendía su autor. La sociedad española reaccionó entre la sorpresa y la incredulidad, excepción hecha de los miembros del PSOE que acudieron a manifestarse, aunque en número decreciente, a la calle Ferraz de Madrid. Acudieron, sobre todo, los cuadros del partido que temieron por sus posiciones de poder, en el improbable caso de que Pedro Sánchez optara por la dimisión.

Enfurruñado y frustrado por el escaso eco de su carta, Sánchez y su señora concluyeron su reclusión reflexiva anunciando, eso sí, la toma de represalias sobre quienes habían osado criticar a la pareja. Represalias que tomaron, cuatro meses más tarde, con el nombre de «regeneración democrática». Es un mal asunto cuando la democracia se adorna de calificativos que tratan de especificar y resignificar la democracia a secas.

Pero con la querencia por la excepcionalidad mostrada con su carta, llovía sobre mojado, mucho antes Pedro Sánchez había demostrado su capacidad para decretar el estado de alarma con motivo de la epidemia del COVID-19. Fue en aquella ocasión cuando demostró por primera vez su soberana capacidad de decretar el estado de excepción, que sumió a España en la servidumbre total y filial ante un soberano que pretendió ejercer de bondadoso padre de la patria, no pudiendo resistir la tentación de aconsejar y sermonear a su confinada grey.

LOS ESTADOS DE EXCEPCIÓN DE P. SÁNCHEZ[2]

A quienes tenemos ya una edad provecta, el «estado de excepción» nos suena a franquismo puro y duro. Pero no es este el caso. No se trataba de suspender la carta de los derechos humanos para sojuzgar

---

2   Sobre este punto cabe destacar el extraordinario trabajo de la jurista y periodista Guadalupe Sánchez Baena, en su libro *Crónica de la degradación democrática española* (Deusto, 2023, Barcelona).

a los desafectos al régimen o depurar y encarcelar a quienes disentían del chavismo. No. Se trataba de una medida terapéutica que trata de hacer frente a la epidemia mundial que segaba vidas y avanzaba sin control.

El estado de alarma es una de las situaciones excepcionales que la Constitución española contempla para hacer frente a circunstancias graves que afecten al orden público o a la seguridad nacional, y su regulación se encuentra en el artículo 116 de la Constitución, así como en la Ley Orgánica 4/1981, que establece los estados de alarma, excepción y sitio. Aunque es una medida temporal, con una duración máxima inicial de quince días, el Gobierno puede prorrogarla con autorización del Congreso de los Diputados. Bajo este régimen, se permite la limitación de derechos fundamentales, como la libertad de movimiento, la propiedad privada y la capacidad de reunión, entre otros.

Desde la aprobación de la Constitución de 1978, España ha tenido pocas ocasiones en las que se haya recurrido a esta medida, siendo la primera vez con Zapatero como presidente, en 2010 durante la huelga de controladores aéreos. No obstante, la pandemia de COVID-19 cambió radicalmente esta dinámica, convirtiendo el estado de alarma en un instrumento central en la respuesta del Gobierno.

El primer estado de alarma lo decretó Pedro Sánchez el 14 de marzo de 2020, seis días después de que se celebrara la multitudinaria manifestación feminista del 8 de marzo. Manifestación autorizada e incluso potenciada a pesar de que se había declarado la alarma mundial de COVID-19. Esta crisis sanitaria, que sorprendió a gran parte del mundo, generó una rápida propagación del virus, llevando a una situación insostenible para los sistemas de salud. En España, el número de contagios exponencial llevó al Gobierno a tomar medidas drásticas para contener la expansión del virus, entre las que destacaba el confinamiento general de la población, que solo podía salir de sus casas para adquirir bienes de primera necesidad, asistir al trabajo (si su actividad era esencial) y otras situaciones de emergencia. Este estado de alarma se fue prorrogando hasta el 21 de junio de 2020, lo que implicó una duración de más de tres meses, el período más largo de restricción de derechos fundamentales en la historia reciente de España.

Uno de los aspectos más controvertidos fue el impacto económico de las medidas. Sectores como la hostelería, el turismo y el comercio sufrieron gravemente las consecuencias del confinamiento. El Gobierno trató de mitigar estos efectos con ayudas económicas, como los ERTE (expediente de regulación temporal de empleo), que permitieron a las empresas suspender contratos sin despedir a los trabajadores. No obstante, las críticas por la gestión económica fueron recurrentes durante todo el estado de alarma.

A pesar de que en junio de 2020 se levantó el estado de alarma y se inició la «nueva normalidad», con el verano llegó un nuevo aumento en los casos de COVID-19, lo que llevó al Gobierno a decretar un segundo estado de alarma el 25 de octubre de 2020, esta vez con un enfoque distinto.

Este nuevo estado de alarma, recogido en el Real Decreto 926/2020, estableció medidas menos estrictas en comparación con el confinamiento total de marzo, pero igualmente relevantes para contener la pandemia. Las principales medidas de este segundo estado de alarma incluyeron toques de queda nocturnos, restricciones en la movilidad entre comunidades autónomas y reducción de aforos y reuniones.

Asimismo, estuvo diseñado para ser más largo, con la intención de darle una respuesta más sostenida a la pandemia durante los meses de invierno, donde se temía un repunte más fuerte. Finalmente, se mantuvo hasta el 9 de mayo de 2021, cuando la situación sanitaria comenzó a mejorar gracias al avance de la vacunación.

Aunque el estado de alarma fue una herramienta esencial para controlar la propagación del virus, no estuvo exento de críticas. Diversos sectores, tanto de la sociedad como de la oposición política, cuestionaron la extensión prolongada de las medidas y los efectos económicos que estas generaron. También hubo discusiones sobre si era necesario un confinamiento tan severo o si el Gobierno debería haber delegado más competencias en las comunidades autónomas desde el inicio. En definitiva, pesar de las críticas y los debates que surgieron en torno a la extensión de estas medidas, el consenso general en la comunidad científica y en organismos internacionales fue que el estado de alarma fue fundamental para controlar la propagación del virus en sus momentos más críticos.

Repetidas veces, Pedro Sánchez se apresuró a autofelicitarse por el éxito de sus medidas tanto en el orden económico (los ERTE) como en el sanitario (se atribuyó cientos de miles de muertes evitadas), pero la oposición, si bien inicialmente compartía algunas de sus medidas, en la renovación de las prórrogas del estado de excepción inicial, opuso su resistencia a algunas de las medidas adoptadas que fueron impugnadas como inconstitucionales. El Parlamento cerró prácticamente sus puertas y su actividad se redujo al mínimo, soslayando así el control del Gobierno por parte de la oposición.

En la segunda declaración del estado de excepción, Pedro Sánchez tomó la determinación de declararlo por un período de seis meses, evitando de ese modo el calvario de tener que renovar periódicamente el estado de alarma. El Parlamento se cerró y el Ejecutivo gobernó sin ningún tipo de control.

Durante los estados de alarma, Pedro Sánchez menudeó sus apariciones en televisión dando cuenta de algunas incidencias de la marcha de la epidemia y quiso sustituir, de ese modo, la rendición de cuentas ante el Parlamento por la relación directa con la ciudadanía mediante la charla televisiva, donde resaltaba los méritos y aciertos del Gobierno y apeló constantemente a un comité de expertos que según él monitorizaba y guiaba la acción del Gobierno. El comité de expertos jamás existió, como más tarde hubo de reconocer, pero una vez más el relato prevaleció sobre la verdad. El Gobierno, por otra parte, trató de quitarse, literalmente, el muerto al inventarse la «cogobernanza» de la crisis con las autonomías. Las autonomías, sin embargo, carecían de atribuciones constitucionales para legislar sobre la epidemia, con lo que la cogobernanza se convirtió en un motivo de litigios y carencias de responsabilidad.

Durante nueve meses Sánchez gobernó sin el control del Parlamento y se acostumbró a gobernar mediante decretos leyes. El estado de excepción, tal como vaticinó Carl Schmitt, se convirtió en el modo de exhibición de la soberanía política de Pedro Sánchez, en evidente asunción del modelo autocrático.

Tuvo que ser el Tribunal Constitucional el que pusiera las cosas en su sitio, al emitir dos sentencias mediante las cuales declaraba inconstitucionales ambas declaraciones del estado de alarma.

Fueron muchas las voces que se alzaron contra Pedro Sánchez y su Gobierno por el modo de gestionar la epidemia del COVID-19 y no solo por parte de la oposición, sino también por parte de eminentes miembros de la sociedad civil y el mundo académico que dieron la voz de alarma ante el atropello jurídico y político que suponía el gobernar sin el Parlamento y de espaldas a él. Destaco entre muchos la tribuna firmada, el día 23 de noviembre de 2021, en el periódico *El Mundo* por José Eugenio Soriano, catedrático emérito de Derecho Administrativo de la Universidad Complutense de Madrid:

> Malos tiempos para el parlamentarismo. El desdén del Ejecutivo hacia el oscurecido legislador es patente. Años sin celebrarse el Debate sobre el Estado de la Nación…, años de decretos-leyes sin pluralismo que valga, años, en fin, de concentrar en el partido todo, el Ejecutivo y el Legislativo, que, con listas cerradas, primarias que elevan devotamente al jefe, han acabado matando a Montesquieu.

La defunción de la división de poderes consustancial al Estado de derecho no es la única constatación del catedrático, ya que concreta la operativa que provoca el silencio del Parlamento y la dispersión de la responsabilidad política que corresponde al Ejecutivo.

> El Congreso quedó privado primero, y se desapoderó después, de su potestad, ni suprimible ni renunciable, para fiscalizar y supervisar la actuación de las autoridades gubernativas durante la prórroga acordada. Quien podía ser controlado por la Cámara (el Gobierno ante ella responsable) quedó desprovisto de atribuciones en orden a la puesta en práctica de unas medidas u otras… Quedó así cancelado el régimen de control que, en garantía de los derechos de todos, corresponde al Congreso de los Diputados bajo el estado de alarma…: las Cortes no pueden abdicar de sus funciones ni el Gobierno decidir cuándo y cómo han de ejercerse éstas.

El Gobierno no puede decidir el cómo y el cuándo debe el Parlamento ejercer sus funciones, nos dice J. E. Soriano, pero en el régimen sanchista ocurre justo lo contrario, ya que la presidencia de las Cortes y la mesa del Parlamento funcionan al dictado del Ejecutivo, sin asomo alguno de su independencia constitucional. La colonización de los aparatos institucionales del Estado por parte de Pedro Sánchez hace imposible el ejercicio autónomo y libre de las balanzas que controlan el régimen democrático. El escandaloso cierre del Parlamento durante los estados de alarma decretados por el Gobierno pone en evidencia la huida del Ejecutivo de los controles institucionales. Todos los gobiernos pretenden minimizar el control del Ejecutivo por parte de las instituciones obligadas a ejercerlo, pero una cosa son la existencia de resistencias y argucias más o menos explícitas y otra muy distinta el cierre de las cámaras del Parlamento.

La voluntad de soslayar al Parlamento durante la crisis del COVID-19, sin embargo, no es el único indicio de la animadversión de Pedro Sánchez al Parlamento, es una constante la voluntad del sanchismo en orden a sortear el obligado control del Legislativo, recurriendo de manera abusiva al instrumento legal, pero condicionado, de la figura del decreto ley. La picaresca española, famosa en la literatura del Siglo de Oro, tiene en la política española su mejor y más común emulación.

EL TRUCO DEL ÓMNIBUS Y
EL ATAJO DEL DECRETO LEY

El decreto ley es una herramienta legislativa recogida en el artículo 86 de la Constitución española de 1978. Se trata de una norma con rango de ley que el Gobierno puede aprobar sin pasar por el proceso parlamentario ordinario, aunque su aplicación está sujeta a dos condiciones clave:

1. Situación de extraordinaria y urgente necesidad. El decreto ley debe responder a una situación de emergencia o urgencia que no pueda esperar el proceso legislativo habitual.
2. Convalidación por el Congreso de los Diputados. Aunque el Gobierno puede aprobar el decreto ley de manera inmediata, el Congreso de los Diputados debe convalidarlo en un plazo máximo de treinta días. Si no se convalida, el decreto ley queda sin efecto.

Esta figura es un mecanismo constitucional diseñado para situaciones de excepcionalidad, como catástrofes naturales, crisis económicas o problemas urgentes que requieran una respuesta rápida por parte del Gobierno. Sin embargo, su uso recurrente y extenso ha generado alarma sobre si se está desvirtuando su finalidad original, ya que podría convertirse en una forma de gobernar «por decreto», evitando el necesario control parlamentario y el debate democrático.

Pedro Sánchez asumió el cargo de presidente del Gobierno tras la moción de censura de 2018 contra Mariano Rajoy, y desde entonces ha gobernado en un entorno político complejo. Durante la mayor parte de su mandato, Sánchez ha liderado gobiernos en minoría, tanto en solitario como en coalición con Unidas Podemos primero, y con Sumar, después. La falta de una mayoría absoluta en el Congreso de los Diputados, unida a la fragmentación del panorama político español, le ha dificultado aprobar leyes a través de los cauces legislativos normales.

Este contexto de fragilidad ha contribuido, según el propio Gobierno, a la necesidad de recurrir con mayor frecuencia a los decretos leyes para llevar adelante su programa político y gestionar situaciones de crisis, como la pandemia del COVID-19. No obstante, el uso frecuente de esta herramienta ha sido criticado por la oposición y por sectores académicos, que consideran que Sánchez ha utilizado el decreto ley como una vía para evitar el control parlamentario y legislar sin los consensos que exige un sistema democrático.

Entre 2018 y 2023, el Gobierno de Pedro Sánchez aprobó más de cien decretos leyes, lo que lo convierte en uno de los gobiernos que más ha utilizado esta herramienta desde la transición democrática en España. Solo durante el año 2020, en el contexto de la pandemia del COVID-19, se aprobaron treinta y ocho decretos leyes, lo que refleja la magnitud de la crisis y la necesidad de tomar decisiones rápidas para proteger la salud pública y mitigar las consecuencias económicas y sociales. Pero no siempre estuvieron justificados por la urgencia o la extrema necesidad. Entre los decretos leyes aprobados en este período se han de reseñar los siguientes que no reunían las condiciones de urgencia o extrema necesidad:

- Decreto ley de aumento del salario mínimo interprofesional (SMI). En diciembre de 2018, el Gobierno aprobó un decreto ley para aumentar el SMI en un 22,3 %, la mayor subida en más de cuarenta años. Este aumento se justificó por la necesidad urgente de mejorar las condiciones de vida de los trabajadores con salarios más bajos.
- Decreto ley de medidas urgentes para la transición energética y la protección de los consumidores. En octubre de 2018, el

Gobierno aprobó un decreto ley para fomentar las energías renovables y reducir los costes de la electricidad, como respuesta a la creciente preocupación por el cambio climático y la subida de los precios de la energía.

Ambos decretos leyes podían perfectamente tramitarse siguiendo los cauces ordinarios, pero el objetivo electoral de dichas leyes hizo que se apresurara su tramitación. Estos dos ejemplos sirven de pauta para muchos otros casos en los que se optó por la vía exprés, evitando el control del Parlamento y saltando las instancias de asesoramiento usuales en la tramitación de las leyes.

También se ha utilizado el atajo de decreto ley en el caso de los llamados «ómnibus» donde se hacinaban distintas leyes sin conexión alguna entre ellas para tratar de sortear la legítima oposición en su tramitación. En la mencionada tribuna del catedrático J. E. Soriano, el autor se refiere así a uno de los decretos ómnibus más extravagantes:

> Años de decretos-leyes sin pluralismo que valga, hasta llegar al inefable Real Decreto-ley 24/2021, de 2 de noviembre, de transposición de directivas de 161 páginas, divididas en Libros, Títulos y Capítulos, como si de un Código se tratase y todo por evitar multas europeas por la pereza en incorporarlas a tiempo (y la saga continúa con un par más de decretos en apenas 10 días).

Estas prácticas se han menudeado durante los gobiernos de Pedro Sánchez y denotan su querencia por rehuir el control del Parlamento ante el temor de quedar en minoría o la necesidad de ocultar y disimular decretos determinados que afectaban a aspectos sensibles de su gobernanza. El Tribunal Constitucional hubo de desautorizar al Ejecutivo cuando el Gobierno intentó «colar» la inclusión de Pablo Iglesias e Iván Redondo en la comisión del CNI la sentencia del Tribunal Constitucional que rezaba como sigue:

> «El precepto adolece de un defecto formal determinante de su inconstitucionalidad, en cuanto su aprobación a través de la figura jurídica del decreto-ley vulnera los requisitos exigidos por la Constitución para la utilización de este instrumento legislativo; en concreto, el art. 86.1 del texto constitucional señala que solo en «caso de

extraordinaria y urgente necesidad» podrá el Gobierno dictar disposiciones legislativas provisionales que tomarán la forma de decretos-leyes», afirma el tribunal.

El Gobierno había colado la inclusión de Iglesias y Redondo en la comisión del CNI en la disposición final segunda del *Real Decreto-ley 8/2020, de 17 de marzo, de medidas urgentes extraordinarias para hacer frente al impacto económico y social del COVID-19*. Lo que hacía esa disposición final era reformar la Ley Reguladora del Centro Nacional de Inteligencia (CNI), algo que, resalta el TC, no guardaba ninguna relación con las medidas frente al coronavirus.

Estos trapicheos y trampas leguleyas son el síntoma no de la «astucia de la razón» hegeliana, sino de una burda y penosa improvisación que trata de hurtar al Parlamento su obligado control legislativo. Mezclar churras con merinas con la zafia intención de burlar la inteligencia del adversario da una idea de la falta de respeto y decoro a los usos parlamentarios propios de una democracia consolidada. Es proverbial el poco aprecio demostrado por Pedro Sánchez al Parlamento, donde formalmente se residencia la soberanía del pueblo español. Se trata, seguramente, de una pulsión autocrática que se resiste a asumir una instancia de poder superior o reñida con la suya. En otro lugar nos hemos explayado sobre la personalidad narcisista de nuestro presidente (*Pedro Sánchez y el síndrome de Narciso*, Almuzara, 2023), pero conviene recordar que la personalidad narcisista se aviene mal con los poderes compartidos. Narciso quiere todo el poder. Su voluntad de poder no admite ni oposición ni instancia superior. Esa es, como veremos a continuación, la voluntad expresa de Pedro Sánchez tal como lo formuló ante el Comité Nacional del PSOE el día 7 de septiembre de 2024.

GOBERNAR CON O SIN EL PARLAMENTO

No se trata de un *flatus vocis* o de una afirmación improvisada. El presidente Sánchez leyó ante sus compañeros del Comité Federal un texto donde se afirmaba que estaba dispuesto a gobernar «con o sin el concurso del Poder Legislativo». Es cuando menos una llamativa afirmación que choca con los usos habituales del lenguaje democrático.

Es una afirmación propia de un autócrata o de un dictador que cree estar por encima del Parlamento. Nuestra Constitución reza que España es una democracia parlamentaria y por tal se entiende que es un régimen donde los poderes legislativo, judicial y ejecutivo se contrapesan y se legitiman recíprocamente. Cuando un presidente del Gobierno declara en un acto formal, ante sus compañeros de partido, que está dispuesto a gobernar con o sin el apoyo y el concurso del Parlamento, es que algo se ha roto en el engranaje institucional del sistema democrático.

La afirmación que realizó el presidente de la nación ha de situarse en el contexto en el que el Gobierno de España ha pactado con la ERC la creación de un sistema de cupo inspirado en el sistema fiscal del que gozan Euskadi y Navarra, mediante el cual ambas autonomías recaudan la totalidad de los impuestos y acuerdan con el Gobierno de España un cupo para sufragar los gastos ocasionados por el Gobierno en ambas autonomías. Hasta aquí el marco en el que se produjo la intención expresa de Pedro Sánchez para tratar de perdurar en el poder y gobernar con o sin la conformidad del Parlamento. La afirmación de Pedro Sánchez afirmando su intención de permanecer en el Gobierno incluso sin el «concurso» del Parlamento ha alarmado a propios y extraños e incluso ha hecho sonar las alarmas en el ámbito europeo. La afirmación iliberal de Sánchez, en efecto, ha provocado el acervo comentario de una de las voces más autorizadas del mundo anglosajón representada por la revista *The Economist*. En dicho órgano informativo se critica con dureza su estrategia de mantenerse en el poder y las consecuencias para la democracia española. El medio pone de relieve que Sánchez ha dejado de lado sus propios principios y se encuentra a merced de los partidos nacionalistas catalanes y vascos, a quienes ha hecho importantes concesiones para conservar su posición.

El artículo comienza con la famosa declaración de Sánchez: «Avanzaremos con determinación… con o sin la ayuda del Legislativo». A partir de esa frase, la revista analiza la trayectoria del presidente desde su llegada al cargo en 2018, describiéndolo de esta forma:

«El gran superviviente de la política europea, un táctico astuto y despiadado». Sin embargo, advierte que su «Gobierno de coalición en minoría gobierna a merced de los radicales nacionalistas catalanes y vascos, a un costo creciente para la calidad de la democracia y las instituciones de España… Los abruptos giros de Sánchez en cuestiones de Estado únicamente para mantenerse en el poder han contribuido a un creciente cinismo público sobre la democracia española… Gobierna a costa de la calidad de la democracia española y sus instituciones» (https://www.economist.com/europe/2024/10/03/pedro-sanchez-clings-to-office-at-a-cost-to-spains-democracy).

La de *The Economist* es una importante y prestigiosa voz, pero otras muchas y autorizadas se han alzado ante el despropósito pronunciado por Pedro Sánchez, pero me limitaré a mencionar dos testimonios de otras tantas personas de la sociedad civil que me merecen especial estima y reconocida *auctoritas*. Se trata del catedrático Javier Tajadura y el analista Ignacio Varela. Estas voces contrastan con el silencio con el que las palabras de Sánchez han sido recogidas por los militantes del PSOE.

Javier Tajadura Tejada es catedrático de Derecho Constitucional de la UPV-EHU y posee una mente rigurosa, junto a un talante anclado en la razón práctica, que le presta especial virtud a la hora de mirar lo político y la política en España. Sus colaboraciones en los medios poseen la cercanía y la claridad que se le suponen al sabio honesto y ciudadano ejemplar. Javier Tajadura escribía el día 18 de septiembre de 2024 en su artículo «Gobernar sin el Parlamento», publicado por *El Correo,* lo siguiente:

En su reciente intervención ante el comité federal del PSOE, Pedro Sánchez confirmó su voluntad de agotar la legislatura, lo que, en principio, y si se tratara de la formulación de un deseo o propósito condicionado a las circunstancias políticas cambiantes, no tendría mayor relevancia. Ahora bien, el presidente afirmó que estaba dispuesto a gobernar «con o sin el concurso del Poder Legislativo». Esta declaración pone de manifiesto que pretende prescindir del Parlamento si este no le presta su apoyo. Ahora bien, en el sistema político establecido por la Constitución de 1978 ese proceder no tiene cabida: la única forma de gobernar democráticamente es hacerlo con el apoyo del Parlamento. Por ello, esa declaración resulta extraordinariamente grave en cuanto revela pulsiones autoritarias (…) el Gobierno no podrá gobernar —diga lo que diga el presidente— sin el concurso del Legislativo. Lo único que podrá hacer es mantenerse en el poder, que es realmente el único objetivo al que subordina toda su actuación.

En el mismo artículo, J. Tajadura afirma que Pedro Sánchez posee una legitimidad de origen al haber sido investido presidente por el Parlamento. Pero esta es una legitimidad que está obligado a conservar y en la medida en que esa mayoría gestada en torno a un proyecto de desmantelamiento de la Constitución se ha resquebrajado, y ya no es posible aprobar los presupuestos generales ni otras leyes, el Gobierno no podrá gobernar. Más claro ni el agua. En la medida en la que la mayoría contingente de la investidura se vaya resquebrajando, la legitimidad de origen se devalúa y los deseos de gobernar de espaldas al Parlamento denotan la deriva autocrática del presidente Sánchez.

Ignacio Varela es un analista de largo recorrido, que se fraguó en la política durante los gobiernos de Felipe González, con quien trabajó en la Moncloa como subdirector del Gabinete del presidente durante once años. Es uno de los analistas que mejor conoce los entresijos del PSOE. En su artículo «Un gobierno para vegetar» opina como sigue:

> Que el primer ministro de una democracia parlamentaria anuncie (en un discurso leído) que está dispuesto a gobernar con o sin el respaldo del poder legislativo es una de las cosas más subversivas que se han escuchado en Europa en las últimas décadas. Y no sé qué es más escandaloso: que un Sánchez desatado muestre al desnudo su alma de autócrata o que demócratas largamente acreditados digieran y den por bueno el disparate por el único motivo de que proviene del campo propio (…) En la circunstancia actual, Pedro Sánchez y su Gobierno solo sirven como tapón: su función y su programa consisten estrictamente en ocupar los sillones mientras sea legalmente posible para impedir que los ocupe el adversario (https:// blogs.elconfidencial.com/espana/una-cierta-mirada/2024-09-25/ gobierno-vegetar-presupuestos_3969485/).

I. Varela e J. Tajadura, con palabras distintas, coinciden en el mensaje que pone en evidencia la sinrazón de la voluntad de poder del presidente Sánchez. Una sinrazón que rebasa el ámbito del marco constitucional y que se revela incapaz de reconocer los límites institucionales que modulan la Presidencia del Gobierno. Solo la ceguera narcisista del personaje y el aplauso de sus fieles corifeos pueden explicar el escenario y el guion de la servidumbre voluntaria que se pretende representar en España.

Es lo que ocurre cuando la desmesurada voluntad de poder rompe los moldes de la democracia parlamentaria y la razón de Estado es sustituida por la arbitrariedad y el dictado del príncipe.

LA ARBITRARIEDAD COMO
SÍNTOMA DE LA AUTOCRACIA

En su segundo libro de memorias, *Tierra firme,* Pedro Sánchez atribuía a Vladímir Putin una personalidad determinada que estaría en el origen de sus políticas. Establecía así una cadena de causa y efecto que hacía inevitable el tipo de política acometido por Putin. Lo decía con estas palabras: «La forma de ser de Putin determina su forma de ver el mundo y ha tenido un papel decisivo, como dirigente de un país autocrático» (*Tierra firme*, Ediciones Península, 2023, pág. 268).

No está mal como análisis y diagnóstico de lo que ocurre en la Rusia de Vladímir Putin, elevado a la posición de un secular y moderno zar de todas las Rusias. De las palabras de Sánchez puede inferirse la importancia del carácter y de la personalidad del gobernante a la hora de explicar y comprender sus políticas. No es cuestión, ahora, de profundizar en las características de la personalidad de Pedro Sánchez Castejón, pero existe un amplio consenso a la hora de asignar a nuestro presidente un fuerte sesgo narcisista. No menor en todo caso que el imputable a Vladímir Vladímirovich Putin. Y es que como dice el dicho castizo: «De tal palo, tal astilla», y es razonable pensar que una personalidad narcisista tenga un talante autocrático o autoritario, al menos.

Señalaremos ahora algunas de las decisiones políticas de Pedro Sánchez a las que en justicia cabe denominarlas de arbitrarias y autocráticas. Arbitrario es, según la RAE, lo «sujeto a la libre voluntad o al capricho antes que a la ley o a la razón». Una arbitrariedad, por lo tanto, es lo que se hace de manera libre y voluntaria sin atenerse a la ley o la razón, y es en este sentido como cabe calificar algunas actuaciones de Pedro Sánchez de arbitrarias, ya que han sido llevadas a cabo de manera voluntaria sin previo razonamiento y sin respetar el marco legal de la toma de decisiones. Nos limitaremos a señalar tres arbitrariedades cometidas por Pedro Sánchez en tres distintos ámbitos de la política. En primer lugar, nos referiremos al cambio en la política internacional de España con respecto a la excolonia del Sahara y su vinculación con Marruecos, para mencionar, en segundo lugar, la Ley de Amnistía decretada para los sentenciados por el *procés* catalán y, finalmente, nos detendremos en la arbitraria concesión del concierto económico a Cataluña.

De Marruecos a Palestina pasando por Venezuela

La política exterior de España es una atribución presidencial que debe gestionar con arreglo a la ley internacional y el control de Parlamento español. Es cierto que la política exterior admite un dilatado margen de discrecionalidad, pero siempre ha de moverse entre la coherencia y la razón práctica. Es obvio, además que la política internacional reúne especiales condiciones para ser conducida con discreción y diplomacia, pero lo que no es de recibo es que la política exterior de España se articule mediante golpes de efecto y sin conocimiento del Parlamento. Por supuesto, el conocimiento a toro pasado no es un conocimiento cabal ni es políticamente tolerable.

Cuando un buen día de junio de 2022 Pedro Sánchez notificó al Parlamento que la política referida a la excolonia del Sahara había dado un vuelco espectacular, en favor de Marruecos y en detrimento al derecho a la autodeterminación que la ONU había acordado para los saharauis, habían transcurrido casi tres meses desde que se tuvo noticia de una carta enviada por Sánchez al rey de Marruecos. En dicha carta España «reconoce la importancia que tiene la cuestión del Sahara para Marruecos» y «considera la iniciativa de autonomía marroquí, presentada en 2007, como la base más seria, realista y creíble para resolver este contencioso». El presidente destaca, además, «los esfuerzos serios y creíbles de Marruecos en el marco de las Naciones Unidas para encontrar una solución mutuamente aceptable» al conflicto que se prolonga desde hace cuarenta y siete años.

La carta suponía un cambio de la postura tradicional del Gobierno español, que hasta entonces había apostado por «una solución política, justa, duradera y mutuamente aceptable, en el marco de Naciones Unidas», sin decantarse por la autonomía marroquí ni por la independencia saharaui y abriendo la puerta a una salida diferente al referéndum de autodeterminación, siempre que fuera acordada por las partes.

El Sahara Occidental fue colonizado por España en 1884. Durante casi un siglo, España mantuvo su control sobre el territorio, a pesar de las crecientes demandas de independencia por parte del pueblo saharaui, encabezadas por el Frente Polisario, un movimiento independentista que lucha por la autodeterminación del Sahara Occidental. La retirada de España en 1975, en medio de una gran inestabilidad política durante los últimos años del franquismo, dejó el territorio en una situación ambigua. El llamado Acuerdo de Madrid entre España, Marruecos y Mauritania no fue reconocido por las Naciones Unidas, y desde entonces el territorio ha permanecido en un limbo político, con Marruecos controlando gran parte del mismo, mientras que el Frente Polisario ha mantenido su lucha por la independencia, apoyado por Argelia.

El apoyo de España al plan marroquí de autonomía implica que el Sahara Occidental seguiría bajo soberanía marroquí, aunque con un estatus de autonomía que garantizaría ciertos derechos para los saharauis. Este plan ha sido rechazado categóricamente por el Frente Polisario, que sigue defendiendo la celebración de un referéndum de autodeterminación como única solución aceptable al conflicto. Argelia, el principal apoyo del Frente Polisario y rival regional de Marruecos, también ha condenado el cambio de postura de España, lo que ha provocado una crisis diplomática entre Madrid y Argel.

Uno de los factores que probablemente influyó en el cambio de postura de Sánchez es la cuestión migratoria. Marruecos juega un papel fundamental en la contención de la inmigración ilegal hacia Europa, y España, como la principal puerta de entrada desde África, depende en gran medida de la cooperación marroquí para gestionar este fenómeno. En mayo de 2021, España vivió una de las mayores crisis migratorias en años cuando miles de personas cruzaron la frontera hacia Ceuta después de que Marruecos aparentemente relajara su control fronterizo, en lo que se interpretó como una represalia por la decisión de España de acoger al líder del Frente Polisario, Brahim Ghali, para recibir tratamiento médico en un hospital español. Este incidente evidenció la fragilidad de las relaciones bilaterales y la importancia de mantener una cooperación estrecha con Rabat.

El cambio en la política del Gobierno de Sánchez ha provocado una intensa controversia tanto en España como en el extranjero. A nivel interno, ha sido duramente criticado por varios partidos políticos, incluido Podemos, el socio de coalición del Partido Socialista en el Gobierno. Podemos ha acusado a Sánchez de traicionar al pueblo saharaui y de alejarse de los principios históricos de la política exterior española en este asunto. Otros partidos de la oposición, como el Partido Popular y VOX, también han criticado el giro, aunque sus críticas se han centrado más en la forma en que se ha gestionado el cambio, acusando al Gobierno de falta de transparencia y de actuar unilateralmente sin consultar al Parlamento.

El hecho de que el Parlamento de España fuera informado por Sánchez cuando habían transcurrido casi tres meses desde que se conoció la famosa carta al rey de Marruecos nos da una idea veraz de lo que el presidente piensa sobre el Parlamento y sus funciones constitucionales en orden al control que debe ejercer sobre el ejecutivo. La carta, además, se conoció por iniciativa de Marruecos y el gobierno de coalición se limitó a consignar su autenticidad. Ni la oposición ni Podemos, que era socio del gobierno de coalición, fueron previamente informados y es muy posible que ni tan siquiera el Consejo de Ministros estuviera al corriente. Todo ocurrió, según parece, por iniciativa y decisión de Pedro Sánchez, que la tomó por su cuenta y riesgo como suele ser en casos de fuerte impacto político y mediático. Más tarde ocurrirá otro tanto con la guerra de Gaza y el reconocimiento del Estado palestino, y es que Pedro Sánchez tiene una pulsión «decisionista», en el sentido que C. Schmitt utiliza el término, es decir, necesita demostrar su capacidad para tomar decisiones arriesgadas *motu proprio* aunque ello le reporte fundadas críticas de la oposición o provoque incidentes diplomáticos graves. Sin ir más lejos en el caso del Sahara supuso la ruptura diplomática y comercial con Argelia, principal proveedor de gas de España. El suministro de gas quedó gravemente afectado. En el caso del reconocimiento del Estado palestino también se produjo un grave incidente diplomático con Israel y las relaciones mutuas quedaron sensiblemente afectadas.

Estas «decisiones» imprevistas y tomadas con total opacidad han logrado enrarecer aún más el clima político interno, provocando un incremento de la polarización política de la sociedad española. Por otra parte, al no aportar información cabal y veraz sobre sus decisiones Sánchez provoca el florecimiento de rumores, sospechas y discursos disruptivos que tratan de explicar las «decisiones soberanas» del presidente. Todo ello contribuye a acrecentar la impresión de hallarnos ante una deriva autocrática creciente.

A la vista de algunas decisiones que afectan a la política exterior de España adoptadas por Sánchez con respecto a Marruecos, Palestina y Venezuela, ha tomado cuerpo la creencia de que existe un entramado de diplomacia paralela encabezada por el expresidente José Luis Rodríguez Zapatero. Dice el refrán que quien calla otorga y lo cierto es que las especulaciones a este respecto han proliferado sin que el Gobierno haya dado una respuesta cabal. Esta falta de transparencia en la toma de decisiones presidenciales contribuye a enrarecer el clima político interior y no ayuda a la reputación exterior de España.

La España confederal de Sánchez

Las palabras no siempre significan lo que solían y a veces pierden su contenido usual y el vacío se apodera de ellas. Las palabras vaciadas se convierten en «significantes vacíos» que se prestan a significar una cosa y su contraria según interese en el relato de turno. Es lo que ocurrió cuando Pedro Sánchez al pactar el concierto económico catalán con ERC calificó el evento como un gran paso hacia la España «federal».

El concierto económico es un pacto peculiar que se conformó en el siglo XIX para las provincias vascas y Navarra. Un pacto que la Constitución de 1978 constitucionalizó en su disposición primera. Es un caso único en Europa, donde una región posee el privilegio de la soberanía fiscal. Un caso anacrónico, según algunos, que se explica por la contingencia histórica de la Transición. en el marco de la pervivencia del terrorismo nacionalista de ETA. La Revolución francesa de 1789 abolió todos los privilegios fueran estos personales, feudales o cantonales, declarando así la igualdad y la libertad de todos los ciudadanos con independencia de su lugar de nacimiento. La pervivencia del llamado cupo vasco es un anacronismo que nos remonta al siglo XIX, pero Pedro Sánchez pactó conceder dicho privilegio a Cataluña a cambio de la investidura de Salvador Illa como *president* de la Generalitat. Es decir, concedió la soberanía fiscal a Cataluña a cambio de un nombramiento contingente de una persona determinada del PSC. Una «regalía» a cambio de poder en Cataluña y en Madrid.

El pacto establecido entre el Gobierno de España y ERC se ha llevado a cabo mediante conversaciones opacas y cuasiclandestinas entre el PSOE, ERC y el Gobierno de Pedro Sánchez. Ni el Parlamento de España, ni el PSOE, ni siquiera el Consejo de Ministros habían sido advertidos de la gestación del pacto y Pedro Sánchez se limitó a presentarlo como un hecho consumado, valorándolo como un gran avance hacia la «España federal», concebida como nación de naciones. Se trata, obviamente, de una decisión arbitraria de Pedro Sánchez que contraviene a la Constitución española e incluso al ideario del PSOE, en tanto que consagra la desigualdad de los españoles según el territorio donde hayan nacido o donde pagan sus impuestos. Algunas personalidades del PSOE protestaron, inicialmente, contra el despropósito pactado por Sánchez, pero finalmente se han limitado a menos de una media docena las voces discordantes.

Conceder la soberanía fiscal a Cataluña significa establecer un pacto confederal entre España y Cataluña, lo que convierte a España en Estado asimétrico con distintas instituciones y distintas prerrogativas entre las diversas autonomías que conforman España. Rompe *de facto* la igualdad entre los territorios y los ciudadanos españoles. Ello supone cambiar la Constitución de 1978 de manera abrupta, arbitraria y despótica.

El PSOE siempre había apelado a una España federal en sus distintas tomas de posición sobre el desarrollo de las autonomías españolas, mostrándose contrario a la fórmula de la España confederal. Pedro Sánchez, haciendo de su capa un sayo y sin consultar ni con su partido ni con el Parlamento, optó por la confederación, aunque pretendiendo dar gato por libre y declarando que España daba un paso positivo hacia la fórmula federalista. Una vez más desde la Moncloa se optó por travestir la realidad y articuló un relato en el que lo confederal no era tal, sino federal a secas. Y así el sanchismo recurre a declarar la palabra «federal» como un significante vacío que el líder y sus voceros llenarán a su conveniencia.

El catedrático Alberto López Basaguren es uno de los mejores expertos en derecho constitucional y una autoridad reconocida en el tema concreto del federalismo. López Basaguren es un pensador con un claro sesgo de izquierdas y uno de los principales líderes del movimiento en pro de la federalización del Estado español (Asociación por una España Federal), siguiendo al espíritu y a la razón práctica que alientan a la Constitución de 1978 en lo referente a las autonomías. La autorizada opinión de López Basaguren fulmina y desvela el trampantojo que Pedro Sánchez se propone vender como algo progresista y federal.

> El acuerdo entre el PSC y ERC para la investidura de Salvador Illa como presidente de la Generalitat contiene, entre otros aspectos de importancia, unas previsiones sobre la gestión tributaria y la financiación de Cataluña llamadas a tener un profundo impacto sobre el sistema de financiación autonómico en su conjunto y sobre la fortaleza fiscal del Estado central... La experiencia federal evidencia que el equilibrio del sistema requiere una gran fortaleza fiscal —financiera— del Gobierno federal (central) que permita afrontar, desde la perspectiva del interés general de país, las necesidades y desequilibrios provocados por una realidad muchas veces imprevisible. La paz territorial, por su parte, requiere que el sistema de financiación tenga carácter general —aplicable a todos los territorios por igual— y naturaleza multilateral, de forma que todos los territorios se sientan partícipes del mismo, sin discriminación.
>
> El modelo que se propone para Cataluña nos aleja radicalmente de los sistemas federales de referencia: Estados Unidos, Suiza, Alemania, Canadá e, incluso, la cuasi confederal Bélgica carecen de un sistema similar. Nos aleja del necesario proceso de perfeccionamiento federal del que está necesitado nuestro sistema autonómico. Y tiene como resultado el debilitamiento fiscal del Estado, lo que limitará la capacidad de gobierno del conjunto del país.

De manera civilizada pero rigurosa, Alberto López Basaguren pone las cosas en su sitio y denuncia el despropósito administrativo, económico y democrático que supone la concesión del concierto económico a Cataluña. Pero nada de esto importa a quien de manera arbitraria y despótica concede a quien fuere lo que este reclame, con tal de que ello le suponga una permanencia más o menos prolongada en el Palacio de la Moncloa. «Después de mí el diluvio», parece pensar el presidente Sánchez cuando otorga a los soberanistas catalanes el privilegio de una hacienda soberana con total desprecio de la igualdad de todos los españoles o cuando concede una amnistía *ad hoc* a quienes dieron un golpe de Estado en Cataluña. Uno de los falsos afanes de Pedro Sánchez es la reivindicación de una supuesta pacificación de Cataluña, pero lo que no dice es que dicha pacificación contingente e incierta se realiza a cambio de suscribir el relato político del secesionismo catalán.

Se nos ha dicho que Pedro Sánchez no miente y es veraz; que lo que parece una mendacidad orgánica son tan solo cambios de opinión requeridos por la realidad, sin embargo, la realidad nos impele a considerar dicha mendacidad orgánica como el fundamento seminal de las políticas sanchistas. Tal como Nietzsche nos advirtió, el hombre resentido y el narciso convicto precisan cambiar los términos en los que el común de los mortales percibimos la realidad objetiva. El resentimiento narcisista provoca un accidente cognitivo, mediante el cual la realidad objetiva se convierte en ilusión subjetiva. Pedro Sánchez y el sistema político implementado por él son víctimas de un síndrome, que tergiversa la realidad y la sustituye por un relato cuyo principal soporte argumental es el usufructo y la permanencia en el poder. La razón que en última instancia trata de justificar la mendacidad orgánica del sanchismo es su voluntad de poder, aun a expensas de la ruina y quiebra de la España democrática.

Mentir está muy feo y engañar por la cara está mal visto. Es por ello que el poder autocrático necesita crear un lenguaje acorde al relato que trata de imponer a la ciudadanía. Es imposible mentir tanto y tantas veces sin la creación de una neolengua que trate de hacer digerible la servidumbre a la que se ve reducido el común de los mortales. Solo con la mentira trasmutada en insólita verdad y la ética del engaño convertida en virtud política es posible sojuzgar a tantos durante tanto tiempo, pero para ello se requiere de una neolengua que sustente el relato mendaz de una política sin otro norte que el poder, a secas.

V.
La neolengua del sanchismo

En el capítulo referido a la creación del enemigo por parte de Sánchez, hemos mencionado el término del «significante vacío» que en la defensa del populismo de izquierda utilizan la pareja formada por Ernesto Laclau y Chantal Mouffe. Aunque, de manera breve, es preciso que digamos algo sobre el origen del término, así como de su importancia en la génesis de la hegemonía social a la que aspira el sanchismo como bloque y frente de signo «progresista».

Para comprender el significado del término «significante vacío» es preciso remontarse al lingüista helvético Ferdinand de Saussure (1857-1913), considerado como el padre del estructuralismo. El estructuralismo consiste, fundamentalmente, en un método de investigación de las ciencias sociales que creció hasta convertirse en una de las vías más utilizadas para analizar el lenguaje, la cultura y la sociedad en la segunda mitad del siglo xx. En su *Curso de Lingüística General*, Saussure introduce una distinción clave entre significante y significado dentro de su teoría del signo lingüístico. En su modelo, un signo está compuesto por lo siguiente:

El significante, que es la forma material del signo (una palabra, un sonido, una imagen).

El significado, que es el concepto o idea al que el significante se refiere. Es, también, el contenido del significante.

Saussure argumenta que la relación entre el significante y el significado es arbitraria, es decir, no existe un vínculo necesario entre el sonido de una palabra y el concepto que representa. Por ejemplo, no hay una razón inherente por la cual el sonido «árbol» tenga que estar vinculado con la idea de un árbol; esta relación es puramente convencional y depende de las estructuras lingüísticas que se dan en una comunidad. También, advierte Saussure que el significado de un signo depende de su relación con otros signos dentro de un sistema de diferencias. En otras palabras, un significante adquiere su significado no por alguna esencia interna, sino por cómo se diferencia de otros significantes en un sistema lingüístico.

Partiendo de la teoría de Saussure, el psicoanalista Jacques Lacan, uno de los principales exponentes del postestructuralismo, introduce una serie de modificaciones a las ideas de Saussure que son cruciales para la evolución del concepto de significantes vacíos en Laclau y Mouffe. Lacan toma la distinción entre significante y significado y la incorpora a su teoría del inconsciente, argumentando que el inconsciente está estructurado como un lenguaje. En el pensamiento lacaniano, los significantes tienen primacía sobre los significados, lo que implica que los significantes pueden desplazarse y cambiar su relación con los significados.

Lacan introduce la idea de que hay significantes que no están completamente atados a un significado específico, lo que da lugar a la noción de significante flotante. Los significantes flotantes pueden desplazarse dentro del discurso, y su significado cambia dependiendo del contexto y del usuario. Aunque Lacan no utiliza directamente el término «significante vacío», su teoría sugiere que algunos significantes carecen de un significado fijo o estable. Esto será fundamental para Laclau cuando desarrolle su teoría política, en la que algunos significantes carecen de un contenido fijo, pero adquieren su significado a través de la lucha política.

Laclau y Mouffe toman estas ideas del estructuralismo y el postestructuralismo para desarrollar su teoría de la hegemonía discursiva. En su obra *Hegemonía y estrategia socialista* (1985), proponen una crítica radical al marxismo ortodoxo y su enfoque determinista de la política y la sociedad. En lugar de entender la realidad social como algo determinado por las estructuras económicas (como en el marxismo clásico), Laclau y Mouffe adoptan una perspectiva discursiva, argumentando que la realidad social se construye a través de los discursos y que el poder político se articula mediante la construcción de significados.

En este contexto, los significantes vacíos juegan un papel crucial. Para Laclau, un significante vacío es un término que no tiene un significado fijo o esencial, pero que puede ser llenado con diferentes contenidos dependiendo del contexto político. Estos significantes son fundamentales para la construcción de identidades colectivas y para la formación de hegemonías políticas.

En la política, los significantes vacíos cumplen una función clave: permiten la agregación de diversas demandas sociales en torno a un eje común, sin que estas demandas pierdan su especificidad. Para ilustrar este punto, podemos imaginar un movimiento social que agrupa a trabajadores, estudiantes, movimientos feministas y colectivos ecologistas. Aunque cada uno de estos grupos tiene demandas específicas (mejores condiciones laborales, acceso a la educación, igualdad de género, protección del medio ambiente), el movimiento puede articular todas estas demandas bajo un significante vacío como «justicia social» o «democracia».

De esta manera, el significante vacío actúa como un punto de convergencia para distintas luchas, permitiendo que se unan en torno a una causa común sin necesidad de que haya un acuerdo total sobre los detalles de cada demanda. Este proceso de articulación es lo que Laclau llama la construcción de una «cadena equivalencial», donde diferentes demandas son consideradas equivalentes entre sí en la medida en que se oponen a un enemigo común.

Un ejemplo típico de significante vacío sería la noción de «pueblo». En diferentes contextos políticos, «el pueblo» puede referirse a diferentes cosas: en algunos casos, puede significar la clase trabajadora; en otros, puede significar una nación oprimida, y en otros, incluso, puede ser una referencia a un electorado político. El término «pueblo» es entonces vacío en el sentido de que no tiene un referente específico o un significado fijo, pero al mismo tiempo es capaz de agrupar diversas demandas bajo su manto. En política, los significantes vacíos cumplen una función clave: permiten la agregación de diversas demandas sociales en torno a un eje común, sin que estas demandas pierdan su especificidad. Para ilustrar este punto, podemos imaginar un movimiento social que agrupa a trabajadores, estudiantes, movimientos feministas y colectivos ecologistas. Aunque cada uno de estos grupos tiene demandas específicas (mejores condiciones laborales, acceso a la educación, igualdad de género, protección del medio ambiente), el movimiento puede articular todas estas demandas bajo un significante vacío como «justicia social», «democracia» o «progresismo».

Laclau sostiene que los significantes vacíos son esenciales para la construcción de lo que él llama «identidades colectivas». En el ámbito político, los movimientos sociales o los partidos políticos utilizan significantes vacíos para articular una diversidad de demandas sociales bajo una misma bandera o consigna. Este proceso de articulación es lo que permite la construcción de hegemonía: el proceso mediante el cual un grupo o coalición logra imponer su discurso como el dominante en la sociedad. Se trata del logro de la hegemonía discursiva e ideológica, en los términos expresados por Gramsci.

Sin embargo, las teorías de Laclau y Moufee concernientes a los significantes vacíos y su importancia de cara a obtener la hegemonía política en la sociedad no son nuevas en su intencionalidad última. Otros les precedieron en la denuncia de la neolengua y sus objetivos totalitarios. Nos referimos, cómo no, a George Orwell, que en su novela *1984* explora un mundo totalitario donde el Gobierno, liderado por el «Gran Hermano», controla no solo las acciones de los ciudadanos, sino también su pensamiento. La neolengua es la herramienta clave para este control. El objetivo principal de este nuevo idioma es reducir el vocabulario disponible, eliminando palabras y conceptos que puedan fomentar el pensamiento crítico o subversivo.

En *1984*, Orwell detalla como la neolengua está diseñada para limitar la expresión de ideas complejas. Al reducir el número de palabras y las opciones gramaticales, el Gobierno busca eliminar cualquier posibilidad de disidencia: si no hay palabras para expresar una idea, esa idea no puede ser pensada. Este es un concepto fundamental en la teoría orwelliana del control mental. La neolengua no solo restringe el habla, sino que transforma la realidad misma, puesto que las palabras que desaparecen también conllevan la desaparición de los conceptos que representan.

Aunque la neolengua de Orwell y los significantes vacíos de Laclau provienen de tradiciones y contextos muy diferentes, ambos conceptos comparten una visión del lenguaje como herramienta de poder. En la neolengua, la manipulación del lenguaje sirve para restringir el pensamiento crítico y consolidar el control totalitario. En el caso de los significantes vacíos, el lenguaje es manipulado de una manera diferente, permitiendo la construcción de alianzas políticas a través de la ambigüedad semántica. Sin embargo, en ambos casos, la relación entre el lenguaje y el poder es central.

Un punto clave de convergencia es la forma en que ambos autores entienden el impacto del lenguaje en la construcción de la realidad social. Para Orwell, la eliminación de palabras en la neolengua no es solo una cuestión técnica, sino que afecta directamente la capacidad de las personas para pensar de manera crítica o imaginar alternativas al orden establecido. De manera similar, para Laclau, los significantes vacíos permiten la construcción de nuevas realidades políticas a través de la articulación de demandas sociales diversas bajo un mismo marco discursivo. En ambos casos, el lenguaje no solo refleja la realidad, sino que también la crea y la moldea.

La relevancia de ambos conceptos en la política contemporánea es evidente. La neolengua puede verse reflejada en cómo ciertos regímenes autoritarios o movimientos políticos buscan controlar el lenguaje y restringir el debate público. Por ejemplo, en muchos casos de censura o manipulación de los medios de comunicación, se intenta simplificar y controlar el discurso, eliminando términos críticos o marginalizando voces disidentes. Este control del lenguaje limita la capacidad de las personas para criticar al régimen, tal como Orwell predijo en *1984*.

Por otro lado, los significantes vacíos son una herramienta frecuente en los discursos políticos, especialmente en el populismo. Conceptos como «libertad», «justicia» o «patria» son utilizados de manera ambigua para atraer a diferentes sectores de la población. Estos términos son lo suficientemente flexibles como para ser interpretados de manera distinta por distintos grupos, lo que permite la construcción de coaliciones amplias que apoyan a un líder o movimiento, aunque no compartan necesariamente una misma visión ideológica. Esto es particularmente visible en movimientos políticos contemporáneos, tanto de derecha como de izquierda, que utilizan significantes vacíos para articular demandas diversas y movilizar a grandes sectores de la sociedad.

Obviamente, Pedro Sánchez no ha tenido tiempo ni humor para estudiar el funcionamiento de los significantes vacíos y su concatenación, al objeto de construir un frente político que lo eleve al poder y lo mantenga como líder indiscutible. Tampoco habrá leído, tal vez, la novela distópica de G. Orwell. Pedro Sánchez es un ser pragmático, «astuto y despiadado», según los términos utilizados por *The Economist*, que sabe beber lo vientos que le son favorables y dispone de un nutrido ejército de asesores capaces de adecuar los postulados del populismo de izquierdas o socialismo del siglo xxi al entorno español. En la urdimbre del sanchismo tiene, además, un papel destacado el que fuera vicepresidente del primer gobierno de coalición de P. Sánchez: nos referimos, cómo no, a Pablo Iglesias, que ejerció de vate inspirador de las teorías revolucionarias de Laclau y Moufee. Pedro Sánchez no es ningún intelectual al modo tradicional, pero tiene la cualidad de la esponja cuando se trata de emular y «copiar» todo aquello que le conduzca al poder y su disfrute.

En última instancia, la idea de articular un frente constituido por todos los críticos, e incluso enemigos, de la Transición española para hacer imposible ninguna alternativa de poder al sanchismo es una realidad inspirada por Pablo Iglesias y su círculo, que encarnaron la distopía del socialismo del siglo xxi ensayada en naciones sudamericanas como la Argentina de los Kirchner, el Brasil de Lula, el chavismo de Venezuela, el castrismo de Cuba, la tiranía nicaragüense de los Ortega o las democracias iliberales de México, Bolivia y Ecuador.

Pedro Sánchez, proclamado líder de la Internacional Socialista, posee, en realidad, una ideología acomodaticia, líquida, versátil y funcional, cuya principal obsesión es la posesión del poder y su disfrute. La supuesta ideología socialdemócrata es utilizada por el sanchismo como un «significante vacío» más, sometido al continuo cambio de opinión y pragmática adecuación, siempre al servicio de un relato convertido en subjetivo y provisional versión de la realidad objetiva. No importa, por ejemplo, que España bajo el sanchismo haya alcanzado índices de pobreza sin parangón o que la juventud española registre el índice de paro más alto de Europa o que un tercio de la población tenga graves problemas para llegar a fin de mes…, no importa la acerva realidad mensurable y objetiva que los ciudadanos soportan; «España va como un cohete».

El PSOE puede blasonar de una ideología que en el pasado defendía los ideales y valores de la Ilustración. El PSOE fue el partido que trajo las reformas políticas y el espíritu de la modernidad a la España de las últimas décadas del siglo xx. Pero el PSOE convertido en instrumento de la ambición personal de su líder ha renunciado *de facto* a los postulados de un partido moderno e ilustrado. La igualdad y la libertad han dejado de ser las guías motoras del socialismo español, trasmutando a ser un partido sectario defensor de privilegios y postulante de nuevas identidades basadas en el resentimiento y las pasiones tristes.

Pero regresemos a los «significantes vacíos» y a la neolengua sanchista que encubre la realidad de una decadencia política hacia una autocracia donde los peores augurios pueden verse realizados. Lo haremos de la mano del eminente historiador Antonio Elorza convertido en crítico implacable del sanchismo en su deriva hacia ninguna parte.

El historiador Antonio Elorza es un espectador privilegiado de la política española, en la que incluso llegó a tener algún protagonismo personal en las últimas décadas del siglo anterior. Elorza fue un crítico riguroso y lúcido desde la primera hora del sanchismo. Ejerció su labor crítica desde las páginas de *El País,* hasta que fue cancelado por el grupo PRISA. Actualmente publica sus artículos en el Grupo *El Correo* y en el digital *The Objective* a donde, también, se han visto forzados migrar algunos de sus amigos.

Bajo el título de «LPS. El lenguaje político de Pedro Sánchez», A. Elorza publicaba el 1 de octubre de 2024 el artículo centrado en LPS (el lenguaje político de Sánchez), donde desentrañaba la neolengua fabricada y utilizada por el sanchismo. El artículo se inicia con una mención al régimen nazi y la importancia de la neolengua en su expansión y desarrollo.

En *El lenguaje del Tercer Reich*, Viktor Klemperer destacó la importancia del lenguaje a la hora de configurar los comportamientos y las mentalidades: «El lenguaje no solo crea y piensa por mí, sino que guía a la vez mis emociones, dirige mi personalidad psíquica, tanto más cuanto mayores son la naturalidad y la inconsciencia con que me entrego a él. Las palabras pueden actuar como dosis ínfimas de arsénico: uno las traga sin darse cuenta, parecen no surtir un afecto alguno y al cabo de un tiempo se produce el efecto tóxico… En la vertiente opuesta, el otro totalitarismo creaba también desde la Revolución de 1917 su lenguaje propio, con su arsenal de palabras, prohibiciones y sustituciones obligadas, y la pretensión de utilizarlo como instrumento para forjar el homo sovieticus» (https://theobjective.com/elsubjetivo/opinion/2024-10-01/lenguaje-politico-pedro-sanchez/).

En ambos casos, tanto el del nacionalsocialismo como el estalinismo, el neolenguaje persigue el objetivo de crear una mentalidad homogénea y hegemónica en los ciudadanos objeto de sumisión y control. Los déspotas son conscientes de que tal finalidad es inalcanzable en una sociedad ideológicamente plural, por lo que recurren a la manipulación del lenguaje valiéndose tanto de la técnica de los significantes vacíos como de la introducción de neologismos y la censura de términos no gratos al régimen totalitario. Ello obedece a la pulsión totalitaria de quien trata de colonizar las mentes mediante la manipulación del lenguaje. Elorza repara en las nuevas tecnologías que pueden facilitar el uso de la neolengua y la prostitución del idioma común.

> La información, la argumentación y la simple propaganda ya no sirven; debe entrar en juego una manipulación sistemática. Algo hoy ya factible, utilizando la inteligencia digital. El modelo adoptado por el Gobierno responde plenamente a esta exigencia. No son ya los viejos «fontaneros de La Moncloa», sino un copioso *braintrust,* constituido en centro de asesoramiento y formación del discurso del presidente para ese fin. La puesta en práctica de una confrontación permanente con la oposición, casi una guerra fría, y el carácter mecánico de su funcionamiento, han sido los factores que impulsaron la formación de un lenguaje político característico del Gobierno de Pedro Sánchez. Debe servir para respaldar en todo momento y de modo automático sus decisiones, prescindiendo de razones y argumentos, así como desautorizar las críticas de cualquier oponente, vistas de antemano como reaccionarias (*op. cit.*).

El método de difusión de la neolengua nos recuerda el *Discurso de La Boétie* cuando este explica el modo como se desarrolla y crece la servidumbre hacia el tirano de manera progresiva y piramidal. Antonio Elorza describe la pirámide de transmisión y concreta la función que ejercen los deanes del sanchismo en el juego de la subversión del lenguaje. La transmisión a la sociedad es piramidal. Pedro Sánchez anuncia las grandes decisiones y tomas de posición, tras él casi siempre Bolaños asume el papel de transmisor principal, siendo su mensaje repercutido en forma de consigna o titular por los ministros afines al tema, convertidos en coro de papagayos. Repetirán incluso sus mismas palabras. Elorza subraya la labor de los medios afines en el desarrollo de la estrategia tóxica a fin de colonizar las mentes.

Para preparación del terreno antes y aclaraciones posteriores, refrendando siempre de modo estricto las posturas del Gobierno, entran en escena los medios afines de televisión y prensa, con el diario *El País* en el cometido especial de ganarse a las élites, proporcionando los argumentos que el Gobierno al parecer omite. Un circuito cerrado de comunicación, sin margen alguno para la disidencia (*op. cit.*).

La difusión de los mensajes del Gobierno, mediante el uso de su peculiar neolengua, opera mediante un repertorio conceptual y léxico muy reducido que tiene un eje positivo en el término «progresismo» que resignifica todas lo mensajes gubernamentales y contraponiéndolos a todas las críticas de la oposición que al ser reaccionarias y contrarias al interés general constituyen el polo negativo del artefacto discursivo. Sánchez y su Gobierno ocupan todo el polo positivo al ser paradigmas del progresismo convertido en un ente mítico e inaprensible, frente a la escoria de la derecha y la ultraderecha que representan la maldad y lo ominoso.

El neolenguaje corrompe el discurso democrático e imposibilita la conversación entre adversarios. Se trata de condenar la política al rango de una guerra fría, en la que el adversario convertido en enemigo es objeto de constante condena. Lo mismo da que a un ministro se le pregunte por el problema migratorio o la cuestión de paro, la respuesta es mecánica y concluye siempre con el señalamiento de la oposición como malvado artífice de una estrategia de la continua discordia. Las críticas de la oposición son siempre malintencionadas y tan solo pretenden dejar en evidencia la falta de legitimidad del Gobierno y de quien lo preside. El ambiente político se vuelve tóxico, pero nada importa la toxicidad si queda clara la deshumanización del enemigo y la imposibilidad de que este acceda al poder mediante la normal alternancia. El gobierno progresista es la garantía de que jamás podrán gobernar la derecha y la ultraderecha. Toda esta estrategia de alteración del lenguaje y continua distorsión de la realidad debe llevarse a cabo con el menor daño posible para el gran líder progresista, quien, con sus silencios, su lenguaje corporal y sus apariciones públicas, siempre codificadas y significadas, ha de preservarse para la ejecución de sus altas responsabilidades. Elorza describe con acierto la «economía» discursiva y dramática del personaje.

El *Discurso* de La Boétie no alcanza la sofisticación de George Orwell, la agudeza de Laclau y Mouffe, ni la expresión existencial del filólogo Klemperer que padeció en los campos de exterminio nazi, tampoco el discernimiento de Antonio Elorza, pero ya en la lejana década de los cuarenta del siglo XVI La Boétie constató la importancia de la prostitución del lenguaje en la servidumbre voluntaria e incluso ironizó sobre algunos autores del incipiente Renacimiento francés que cantaban loas al soberano. Sea como fuere el lenguaje y su capacidad de alienar las mentes y determinar las actuaciones siempre es y será un instrumento terrible en las manos y en la boca del autócrata.

La construcción de un lenguaje propio va más allá de las palabras. Klemperer[3] no descubrió el lenguaje del Tercer Reich con la lectura, sino asistiendo a un desfile nazi. También en el caso del LPS, y aplicando ya un criterio científico, el LPS abarca todos los niveles de la comunicación, desde el gesto y el vestido del presidente, al juego de sus presencias y ausencias, e incluso a la regulación encubierta para las informaciones por televisión… El lenguaje, y del lenguaje forman parte los silencios, se convierte así en instrumento privilegiado y en espejo de un sistema de dominación.

No es este el lugar para dilatarnos en la concreción léxica de la neolengua o la lista de los significantes vacíos del sanchismo, pero no nos resistimos a establecer el sumario léxico de sus expresiones más significativas.

Progresismo. Es la palabra totémica del sanchismo. Es la expresión que condensa la razón de ser de las políticas de Pedro Sánchez. Es una palabra, netamente, polisémica que puede significar una coda y su contraria. Es un significante vacío que puede designar lo más reaccionario y lo más progresivo. «Progresista» es el adjetivo que define al gobierno de coalición que Sánchez preside. Es, también, el sintagma más recurrente del sanchismo que lo utiliza sin tregua y a propósito de cualquier asunto, persona o acción política referida al entorno de P. Sánchez. Progresismo es, también, el escudo utilizado ante las críticas de la oposición que se condenan sin debate ni razonable disputa. Progresista es todo aquello que hace, dicta, ordena, dice, piensa y realiza el sanchismo. La antinomia del progresismo es lo reaccionario que comprende a la oposición en su totalidad, así como a todo aquel que discrepe del líder progresista. Progresista es, en definitiva, todo cuanto hace y dice el líder omnisciente, poderoso y demiúrgico. Progresista es también el perfecto disfraz para resignificar aquello o aquellos que, bajo la alusión del progresismo, ocultan su

---

3   Victor Klemperer, nacido en 1881, vivió bajo el régimen nazi como judío converso al protestantismo. Pese a haber sido bautizado y casado con una mujer no judía, fue objeto de las leyes raciales del Tercer Reich y sufrió las penurias de la persecución nazi. Fue degradado de su cátedra universitaria, sufrió el ostracismo social y, finalmente, fue confinado a un *judenhaus* (viviendas designadas exclusivamente para judíos) en Dresde. Sin embargo, sobrevivió al régimen y, tras la guerra, publicó su monumental estudio sobre el lenguaje nazi, *Lingua Tertii Imperii o LTI. La lengua del Tercer Reich.*

identidad contraria a cuanto la razón práctica e ilustrada entienden por progresivo. El nacionalismo y la xenofobia son resignificados en el sanchismo como virtudes positivas y progresistas al convertirse en sustentos de aquel de quien todo progresismo proviene. El líder progresista es la fuente seminal de quien deriva lo progresista. Para resaltar la antífrasis que denota el término progresismo en el sanchismo, permítaseme citar a Hannah Arendt, quien en su ensayo sobre la violencia define así lo que es el progreso: «El progreso, en realidad, es el más serio y complejo artículo ofrecido en la tómbola de supersticiones de nuestra época» (*Sobre la violencia*, pág. 45).

El progresismo sanchista es, en definitiva, el perfecto trampantojo que oculta la auténtica faz de una voluntad de poder ilimitada que precisa de un relato para disimular y ocultar el carácter políticamente perverso de su designio autocrático.

Ultra. Equivale a la deshumanización del adversario. En el lenguaje común se utiliza el término para referirse a alguien de ideas extremas, sean estas de derecha o izquierdas. En el léxico sanchista, sin embargo, la palabra «ultra» es un término unívoco que se emplea únicamente para quienes profesan un ideario de derechas o simplemente de centro. Las ideologías o agrupaciones de extrema izquierda nunca serán calificadas de ultras y en su caso se las llamará la «otra izquierda» o la «izquierda de la izquierda». La palabra ultra posee un sesgo peyorativo que demoniza a quien es definido como tal. En ocasiones se utiliza el anglicismo *hooligan* como sinónimo de ultra con un fuerte sesgo de violento. Ultra, en suma, es quien no comulga con los postulados del sanchismo.

Reaccionario. Es todo aquel que no es sanchista y es sinónimo de los términos no democrático, fascista, contrario al progreso humano y cuestionador del ecologismo. Reaccionario es quien no es progresista. No obstante, en el seno del sanchismo pueden acogerse partidos de signo xenófobo y supremacista siempre y cuando ayuden a la conformación del frente progresista. También quedan excluidos del oprobio reaccionario aquellos grupos políticos de carácter comunista, antisemita o totalitario que a pesar de haber producido millones de víctimas en sus ejecutorias blasonan de progresistas. De hecho, en la coalición progresista liderada por Pedro Sánchez conviven grupos partidarios de los regímenes de Cuba, Venezuela, Irán o Nicaragua. Es destacable, también, el lugar central que ocupan quienes recibieron el legado del terrorismo nacionalista vasco en la cartografía política del sanchismo.

Polarización. Una de las principales tareas del sanchismo ha consistido en la construcción de un enemigo con carácter cuasiontológico, que ayuda a configurar la política como un campo de batalla donde no cabe ni consenso ni tregua. La polarización ha sido una de las constantes más utilizadas por Pedro Sánchez en su ascenso al poder y en su permanencia en él. Es una constante que rebasa la clásica y periclitada línea divisoria entre derecha e izquierda. Para el sanchismo, lo político se ha convertido en esencial esfuerzo polarizador. El sanchismo necesita de la polarización para obtener su identidad. Identidad de la que participan todos los que comulgan con el deseo final de evitar la alternancia política. Es esta una opción de tipo moral, político e identitario que necesita del antagonismo para «ser». El afán polarizador conlleva un ideario binario, simple y falaz que recuerda los tiempos en los que la inquisición regulaba el bien frente al mal y lo justo frente a lo demoníaco. La polarización sanchista posee resabios del viejo maniqueísmo que hizo fortuna en el siglo III, que enseñaba una elaborada cosmología dualista describiendo el conflicto entre un mundo de luz bueno y espiritual, y un mundo de oscuridad malévolo y material. El sanchismo, como el maniqueísmo, se autoproclama como la fe definitiva, por cuanto pretende completar e invalidar a todas las demás. No en vano nos desveló Carl Schmitt que los principales postulados de la política moderna no eran sino resabios de la teología.

Socialdemocracia. Dicen que la socialdemocracia murió de éxito y es cierto. Tras la Segunda Guerra Mundial, Europa vivió un trance reformador y progresivo que trataba de dejar atrás la demencia criminal del nacionalsocialismo y del fascismo, sin dejar de mirar, aunque fuera de refilón, al totalitarismo estalinista. En un ejercicio de generosidad y clarividencia los líderes europeos de la posguerra aportaron lo mejor de sus idearios y fue así como confluyeron el pensamiento liberal, la idea socialista y la tradición cristiana, adobado todo ello por democracia liberal. El nuevo ideario germinó con fuerza en las naciones europeas del norte y poco a poco contagió sus postulados ilustrados de la libertad, la igualdad y la fraternidad. El estado del bienestar fue la principal aportación de aquella socialdemocracia y Europa vivió una época de vigor y de éxito, que transformó nuestras naciones. España hubo de esperar cuatro décadas para sumarse al carro, pero finalmente y tras renunciar al marxismo Felipe González instauró un modelo híbrido donde la socialdemocracia fue uno de sus principales elementos. Mayo de 1968 y la caída del Muro de Berlín (1989) cuestionaron primero y derribaron después la discreta utopía de la socialdemocracia que para entonces se había convertido en patrimonio común de Europa, cuyo legado, en buena medida, fue recogido por la Unión Europea. En España, muy pronto, tras los gobiernos de Zapatero y Sánchez, la llamada socialdemocracia hibridó con rapidez hacia lo que hoy se conoce como socialismo del siglo XXI y que tiene su paradigma no en el socialismo liberal del norte de Europa, sino en las cuestionables repúblicas populistas de Sudamérica. El término socialdemócrata conserva aún el viejo prestigio con que lo adornaron Olof Palme, Willy Brandt o Felipe González, pero en la España actual, sanchista y populista se ha convertido en un significante vacío que cualquier aventurero político puede rellenar a su gusto. Los gobiernos de Zapatero y Sánchez blasonan de socialdemócratas, pero han renunciado a dos de los pilares fundamentales de la socialdemocracia que son la igualdad y la libertad. Ambos ideales han sido sustituidos por el identitarismo (nacionalismos étnicos) y el privilegio (conciertos económicos de carácter singular).

Mentira. La mentira es algo exclusivo de la derecha y de la ultraderecha. El sanchismo no miente, se limita a cambiar de opinión. No obstante, algunos, como J. A. Zarzalejos, piensan que los embustes gubernamentales afectan al corazón institucional del sistema.

> Ahora han llegado al grado de alucinación de creerse sus propias falsedades, con lo cual ya no estamos ante una realidad política torturada por la mirada de los mendaces, sino ante una patología política que afecta al corazón institucional del sistema: al Gobierno. La mentira estructural en la que se basa este Gobierno, cuyo presidente ha negado su propia legitimidad parlamentaria de origen y de ejercicio al afirmar que gestionará el país «con o sin el Poder Legislativo», requiere un diagnóstico más que político psicológico, incluso psiquiátrico, atendiendo a las enseñanzas que nos ha dejado David Owen (https://blogs.elconfidencial.com/espana/notebook/2024-10-10/pilar-alegria-derecho-mentir_3979857/).

España. Ya no es lo que fue durante mas de seis siglos. España es hoy una nación de naciones donde, eso sí, algunas lo son más que otras. Cataluña y el País Vasco, por ejemplo, son naciones plenas, que tienen el privilegio de gozar de una soberanía fiscal y todos los símbolos de un Estado. Curiosamente son ambas naciones las que mantienen en el poder a Pedro Sánchez, en detrimento de las demás naciones de índole no histórica, según se afirma.

Bulos: Dimes y diretes acerca del entorno familiar del presidente del Gobierno. Todo lo referido a familiares de Sánchez es mera calumnia interesada que tan solo busca la quiebra y el descrédito de quien nos preside. Los infundios proferidos por el Gobierno sobre algunas personalidades de la oposición son tan solo especulaciones sin malicia que carecen de la gravedad de los bulos con los que se quiere empañar la honestidad y la probidad del presidente y de sus deudos. El primer deber de los adictos al sanchismo consiste en el rechazo de los bulos y la denuncia del empleo de tácticas deshumanizadoras con el fin de obscurecer los éxitos del gobierno de coalición.

Máquina del fango. El término «máquina del fango» es empleado por Umberto Eco en un contexto humorístico y sarcástico. El término aparece en su ensayo *Construir al enemigo* (Lumen, 2012). En este contexto, la máquina de fango hace referencia al mecanismo mediático y discursivo que se utiliza para desprestigiar, difamar o desacreditar a una persona, grupo o institución. Eco sugiere que la máquina de fango es una herramienta utilizada con fines políticos o sociales para crear un «enemigo» al que se pueda atacar, culpar o despreciar, independientemente de si las acusaciones tienen fundamento o no. Pedro Sánchez se ha apropiado del término para englobar y significar cualquier noticia, crítica o especulación contraria a su imagen. El prestigio de Umberto Eco y la plasticidad del término son utilizados como escudo contra cualquier referencia negativa a la persona del líder, quien, por otra parte, asume el papel de víctima en defensa ante lo que considera un ataque cósmico a su persona. La expresión de «máquina del fango» es una de las más usuales en el discurso sanchista, tras la implicación de su esposa en un supuesto tráfico de influencias. Tanto las críticas a su política de emigración u otras referidas a la política general, como los bulos referidos a su familia, son englobados en la acción calumniadora de la máquina del fango. El victimismo se convierte así en un escudo general.

Federalismo. Véase «confederalismo».

Confederalismo. Véase «federalismo».

Constitución española. Texto interpretable y opinable con flexible constructivismo e imaginación partidaria, para adecuarlo a las arbitrarias e imprevistas políticas del sanchismo.

Coalición progresista: Heterogénea amalgama de partidos, grupos, movimientos y mareas reunidas en torno al PSOE, con el único objetivo de evitar una alternativa conservadora o de derechas que impida la subasta de instituciones, bienes y regalías por parte del generoso líder progresista que prima los intereses de quienes le sostienen en el poder. Lo de «progresista» es tan solo un significante vacío de contenido que en este caso significa el odio al adversario convertido en enemigo y a los valores del pacto solidario y democrático que supuso la Constitución de 1978. Del cariz progresista de la coalición nos da una idea del sesgo y el jaez ideológico de algunos componentes de la mencionada coalición: el *expresident* de la Generalitat de Cataluña y destacado miembro de Junts Quim Torra se refirió en los términos a los españoles que no hablan catalán:

> Ahora miras a tu país y vuelves a ver hablar a las bestias. Pero son de otro tipo. Carroñeras, víboras, hienas. Bestias con forma humana, asimismo, que enjuagan odio. Un odio perturbado, nauseabundo, como una dentadura postiza con moho, contra todo lo que representa la lengua («La lengua y las bestias», artículo publicado en *el Món*, 2012).

Pero el odio a España no es una excepción entre los coaligados progresistas de Sánchez. Cabe mencionar a los ultranacionalistas de Bildu, herederos del legado de ETA y convertidos ahora en los principales aliados del sanchismo, que han sido incapaces de condenar y tomar distancia de los más de 850 asesinatos cometidos por la banda terrorista y a cuyos miembros siguen homenajeando e incluyendo en sus listas electorales. Pero el sesgo «progresista» luce por su ausencia en los partidos del nacionalismo étnico vasco y catalán que han impuesto el euskera y el catalán respectivamente como lenguas de inmersión en la población escolar, ignorando las sentencias de los tribunales y la voluntad de los padres. Entre los coaligados con el PSOE de Pedro Sánchez hay, además, comunistas convictos que apoyan los regímenes dictatoriales de Cuba, Venezuela, Corea del Norte y poseen un fuerte sesgo antisemita, aunque sigan figurando como ministros en el gobierno de coalición progresista de P. Sánchez. Por último, merece la pena recordar que un viejo partido, formado casi en los mismos años que el PSOE, en el siglo XIX sigue blasonando en sus siglas eusquéricas el nombre de «Jaungoikoa (Dios) y la ley antigua», como *rara avis* en un entorno donde el laicismo y el anticlericalismo son la norma. Hezbollah significa el partido de Dios, pues bien, para que no falte de nada, también Pedro Sánchez puede alardear de contar en su progresista coalición una fuerza que se define como fiel a «Jaungoikoa y la ley antigua». Es con estos mimbres como Pedro Sánchez ha construido su coalición progresista formada por toda suerte de acreedores a quienes adeuda el nombramiento y la permanencia en la Presidencia del Gobierno.

Con más economía de lenguaje y mejor fortuna expresiva me permito citar aquí las palabras de Ignacio Varela en las que describe con precisión el carácter del gobierno de coalición progresista de la que P. Sánchez se ufana constantemente:

> La única forma de sostener el poder conquistado mediante aquella amalgama disforme de siglas (en la que la socialdemocracia sindicó sus intereses con los del populismo destituyente de Iglesias y la galaxia secesionista entera) era convertir lo circunstancial en estructural… Como resultado de ello, en lugar de transmitir a sus aliados el ideario socialdemócrata, el partido de Sánchez ha ido asimilando progresivamente el aparato retórico y doctrinal de sus socios: populismo plebiscitario, accidentalismo jurídico extremo («la política por encima de la ley»), instrumentalización partidista de las instituciones y centrifugación territorial del Estado (https://blogs.elconfidencial.com/espana/una-cierta-mirada/2024-09-20/quien-regenera-pedro-sanchez_3966128/).

Corrupción. Degeneración política que afecta a la derecha y a la ultraderecha. Es este el estigma que la derecha española no puede borrar. La izquierda, es decir, el sanchismo, sin embargo, es tan incorruptible como lo fuera el brazo incorrupto de santa Teresa de Ávila al que Franco mostraba gran devoción. Pedro Sánchez accedió al Gobierno cobijado en la bandera de la anticorrupción. Pero, desgraciadamente, el sanchismo también se ha visto aquejado del peor vicio de la corrupción. Pero para demostrar su alma y su ejecutoria incorruptas, se ha servido del Tribunal Constitucional, para blanquear el pasado corrupto del PSOE que defraudó cientos de millones de euros en su política clientelar de Andalucía. El de los ERE andaluces pasará a la historia como el mayor caso de corrupción de la historia de España, pero el sanchismo no ceja en su esfuerzo por señalar al PP como la madre de todas las corruptelas, utilizando para ello el significante vacío de la corrupción como arma letal en su relato político mendaz. Significativamente, ha sido el sanchismo el que ha desdibujado el delito de corrupción en el Código Penal, con ocasión de las dádivas pagadas al independentismo catalán, que utilizó fondos públicos para financiar el golpe de Estado de 1 de octubre de 2017. Sin embargo, el problema para Sánchez es que la corrupción en sus distintas formas ha aflorado en su Consejo de Ministros e incluso en su propio entorno familiar. Casi de manera simultánea explotaron dos escándalos de corrupción: en el seno del PSOE, el primero, y en el círculo familiar del presidente, después. El llamado caso Koldo afectó al exministro Ábalos y a su asesor Koldo García que intermedió en el escándalo de las mascarillas sanitarias durante la crisis del COVID-19. En el momento de escribir este ensayo todavía se desconocen todas las ramificaciones de lo ocurrido, pero cada día que pasa se tiene noticia de nuevas implicaciones y nuevos avatares. En lo referente al entorno familiar del presidente Sánchez, destacan la imputación por tráfico de influencias de su señora Begoña Gómez, así como presuntas irregularidades fiscales y laborales de su hermano David. Ambas cuestiones afectan a la persona de Pedro Sánchez y su reacción, lejos de ser serena y racional, ha afectado profundamente al presidente del Gobierno, quien ha desatado una campaña contra determinados jueces, valiéndose de toda la maquinaria del Estado. Una cuestión que en principio parecía afectar a su personal intimidad, la sobreactuación de Sánchez lo ha convertido en una cuestión de Estado.

El entorno del presidente se ha sumado a la batalla emprendida por Sánchez, utilizando hasta la saciedad el neolenguaje que aquí tratamos de reseñar. No hay ministro ni alto cargo del PSOE que no haya entablado la batalla por el «no caso» de los familiares del presidente utilizando toda la batería de la neolengua sanchista.

El lenguaje, y sobre todo el neolenguaje, confiere identidad al grupo y demarca los límites de pertenencia a un grupo u otro. Los escándalos de corrupción mencionados provocan un cierre de filas que Pedro Sánchez inició e incitó con su famoso retiro de cinco días para reflexionar sobre su presente y futuro. Lo que sí logró en aquella ocasión fue la focalización de sus fieles en torno al carácter victimista del gran Narciso, que por una vez temieron que su líder rompiera el espejo abandonándolos a su suerte. Esa fue una de las ocasiones donde la servidumbre voluntaria de los suyos brilló de manera patética e hiperbólica.

Lawfare. El *lawfare* implica emplear procesos judiciales para atacar o deslegitimar a oponentes, mientras que la politización de la ley distorsiona su neutralidad para beneficiar agendas específicas. Estas prácticas erosionan la confianza en el sistema judicial, generando percepciones de parcialidad y abuso. En contextos de polarización, los actores buscan en la legalidad un campo de batalla, debilitando su esencia como garante de derechos. Aunque algunos lo justifican como un medio legítimo de control, su mal uso amenaza la justicia y la democracia. La acusación de *lawfare* por parte del sanchismo se utiliza para desacreditar aquellas decisiones jurídicas que perjudican a sus intereses. En boca del sanchismo, el *lawfare* equivale a la prevaricación.

Democrácia. Régimen político que equivale a lo que el sanchismo decida en cada caso. La democracia nunca es plausible ni virtuosa en el caso de la derecha y de la ultraderecha. La democracia la determina el gran líder que está por encima de los usos y de las leyes. Su decisión es ley.

La palabra democracia es otro significante vacío, por polisémico, que adquiere contenido según quien lo pronuncie. En boca de Maduro, Putin, Trump o Sánchez significan cosas dispares y a veces enfrentadas. En boca de Sánchez, que, de continuo, invoca a la Constitución, la democracia significa gobernar él, aun cuando tenga que distorsionar el espíritu de la Constitución y coaligarse con los enemigos declarados de nuestra carta magna. La democracia significa para Sánchez evitar las balanzas de poder entre el ejecutivo, el legislativo y el judicial que el ordenamiento jurídico y los usos democráticos han consagrado. Democracia significa neutralizar y desvirtuar al Parlamento, para imponer su gobernanza mediante decretos leyes y la adopción de decisiones fundamentales sin la preceptiva consulta a las Cortes. La democracia sanchista consiste en enfrentarse al Poder Judicial mediante acusaciones de prevaricación buscando su desprestigio. En la democracia sanchista la voluntad política prevalece sobre la ley.

La democracia no necesita de adjetivos para definirse como el imperio de la ley justa e igual para la ciudadanía. En España, sin embargo, durante cuarenta años vivimos bajo la denominada «democracia orgánica» que era como se llamaba a sí mismo el franquismo. Con el sanchismo la democracia ha recurrido a adjetivos como «feminista» o «progresista» para cerciorarnos de su autenticidad.

Muro. En el discurso pronunciado por P. Sánchez con ocasión de su última investidura en noviembre de 2023, el candidato quiso dejar las cosas claras y proclamar el objetivo político que perseguía al ser investido. Alto y claro, desde la tribuna del Congreso Pedro Sánchez planteó su discurso de investidura entre dos disyuntivas: «O España continúa avanzando o retrocede». Y es que el presidente del Gobierno en funciones se erigió como el *único muro de contención* contra los gobiernos reaccionarios del PP y VOX en las comunidades autónomas. «Hay que levantar un muro de democracia, convivencia y tolerancia», e insistió: «El único muro eficaz contra las políticas de la ultraderecha en comunidades y ayuntamientos ha sido el Gobierno de coalición progresista de España».

Es habitual en las investiduras para presidir el Gobierno, sean estas democráticas o no, que el candidato exprese su voluntad de gobernar para todos los ciudadanos, le hayan o no votado en las urnas; es casi una expresión protocolaria el deseo de gobernar para todos. Es por ello que no deja de ser una extravagancia el hecho de que en su discurso Sánchez afirmara que su objetivo político consistía en erigir un muro que delimitara a progresistas y reaccionarios, buenos y malos, adictos y críticos. El muro que Sánchez estaba llamado a construir era el único eficaz contra las políticas de ultraderecha. Y, tal vez, llevado por su entusiasmo progresista y mesiánico, Sánchez remachó su intención de elevar un muro que separara el bien y el mal, lo bello y lo feo, lo progresista y lo retrógrado con la convicción de encabezar y liderar «las fuerzas progresistas que quieren avanzar y que están convencidas de que tienen un futuro brillante que puede iluminar al resto del mundo». Ahí es nada. El muro con el que se proponía dividir a los españoles entre sanchistas y ciudadanos desafectos a su causa se iba a convertir en luminoso faro que guiara al resto del mundo. Es el paroxismo de Narciso sumido en la gloria de su falso espejo.

Fango. Según la RAE, fango es lodo glutinoso que se forma generalmente con los sedimentos térreos en los sitios donde hay agua detenida. Pero la Real Academia Española se equivoca, porque fango es el lodo producido por la «máquina del fango» que equivale a la galaxia de los pseudoperiódicos o los infectos tabloides que se atreven a criticar las políticas de P. Sánchez. Fango es todo aquello que sirve para desprestigiar, calumniar y mentir sobre el sanchismo y su líder.

Fascismo. Conglomerado de fuerzas reaccionarias que critican, acosan y tratan de impedir el éxito de las políticas sanchistas. Ese es el significado del fascismo para quienes sostienen a P. Sánchez al frente de su gobierno de coalición progresista. El del fascismo es, tal vez, el término más utilizado por los fieles sanchistas. El fascismo, sin embargo, tal como Umberto Eco vaticinó, es un virus sempiterno que infecciona a derecha e izquierda y sin fecha de caducidad.

El antifascismo es un concepto político en el que se reconocen diversos grupos que se autodenominan «de izquierdas», como es el caso de Podemos, Sumar, la catalana CUP o la formación vasca EH Bildu. Estos partidos ultranacionalistas o de extrema izquierda dicen actuar contra la emergencia del fascismo, al que identifican con la derecha extrema. Para algunos todavía no ha concluido la Guerra Civil iniciada en 1936 y pretenden ahora dar la réplica definitiva al alzamiento «fascista» de Franco. Su impostado y extemporáneo antifascismo se reduce, sin embargo, a una retórica huera.

El escritor italiano Antonio Scurati es el autor de una magnífica novela, *M. El hijo del siglo* (Alfaguara), en la que narra el acceso de Mussolini al poder. Se trata de un ensayo novelado sobre el contexto y la peripecia vital de Mussolini al alcanzar el poder. La izquierda comunista siempre ha considerado el fascismo de Mussolini como el avatar decadente del capitalismo depredador. Fue Clara Zetkin, fundadora del Partido Comunista alemán e inspiradora de la corriente feminista de ideología anticapitalista, quien en los años veinte del siglo pasado sentó la posición del comunismo frente al fascismo que pasaría a formar parte del núcleo ideológico de la Tercera Internacional. Del que algunos no han salido.

Para Clara Zetkin, «el fascismo es la expresión más directa de la ofensiva general emprendida por la burguesía mundial contra el proletariado». Añadía Zetkin que sería mucho más fácil derrotar al fascismo si se estudiara «clara y definidamente su naturaleza», pero no parece ser esa la intención de los nuevos antifascistas sobrevenidos, que se limitan a repetir una retórica formulada hace un siglo.

Umberto Eco, que conoció y padeció el fascismo en su niñez, se preocupó de poner al día su etiología y naturaleza. En una conferencia en la Universidad de Columbia (Nueva York, 1995) con el título «El fascismo eterno» estableció el nuevo canon del fascismo, que perfeccionaba y superaba la anquilosada posición de Clara Zetkin.

Umberto Eco, que consideraba el fascismo como una lacra sempiterna y ubicua, señaló las catorce características que enumeramos a continuación: culto a la tradición, rechazo del modernismo, culto a la acción por la acción, rechazo del pensamiento crítico, miedo a la diferencia, llamamiento a las clases medias frustradas, nacionalismo y xenofobia, envidia y miedo «al otro», antipacifismo, elitismo y desprecio por los débiles, heroísmo y culto a la muerte, transferencia de la voluntad de poder al sexo, populismo y oposición a la democracia parlamentaria y neolengua. Eco acabó su disertación advirtiendo de que el fascismo siempre puede regresar con las apariencias más inocentes y es nuestro deber desenmascararlo y denunciarlo en sus nuevas formas en cada parte del mundo, sin embargo y a tenor de la idea que sobre el fascismo aporta Umberto Eco, cabe afirmar que entre algunas de las actuales formaciones políticas instaladas en la izquierda o en el nacionalismo étnico, que sostienen al sanchismo vigente, existen formaciones de signo claramente fascista. Al fin y al cabo, ser o no fascista no es una cuestión de izquierdas y derechas, sino un asunto entre democracia liberal y populismo iliberal. Una cuestión entre libertad y servidumbre. Es cuando menos curioso que quienes han peleado a muerte contra la democracia española o la cuestionan de continuo se erigen ahora en oráculos de la democracia.

No debemos conformarnos con las definiciones que fueron más o menos afortunadas en el año 1923, hemos de procurar actualizar nuestro bagaje conceptual de la mano de quienes como Eco o Scurati han puesto al día una vieja patología política llamada fascismo. Por supuesto que el fascismo de izquierdas es una realidad tóxica en esta desventurada España. El fascismo de izquierdas califica a VOX de fascista, pero si aplicamos el canon del semiólogo Eco a algunas de las formaciones políticas que han sido aupadas a la «dirección del Estado» por el sanchismo, nos encontramos con la paradoja de que a VOX tan solo cabe aplicar seis o siete de las catorce características señaladas por Eco, frente a la docena que cabe asignar a quienes ahora blasonan de «antifascistas».

Mao Zedong solía utilizar la expresión «tigre de papel» para describir un peligro aparente que en realidad era una entelequia de papel incapaz de resistir el viento y la lluvia. Los tigres de papel poseen una doble función y la primera es la de quitar importancia a un peligro real, pero también sirven para polarizar y crear tensión mediante la creación de una ficción terrible que en realidad carece de peligro. El fascismo se ha convertido en tigre de papel y lo ha hecho para asustar y tensionar a una sociedad crédula y medrosa. El sanchismo ha convertido a la derecha conservadora (PP) y a la derecha extrema (VOX) en la punta de lanza del fascismo, y, por extensión, toda la derecha española es objeto de demonización, como si fuera la reencarnación del franquismo.

La exhibición de tigres de papel por parte de la izquierda no dejaría de ser una broma pueril si solo fuera una ensoñación de la ultraizquierda sanchista, pero las cosas cambian cuando es la izquierda en pleno la que suscribe la aberrante teoría de que la derecha española es fascista o franquista. Mal han de estar las cosas en los cuarteles de la ultraizquierda española para tener que inventarse un trampantojo político tan manido como falso. Exhibir el fantasma del fascismo para agrupar a la izquierda en torno al lema guerracivilista del «no pasarán» de Dolores Ibarruri es tan triste como mendaz. La consigna que la Pasionaria popularizó era una consigna de guerra. Volver a esgrimir el peligro fascista en la España actual es, además de extemporáneo, una grave equivocación política que desbarata uno de los logros más importantes de nuestra democracia, la explícita concordia entre distintos y la asunción de la pluralidad política. El marco constitucional, en definitiva.

Cada vez es más evidente que en el socialismo español se ha operado una ruptura entre quienes protagonizaron la transición y la consolidación democrática con el ingreso en la OTAN y en Europa, y estos nuevos socialistas que cuestionan el marco constitucional, socavan la división de poderes y apelan a la demagogia populista para mantenerse en el poder. Es obvio que ha habido un deslizamiento desde el socialismo que encabezó Felipe González a este otro conocido como socialismo sanchista.

El punto de inflexión de la deriva desde la socialdemocracia liberal al socialismo iliberal lo marcó Rodríguez Zapatero con su ley de memoria histórica, que revisaba el relato histórico que sostenía al régimen constitucional de 1978. En la famosa y espontánea confidencia hecha a Iñaki Gabilondo, «nos conviene que haya tensión», concentraba la esencia de su política. Aquellas palabras de Zapatero las ha convertido Sánchez en seña de su política actual. Una política marcada por el resentimiento y la polarización.

La socialdemocracia tal como se instauró en España en la época de los gobiernos de Felipe González era heredera del espíritu de concordia que presidió la Europa de la posguerra. Aquella socialdemocracia era un híbrido que materializaba lo mejor del socialismo liberal y de la democracia cristiana. Europa se hizo socialdemócrata para construir su Unión. Tras la caída del Muro de Berlín, una cierta confusión se apoderó de la izquierda europea que optó por suscribir toda suerte de causas identitarias y morales ante la ruina del socialismo «real». Las ideologías del resentimiento ocuparon el territorio de las ideologías de la concordia y del pacto.

España, pese a algunos nietos que pretenden corregir a sus abuelos, anduvo de manera temprana el camino de la reconciliación. Fueron Indalecio Prieto y Santiago Carrillo quienes comenzaron a pasar página del desastre histórico que representó la Guerra Civil. En 1956 el Partido Comunista comenzó a auspiciar la reconciliación nacional que tardaría veinte años en materializarse. Los neocomunistas de Podemos y Sumar han enterrado al mejor PCE para retornar al «no pasarán» de la Pasionaria. Como los cangrejos, caminan en la historia hacia atrás.

VI.

«Deconstrucción» y destrucción de España

Aunque Jacques Derrida (1930-2004) sea el padre del término «deconstrucción» que tanto éxito ha alcanzado en la terminología de socialismo del siglo XXI y en el lenguaje críptico del movimiento woke, el abuelo del término fue Martin Heidegger quien en la introducción a su obra *Sein und Zeit* utilizó la palabra *destruktion* con el contenido que Derrida desarrollaría en nuestros días (*Ser y tiempo*, § 6, pág. 46 de la edición de Jorge Eduardo Rivera, Editorial Universitaria). Derrida y su teoría obtuvieron un éxito regular en Europa, pero fue en los Estados Unidos donde alcanzó fama y extensión, convirtiéndose en oráculo y autoridad incontestable del socialismo del siglo XXI, así como entre los autores del movimiento woke. Judith Butler, por ejemplo, se ha valido del término para dar cuenta del carácter artificial del género. Para ella, el género es performativo, un fenómeno culturalmente construido que se produce y reproduce todo el tiempo. Según su visión, la deconstrucción implica desplazar las categorías hegemónicas, desnaturalizar los fundamentos morales y culturales del patriarcado y construir nuevos conceptos.

El concepto de deconstrucción, en definitiva, alude a la acción y el efecto de deconstruir, es decir, de deshacer, en sentido analítico, una idea, concepción o creencia para dar lugar a una nueva y distinta.

Este proceso implica cuestionar lo establecido y contradecir el sentido unívoco de las cosas. No se aplica únicamente a los textos literarios, sino a diversas cuestiones que pueden ser entendidas como un texto, la cultura, la política o, incluso, la biología. En todos estos casos hay algo escondido, reprimido e invisibilizado por los procesos históricos y culturales. De ahí que los discursos y construcciones intelectuales deban ser desmontados para comprender cómo han sido formados, para analizarlos en profundidad y poner en evidencia las contradicciones, las fallas y la ambigüedad que contienen.

Todo este proceso que parece tan alambicado se reduce, en última instancia, al cuestionamiento de la cultura tradicional cuyo eje lo constituye la progresividad racional y transmisible. El pensamiento de Derrida se inscribe en el llamado postestructuralismo que tiene su origen en las teorías del lingüista suizo Ferdinand de Saussure y que dio lugar al movimiento del estructuralismo en la segunda mitad del siglo anterior. Jacques Lacan en el ámbito del psicoanálisis, Louis Althusser en el estudio del marxismo y, finalmente, Michel Foucault serán los representantes más señeros de este movimiento, aún cuando alguno de ellos haya renegado de su condición de estructuralista.

Lo esencial del estructuralismo, tal como se desarrolló en las cuatro últimas décadas del siglo xx, consistía según Simon Blackburn en lo siguiente:

> La creencia de que los fenómenos de la vida humana no son inteligibles sino a través de sus interrelaciones. Estas relaciones constituyen una estructura, y detrás de las variaciones locales de los fenómenos superficiales hay leyes constantes de estructura abstracta («Structuralism», Simon Blackburn. En Diccionario Oxford de Filosofía, 2.ª edición, Oxford).

A Jacques Derrida se le considera como uno de los pensadores que, tomando pie en el estructuralismo de la escuela de Saussure, avanza con su teoría de la deconstrucción hacia ámbitos que como lo político rebasan el campo de la lingüística, cuestionando el conjunto de las ciencias sociales. Derrida se significó como el pensador iconoclasta y disruptivo, tratando de emular a Nietzsche y rehabilitando a Heidegger. Derrida es, con todo, uno de los pensadores cuyo pensamiento ejerce una mayor influencia en la actualidad mediante la asunción de sus postulados por parte del movimiento woke y el socialismo del siglo xxi. La ultraizquierda occidental tiene en Jacques Derrida a uno de sus referentes y lo es por su teoría de la deconstrucción y el relativismo cognitivo que ha hecho furor en los ámbitos de la moral, la política, la cultura y las ciencias.

Derrida nació en París en el año 1930 y es un pensador netamente francés, pero ya en los años sesenta adquirió un gran renombre en los Estados Unidos a donde acudió con asiduidad, disfrutando de una señalada aceptación por parte de la *intelligentsia* americana. Derrida fue un pensador controvertido a lo largo de su vida, tuvo y tiene detractores y seguidores como, por ejemplo, Emmanuel Levinas, que le ha considerado como el nuevo Kant o Richard Rorty, quien lo ha comparado con Nietzsche. El caso es que muy posiblemente Derrida sea el pensador del siglo xx que más polémicas ha despertado por su iconoclastia.

El lector se preguntará, con razón, a qué obedece esta larga digresión sobre Derrida y su teoría de la deconstrucción y la razón no es otra que, como veremos, Derrida y algunos de sus secuaces se hallan de manera seminal o fáctica en el origen de los males que afligen a la democracia en general y a la española en particular. El sanchismo y su secuela de derivas iliberales, por ejemplo, es una excrecencia del relativismo cognitivo y la deconstrucción política llevada a cabo por una parte de la ultraizquierda española y que ha infeccionado al conjunto de la izquierda socialdemócrata de Europa y de España.

La ultraizquierda española representada por Podemos y Sumar no poseen una entidad electoral determinante, pero el hecho de haberse coaligado con el PSOE multiplica su influencia y llena el vacío ideológico que el partido de P. Sánchez exhibe. El vaciado ideológico del PSOE obedece a la huida hacia adelante, saltándose los postulados que durante más de un siglo han sido los suyos. El PSOE, convertido en una plataforma personal de su secretario general, se ha adherido a las nuevas modas ideológicas procedentes de EE. UU., Argentina y Venezuela, suscribiendo sin rubor los dogmas del multiculturalismo, el feminismo extremo, el identitarismo woke y la filosofía de la diferencia en lugar de los postulados ilustrados de la igualdad y la libertad. Es como si hubiera aceptado la propuesta de Chantal Mouffe, cuando dirigiéndose a los partidos socialdemócratas europeos les incitaba a que, en lugar de poner palos en las ruedas de los movimientos de izquierda radical, se sumen a ellos y les ayuden a evolucionar hasta la configuración de un gran partido de izquierda populista.

DECADENCIA DE ESPAÑA

Hemos ido demasiado lejos por la senda equivocada y el eventual regreso es una incógnita. Con el Parlamento convertido en un *ring* tabernero, la gobernanza se ha visto reducida a un penoso viacrucis y nuestra democracia se ha convertido en un sistema repleto de sobresaltos y excepciones. Existe la impresión de que, tras cuarenta años de ejercicio ejemplar, nuestra democracia se ha despojado de alguno de sus más preciados valores y ha mutado a un híbrido entre populista y autoritario donde se echa de menos el sentido de Estado y la convergencia entre distintos que fueron el santo y seña de nuestra transición. Hemos cambiado de prisa, pero sobre todo hemos ido demasiado lejos en los caminos equivocados. Nuestra acelerada involución es apreciable en los ámbitos de la política, la economía y la antropología cultural.

En lo que respecta al escenario político, llama la atención el derrumbe de los tácitos consensos que inspiraron el advenimiento de nuestra democracia. La palabra consenso ha caído en desuso y la partitocracia ha invadido el territorio del interés general. La emergencia de dos bloques antagónicos domina el marco de la política española y se han avivado los rescoldos de aquel odio sectario que presidió el estallido de nuestra última guerra civil. No es ajeno a esta circunstancia el hecho de que la razón política haya sido sustituida por el sentimiento y la emotividad. Es lamentable que se hable de crear muros y se pretenda demonizar al adversario negando, incluso, la esencial alternancia política que está en el ADN del sistema democrático. La sustitución de la razón y de la verdad por lo que Max Scheler llamó «la mendacidad orgánica», es el síntoma más elocuente del deterioro de la democracia española. El bibloquismo, que todo lo preside, provoca el deterioro de nuestras instituciones e impide cualquier reforma política de calado. La reforma del sistema electoral o la adecuación de nuestra Constitución, así como la restauración de nuestro Estado de derecho, son impensables en el actual marco político. Como botón de muestra de lo lejos que ha ido el deterioro de nuestra democracia, basta mencionar la tramposa amnistía que se ha pretendido aplicar o la imposibilidad de acordar un presupuesto. En una democracia normal, la incapacidad gubernamental de sacar adelante los presupuestos es motivo suficiente para que el gobierno dimita o convoque elecciones. Sin embargo, el cada vez más acusado sesgo autocrático de nuestro gobierno, se pone en evidencia cuando se aferra al poder por encima de los usos democráticos y pretende perdurar gracias al antinatural y perverso pacto firmado con el entramado de intereses que los enemigos de la Constitución encarnan. Los enemigos de España desean que la inestabilidad política continúe con la finalidad de precarizar las instituciones y obtener el botín a cambio del apoyo a Pedro Sánchez. El botín con nombre de terroristas presos por parte de EH Bildu; el concierto económico y el referéndum de desanexión en el caso del independentismo catalán; un nuevo status, sea lo que ello fuere, en el caso del PNV y la implementación del socialismo del siglo XXI en el caso de Podemos y Sumar.

En el ámbito de la economía no es que se haya ido demasiado lejos, sino que, pese a las estadísticas interesadas y a la insistente propaganda, nos hemos quedado anclados en nuestros sempiternos vicios y en nuestras históricas carencias. El divorcio entre la macroeconomía y la economía real del día a día, entre los datos de la propaganda gubernamental y la menesterosa realidad de una creciente mayoría de ciudadanos bordeando la pobreza, es una evidencia lacerante. El paro, que a pesar del maquillaje al que las cifras reales son sometidas, nos sitúa en la cola de Europa; el estancado PIB incrementa la distancia entre España y los demás naciones que encabezan la UE; la desindustrialización real frente a las quimeras vanguardistas que se preveían con los fondos Next Generation UE y la incapacidad de remontar la deficiente productividad de nuestra economía están en el origen del aumento del riesgo de pobreza en la población española, imposible de paliar mediante políticas populistas de índole clientelar. La ingente deuda pública de España es un evidente signo de que hemos ido demasiado lejos en el necio intento de maquillar la pobreza creciente, sin ofrecer alternativa alguna a los jóvenes parados y a los que faltos de porvenir se ven abocados al exilio económico.

Lo que subyace, finalmente, al deterioro de nuestra convivencia política y a la crisis económica, convertida en sistémica, es el deterioro antropológico de nuestra cultura. El humanismo que atesorábamos desde el Renacimiento y la Ilustración lo estamos malversando y arruinando con la infección posmoderna y lo más grotesco y extravagante del movimiento woke. La cultura científica que ejercía de guía de nuestro progreso material y espiritual lo estamos sustituyendo por una ideología que ve en la ciencia a su enemigo y en los valores del humanismo su más acérrimo adversario. El laicismo civil fue una de las conquistas del humanismo ilustrado, pero el «despertar» de las neorreligiones, sean estas de género o identidad, están subvirtiendo la axiología moral y ética de la mejor modernidad. La ciencia es sustituida por el relato, la razón por la emoción y la construcción de la identidad personal por la involución tribal de las identidades resentidas. Se pretende caminar demasiado a prisa y demasiado lejos, hasta convertir al ciudadano libre en feligrés de una grey cínica y mendaz.

A veces, es preciso parar y mirar atrás para discernir mejor el camino perdido. Mirar para saber de donde venimos no siempre es cosa de conservadores y reaccionarios, es simplemente la mejor manera de no seguir por las sendas perdidas de esta jungla enmarañada en la que se ha convertido España. Mejor regresar que precipitarse al averno.

No está en mi ánimo el ejercer de siniestro augur ni el regodearme en las muchas desgracias políticas que afectan a España. Trataré de no caer en la hipérbole y evitaré la reflexión nihilista, pero el panorama que afecta a España es, cuando menos, preocupante y lleno de malos presagios. No soy el único en albergar estos sentimientos y me uno al coro de quienes auguran un pésimo desenlace a la temeraria aventura iniciada por Pedro Sánchez.

Todavía estamos lejos, o tal vez no, de parecernos a Estados fallidos como Libia, Eritrea, Yemen o Venezuela, pero cada vez nos parecemos más a Hungría. Con ser grave la tensión territorial tendente a la escisión de Cataluña y Euskadi, no lo es menos el desprestigio de nuestras instituciones o la extrema polarización de nuestro sistema de partidos. El fantasma de las dos Españas, junto a la amenaza de la ruptura territorial, sitúa a España entre las democracias amenazadas de *default*.

La coalición PSOE-Sumar no se traduce en una mayoría suficiente para garantizar un gobierno sólido y estable y se halla condenado a mendigar el apoyo de quienes tienen por lema la miserable consigna de «cuanto peor, mejor», esgrimida por los secesionistas catalanes durante el *procés*. Una consigna que los máximos responsables del

«Govern» compartían sin tapujos y que significa no otra cosa sino que «mal le tiene que ir a España, para que el secesionismo prospere». Es la versión catalana de la consigna de la socialización del sufrimiento que la izquierda *abertzale* popularizó en el País Vasco en la década de los noventa. Una España débil, fraccionada y sin rumbo es la condición de posibilidad para que el secesionismo vasco y catalán puedan salirse con la suya. ¿Qué argumentos podrá oponer Sánchez al secesionismo golpista ante Europa y ante el mundo, cuando se sostiene en el poder apoyado por quienes han provocado la mayor crisis de nuestra reciente historia democrática? El sanchismo se halla cautivo de quienes urdieron, y traman, el desmembramiento de España.

El desgobierno de España tiene un horizonte problemático al sostenerse Sánchez en aquellos que tienen como norte político la abolición del marco constitucional que desde 1978 preside nuestra democracia. Una democracia, que, pese a quienes ahora tratan de sabotearla, ha generado el mejor período histórico de España. El PSOE fue uno de los principales artífices del éxito y la consolidación de nuestra democracia, y sería lamentable que el afán de poder inmoderado de un líder contingente y narcisista ponga en entredicho la labor que los socialistas hicieron a favor del bienestar y la concordia de los españoles. En el Gobierno que Sánchez, Sumar y Unidas Podemos son socios circunstanciales que van a lo suyo y tratarán de cobrarse la pieza mayor de la hegemonía en la izquierda. No sé yo si, finalmente, resultará fallida la aventura de España, pero es seguro que de seguir el derrotero marcado por Sánchez necesitará Dios y ayuda para recobrar su dignidad y su prestigio. Prestigio y dignidad que Sánchez ha dilapidado.

A veces no reparamos en las evidencias que nos saltan a los ojos, es preciso que sean los demás quienes nos indiquen lo evidente. Llevados por la inercia de los días no nos damos cuenta de que España va mal. Retrocede, decae. Nos lo dicen los organismos internacionales, pero seguimos sin creérnoslo. Dicen que el coronavirus tiene la culpa de todo, pero me temo que el COVID-19 tan solo ha desvelado la profunda crisis que asuela a España. En efecto, los déficits estructurales de España eran ya visibles antes de la crisis sanitaria y esta no ha hecho más que agudizarlas.

Comparto la visión de Juan Pablo Fusi, quien en una reciente entrevista afirmaba que «España tiene un grave problema, al margen de la pandemia como es la organización territorial y el desafío de los nacionalismos». En efecto, la pandemia remitió al llegar las vacunas, pero los nacionalismos vasco y catalán perduraron con su incansable vampirización de nuestras instituciones democráticas. Pero con ser importante la disfunción que ejercen los nacionalismos existen otros problemas políticos que inciden en el deterioro institucional de España. No es el menor de ellos la mediocre calidad de nuestra clase política. Hubo un tiempo, en plena transición política, en la que las élites accedían a la política con una mochila cargada de experiencia, capacidad y excelencia demostradas, que contrastan obscenamente con la mediocridad de nuestros gobernantes actuales. Claro que hay excepciones, pero la generalidad de nuestra clase política procede de los oscuros pasillos partidarios donde han cooptando sin otro mérito que su lealtad al líder de turno.

El problema de España son sus políticos, que ignoran cuanto es ajeno a su interés personal o partidario. El ejemplo palmario de ello lo tenemos en nuestro actual presidente del Gobierno, que ha antepuesto su ambición de poder personal al interés general de los ciudadanos. ¿Cómo explicar si no su opción obstinada y preferente por un gobierno débil y minoritario que debe su proclamación a quienes tienen por último objetivo la ruina de España? ¿Cómo concebir una estabilidad real del Gobierno cuando desde su interior se ataca a las demás instituciones del Estado —judicatura y monarquía— con grave daño para su prestigio y función? Los rotos institucionales producidos por UP y Sumar con la anuencia del PSOE, al hablar de un Estado constituyente, son una rémora que impide una acción de gobierno racional y ponderada. Un gobierno que dedica sus mejores esfuerzos a solapar sus errores y camuflar sus fracasos mediante la propaganda no puede menos de provocar el desbarajuste actual.

La decadencia o, tal vez, el suicidio de España tiene en la economía y en la educación sus otras facetas más lacerantes. La OCDE (Organización para la Cooperación y el Desarrollo Económico) nos sitúa a la cabeza de la caída del PIB y la UE constata nuestro retraso al situarnos en la cola de los países en la recuperación económica. Entre los *rankings* que encabezamos está el más triste de todos que nos sitúa a la cabeza del paro, que en el caso de nuestros jóvenes alcanza cifras de escándalo. Del desastre educativo tan solo mencionaré las sucesivas actas levantadas por los organismos internacionales que como PISA dan fe del funesto fracaso de nuestro sistema educativo ¿Qué futuro espera a un país que año tras año fracasa en su empeño por alcanzar no ya la excelencia, sino el término medio del entorno mundial?

El actual Gobierno de España cumple con todos los estereotipos de lo que Félix Ovejero señaló como propios de la «izquierda reaccionaria» y a fe que lo es, si nos fijamos en sus resultados. Su incapacidad de confeccionar unos presupuestos solventes puede significar el final de su recorrido.

Los problemas de España, sin embargo, no son solo imputables al actual Gobierno. La deriva decadente se inició con la presidencia del «panglosiano» Zapatero. La cuestión es que durante dos décadas España ha perdido gran parte de su reputación internacional y ha exasperado a los españoles que se merecían otros horizontes.

La decadencia de España tiene como principal responsable a la clase política y al perverso sistema de su cooptación. Ya nadie habla de regeneración y todos se afanan en conservar su cuota de privilegios y la seguridad de sus sueldos. Pero el principal responsable de la actual decadencia de España no es otro que Pedro Sánchez Castejón que ha sido capaz de priorizar su interés personal y su enfermiza voluntad de poder frente al interés general de los españoles.

Fernando Savater publicaba el día 13 de octubre de 2024 un artículo titulado «La mala intención», donde expresaba un juicio de valor acerca de Pedro Sánchez y su Gobierno progresista, que salvo algún matiz suscribo en su letra y en su espíritu. Un fragmento de dicho artículo decía así:

> El Gobierno sanchista y los más izquierdistas o separatistas de sus apoyos parlamentarios (amos reales de aquel a quien fingen servir) llevan a cabo poco a poco una derogación de la unidad de España, de su verdadera historia, de su tradición religiosa y cultural, de la libertad e igualdad de sus ciudadanos, de su empresariado productivo y de su lengua común, una de nuestras mayores riquezas no monopolizada por ninguna élite a escala mundial. En la zapa que perpetra constantemente esa mala intención está la génesis del mortífero huracán que nos amenaza. Y ante él no debemos huir, sino plantarle cara política (https://theobjective.com/elsubjetivo/opinion/2024-10-13/la-mala-intencion/).

La actual decadencia de España, sin embargo, se inicia en la primera década del siglo XXI cuando inopinada y sorpresivamente José Luis Rodríguez Zapatero accede a la Presidencia del Gobierno, tras la desastrosa gestión comunicativa del Gobierno del PP, del atentado que costó la vida a 191 personas el día 11 de marzo de 2004.

Zapatero surgió como de la nada, sin un programa de gobierno coherente y a lomos de un vacío ideológico tras los años fértiles del felipismo. La memoria revanchista de la guerra civil de 1936 y las nuevas modas ideológicas procedentes de EE. UU. serán sus logros improvisados con el mejor de los «talantes» posibles.

LA CUESTIONADA TRANSICIÓN
DEMOCRÁTICA DE ESPAÑA

Todo es cuestionable, faltaría más. La duda y la pregunta son requisitos fundamentales del saber, pero, en política, el cuestionamiento irresponsable de un pasado contrastado y objetivamente constatable es una acción demagógica que suele esconder resentimiento o maldad, a secas.

El franquismo constituye una página deleznable de la historia de España. El franquismo en su primera formulación consistió en una sublevación militar contra un gobierno legítimamente constituido, aunque la historiografía más reciente formula dudas y críticas que no carecen de alguna plausibilidad. El franquismo triunfó frente a la división de sus oponentes de los que algunos, lejos de defender la democracia, pugnaban por constituir una república inspirada por el modelo soviético, mientras que otros soñaban con establecer un sistema inspirado en la utopía de Proudhon y Bakunin bajo el lema proudhoniano «sin amo ni soberano». Al menos tres facciones se constituyeron para hacer frente a la sublevación franquista, bajo un gobierno republicano roto e incapaz de articular un frente común.

Haciendo honor a la triste y terrible pasión fratricida de los españoles, la Guerra Civil fue escenario de violencias y crueldades por ambas partes, que no ahorraron odio ni desmesura. La terrible crónica de los tres años que duró la Guerra Civil figura en los anales de la historia y ninguna de las partes se halla libre de acciones genocidas que intentaron deshumanizar primero y asesinar luego a quien no comulgara con los dogmas y postulados de cada lado de la trinchera.

Aquel apocalipsis de sangre, violencia y odio fratricida no acabó con el exilio de miles de españoles ni con el encarcelamiento de demasiados que fueron víctimas de la implacable venganza de los «vencedores». La posguerra fue pródiga en largas penas de prisión, juicios sin garantía alguna y fusilamientos que sembraron el miedo y el terror en una España arruinada y gobernada por la arbitrariedad y el oprobio.

Tras la Guerra Civil, el franquismo se cronificó y una mayoría de la población se resignó a la servidumbre que impuso el régimen dictatorial. Algunos de los derechos fundamentales del hombre fueron eliminados, la libertad de expresión y de asociación fueron ignorados, mientras el régimen pervivía en la autarquía económica y aislado del mundo democrático. Poco a poco, sin embargo, motivado por la Guerra Fría que enfrentaba al mundo libre con la Rusia soviética, el status de paria político fue cambiando ante la aproximación de Estados Unidos que acordó con la dictadura el establecimiento de bases militares. Lentamente España fue saliendo de su postración económica y el plan de estabilización comenzó a dar sus frutos. Ya en la década de los cincuenta, las ciudades crecieron con la migración del campo a la ciudad y las zonas históricamente más prósperas de España, como el País Vasco y Cataluña, se vieron favorecidas por el régimen franquista y conocieron una gran prosperidad, beneficiándose de los flujos migratorios.

Ya adolescente conocí aquella época de relativa prosperidad en la que el trabajo no escaseaba y el régimen comenzó a dotar de viviendas asequibles a los más necesitados de la clase trabajadora. Recuerdo con singular viveza la ausencia de protestas por el estado político reinante y la satisfacción de muchos que lejos de quejarse se acomodaron a la nueva situación de mejoría económica, aunque persistiera el régimen dictatorial. Las huelgas eran inexistentes y los estudiantes carecían aún de instrumentos de protesta ante la hegemonía exclusiva del SEU.

LA RECONCILIACIÓN NACIONAL

El maquis o la guerrilla propiciada por el PCE hubo de rendirse a la evidencia y abandonó el enfrentamiento armado con el régimen ante el fracaso de la eventual ayuda y complicidad de los regímenes democráticos del entorno. Aunque imperceptiblemente las cosas comenzaron a cambiar lentamente y a rebufo de algunas mejoras del modo de vida, la carencia de libertades fue tomando cuerpo y conciencia tanto en los universitarios como trabajadores que comenzaban a organizarse.

Cuando habían transcurrido dos décadas del final de la Guerra Civil, el PCE cambió de estrategia política al advertir síntomas de cambio en la población y la existencia de una conciencia que paulatinamente iba recobrando el ansia de libertad.

Fue en el año 1956, veinte años después del inicio de la Guerra Civil, cuando el PCE informó a la población, por mediación de Radio España Independiente, su llamamiento a la reconciliación nacional, mediante un comunicado hecho desde la clandestinidad en junio de 1956, al acercarse la conmemoración de los veinte años del inicio de la guerra civil española (1936-1939). En dicho mensaje el PCE daba un giro a su estrategia de lucha contra la dictadura franquista y reconocía el fracaso de la política anterior de apoyo a las guerrillas como instrumento para terminar con ella. Reconocía, entre otras cosas, los cambios que se venían operando en España y tomaba nota del cambiante entorno de Europa, así como de la necesidad de mover ficha para comenzar a construir una sociedad en paz y en clave de futuro.

En febrero de 1956 se produjeron unos incidentes violentos en la Universidad de Madrid como resultado del enfrentamiento entre estudiantes que se estaban manifestando a favor de elecciones libres al SEU y un grupo de falangistas que venían de celebrar la ceremonia anual del «Día del estudiante caído». En la reyerta hubo un estudiante falangista gravemente herido de un balazo en el cuello —probablemente por disparo de uno de sus compañeros, que iban armados—. El clima de crisis se extendió rápidamente y la policía procedió a detener a los responsables de la convocatoria de la asamblea de estudiantes que, para su sorpresa, resultaron ser algunos de ellos antiguos falangistas e hijos de personalidades del régimen franquista. Los acontecimientos de febrero de 1956 constituyeron el primer atisbo de un renacimiento de la oposición antifranquista interna, que procedía no de la República, sino de una nueva generación que había crecido bajo el Régimen en los años cincuenta, y que comenzaba a organizarse como oposición sin que importara el campo en que hubieran militado ellos mismos o sus padres durante la Guerra Civil.

Los comunistas fueron los primeros en captar ese nuevo hecho y antes que ningún otro partido lo consagraron como estrategia oficial. Así, en el pleno del Comité Central del PCE celebrado en Praga se aprobó la nueva política de «reconciliación nacional», que buscaba el entendimiento con todas las fuerzas antifranquistas independientemente de en qué bando hubieran combatido en la Guerra Civil. Sin embargo, la tarea no iba a resultar sencilla, y tanto la «Jornada de Reconciliación Nacional» del 5 de mayo de 1958 como la «huelga nacional pacífica», del 18 de junio de 1959, convocadas por el PCE fueron un completo fracaso.

El manifiesto que hizo público en junio de 1956 el Partido Comunista de España (y que fue transmitido por Radio España Independiente) decía lo siguiente:

> [...] Un estado de espíritu favorable a la reconciliación nacional de los españoles, va ganando a las fuerzas político-sociales que lucharon en campos adversos durante la guerra civil. [...] En la presente situación, y al acercarse el XX aniversario del comienzo de la guerra civil, el Partido Comunista de España declara solemnemente estar dispuesto a contribuir sin reservas a la reconciliación nacional de los españoles, a terminar con la división abierta por la guerra civil y mantenida por el general Franco. [...]

> Existe en todas las capas sociales de nuestro país el deseo de terminar con la artificiosa división de los españoles en «rojos» y «nacionales», para sentirse ciudadanos de España, respetados en sus derechos, garantizados en su vida y libertad, aportando al acervo nacional su esfuerzo y sus conocimientos. [...]

> El Partido Comunista de España, al aproximarse el aniversario del 18 de julio, llama a todos los españoles, desde los monárquicos, democristianos y liberales, hasta los republicanos, nacionalistas vascos, catalanes y gallegos, cenetistas y socialistas a proclamar, como un objetivo común a todos, la reconciliación nacional. [...].

> (Por la reconciliación nacional, por una solución democrática y pacífica del problema español, declaración del Partido Comunista de España, junio de 1956).

El histórico documento del PCE marcó sin duda un hito importante en el devenir de la posguerra y de la dictadura de Franco. Todavía habrían de transcurrir algunas décadas más para que, muerto el dictador en noviembre de 1975, España despertara de su letargo y la prácticamente inexistente oposición al régimen comenzara a organizarse. El campo de la oposición a Franco era un páramo donde solo los comunistas libraban su incierta batalla. El PSOE no existía prácticamente en el interior de España y sus dirigentes vegetaban en el exilio. El PNV amagaba, pero no hacía gran cosa salvo la exhibición de alguna ikurriña ocasional, aunque en su seno comenzaba a tomar fuerza la desazón de los más jóvenes para tratar de resistir a la dictadura. Cuatro años después del llamamiento por parte del PCE a la reconciliación nacional, un pequeño grupo de estudiantes vascos adscritos a las juventudes del PNV optaron por organizarse en defensa de los supuestos derechos del pueblo vasco y fundaron la organización ETA en el año 1959. Una organización que se fundó durante el franquismo, cuyo primer objetivo no consistía en la lucha antifranquista, sino en el logro de la autodeterminación de Euskadi.

Una vez que Franco murió en su cama, tras una penosa enfermedad, la oposición franquista logró articular una organización, con el nombre de Platajunta, que unía en su seno a las dos formaciones históricamente determinantes en la preguerra y durante la Guerra Civil. Ambas formaciones, el PCE y el PSOE, con desigual aportación a la lucha franquista decidieron coordinarse. Coordinación Democrática, popularmente conocida como Platajunta, fue un organismo unitario de oposición al régimen dictatorial creado el 26 de marzo de 1976, tres meses después del fallecimiento de Franco, mediante la presentación de un manifiesto.

La coalición surgió fruto de la fusión de la Junta Democrática de España (establecida en 1974 por el PCE y distintas figuras vinculadas a don Juan de Borbón, con la adhesión de CCOO, PSP, PTE, ASA y otras personalidades independientes) con la Plataforma de Convergencia Democrática (creada en 1975, como reacción a la anterior, por el PSOE, el Movimiento Comunista, democristianos y socialdemócratas).

Juan Carlos I confirmó en su puesto al presidente del Gobierno del régimen franquista, Carlos Arias Navarro. No obstante, pronto se comprobó la dificultad de llevar a cabo reformas políticas bajo su mandato, lo que produjo un distanciamiento cada vez mayor entre Arias Navarro y Juan Carlos I. Finalmente, el rey le exigió la dimisión el 1 de julio de 1976 y Arias Navarro se la presentó. Le sustituyó Adolfo Suárez, quien se encargó de entablar las conversaciones con los principales líderes de los diferentes partidos políticos de la oposición democrática y fuerzas sociales, más o menos legales o toleradas, con vistas a instaurar un régimen democrático en España.

Es en este contexto donde se inicia la llamada «Transición» a la democracia plena de la mano del presidente Adolfo Suárez y que culminaría con las primeras elecciones democráticas y la aprobación del texto de la Constitución de 1978 mediante referéndum.

Esta breve pero necesaria sinopsis de la historia que precedió a la democracia española que echó a andar con los gobiernos de Adolfo Suárez viene motivada por la inducida ignorancia de los escolares españoles que desconocen o ignoran la historia de España, tanto la antigua como la más cercana. La historia de España dejó de ser una «disciplina» enseñada y aprendida con las últimas leyes orgánicas de educación que cultivan un interesado desconocimiento del pasado de España.

Si un alumno interesado por la transición española recurre a Internet como su fuente de conocimiento, constatará que la transición comenzó no con la muerte de Franco, sino con el triunfo en el año 1981 del partido socialista que aupó a Felipe González a la Presidencia del Gobierno tras obtener la mayoría absoluta con 202 escaños. Internet informa literalmente:

> El PSOE sucedió a la UCD tras obtener la mayoría absoluta en los comicios de 1982, ocupando 202 de los 350 escaños, y comenzando así la legislatura democrática. Por primera vez desde las elecciones generales de 1936, un partido de izquierdas iba a formar gobierno.

Es cierto que el PSOE sucedió a UCD en el año 1982, pero es mentira que el de Felipe González fuera el primer Gobierno democrático desde la guerra civil de 1936. Adolfo Suárez fue investido en su primer Gobierno por decisión del rey Juan Carlos, pero su ulterior Gobierno fue el primero elegido democráticamente. Es, además, a Adolfo Suárez a quien corresponde el mérito histórico de liderar el advenimiento de la democracia a España y así lo ha entendido la historiografía más solvente. El PSOE estuvo ausente durante la larga dictadura de Franco, con excepción de personalidades como los donostiarras Enrique Múgica Herzog y el escritor Martín Santos. Nicolás Redondo Urbieta fue otro de los vascos que mantuvieron alto el pabellón socialista, pero aparte de los aquí nombrados y la célula de Sevilla con Felipe González y Alfonso Guerra que afloraron en las postrimerías del franquismo, el PSOE estuvo ausente en la oposición al franquismo, al que se ha pretendido sumar y liderar durante los gobiernos de José Luis Rodríguez Zapatero y Pedro Sánchez Castejón. Fue Zapatero quien regresó al espíritu divisivo que presidió la anteguerra y la dictadura de Franco de la mano de su abuelo muerto en la Guerra Civil. Sánchez, por su parte, tiene a gala el haber resucitado la figura de Franco a quien desenterró y volvió a enterrar, en un alarde de valor justiciero.

Y si nombro a los dos últimos presidentes socialistas no es por un capricho gratuito, sino por su protagonismo en la «desmemoria» de nuestra reciente historia que ambos han tratado de desvirtuar mediante sendas leyes de memoria presuntamente «democrática». Ambos han pretendido falsear con éxito nuestra historia reciente y, sobre todo, han logrado polarizar a la sociedad española, recurriendo al mendaz relato de nuestra Transición con ánimo de ocultar su fabuloso legado político y cultural, que es el fundamento seminal del casi medio siglo de democracia española, con la salvedad de sus equívocas políticas memoriales. De lo que en el fondo tratan las leyes de memoria tanto de Zapatero como de Sánchez es «deconstruir» la memoria histórica de la transición española para falsear y adoctrinar con una historia (en minúscula) un relato que no se corresponden con Historia (con Mayúscula). Es típico de toda voluntad totalitaria el tratar de reescribir la historia en clave imaginativa (y victimista) para establecer un relato que justifique sus desmanes autocráticos. Zapatero, agraviado y resentido por la muerte violenta de su abuelo durante la Guerra Civil, trató de releer la historia en clave victimista y justiciera, mientras que Sánchez, que constata el analfabetismo de sus abuelos, de la que culpa a Franco, trata de reescribir la historia impulsado por su falso pundonor. Ambos tratarán de reescribir la historia de la transición, tal vez impulsados por la inane actividad del PSOE durante la dictadura, pero decididos, en todo caso, de restaurar la ligazón de los gobiernos republicanos de la preguerra con los gobiernos socialistas de Felipe González, Rodríguez Zapatero y Sánchez. De hecho, la configuración de las mayorías gubernamentales de Sánchez son un remedo del Frente Popular de 1936.

DECONSTRUCCIÓN Y ADOCTRINAMIENTO DE LA MEMORIA

La memoria histórica de Rodríguez Zapatero

El año 2007 Rodríguez Zapatero habilitó la *Ley 52/2007, de 26 de diciembre, por la que se reconocen y amplían derechos y se establecen medidas a favor de quienes padecieron persecución o violencia durante la guerra civil y la dictadura*, conocida popularmente como ley de memoria histórica.

Recordemos que la palabra «deconstrucción» alude a la acción y el efecto de deconstruir, es decir, de deshacer, en sentido analítico, una idea, concepción o creencia para dar lugar a una nueva y distinta. La memoria es fundamentalmente una cuestión personal, pero también existe lo que podemos denominar una memoria «colectiva», que es la suma de un conjunto de conocimientos, creencias y sentimientos que configuran la cultura de una sociedad o comunidad. En este sentido, en la sociedad española existe o existía una memoria colectiva de lo que sucedió en la Guerra Civil, así como en la posguerra y en el período inmediato a la muerte del dictador Franco. La memoria colectiva puede cambiar de una generación a otra y también puede mutar a tenor de las ideologías o los credos políticos, pero la memoria colectiva suele perdurar en el tiempo, al menos en sus términos más evidentes y plausibles. Quienes conocimos el período de la dictadura tenemos una memoria compartida sobre las características de aquel tiempo y recordamos la ausencia de derechos, la presión constante de una dictadura que apenas dejaba opción al libre arbitrio en lo cultural, así como en lo político. Quienes no vivieron bajo la dictadura han podido reconstruir aquel período histórico mediante lecturas, narrativas o documentales y poseen una memoria colectiva sobre dichos acontecimientos que forma parte de una cultura no unívoca, pero sí con un razonable sesgo de objetividad.

La memoria colectiva, aunque polisémica y diversa, es un bien cultural que forma parte de la cultura de una sociedad y tiene la virtud de determinar distintas opciones personales o colectivas en lo político.

De algún modo, los acontecimientos vividos por la sociedad española en el lapso histórico que se inicia en las postrimerías del franquismo y culmina con las primeras elecciones democráticas de 1977 y con el referéndum de la Constitución de 1978 constituyen un *continuum* que dejó un poso profundo en la memoria colectiva de los españoles. Aquella memoria persistió, con leves excepciones, hasta la llegada al poder de José Luis Rodríguez Zapatero en el año 2004. Se trataba de una memoria colectiva tácitamente consensuada, que, salvo algunos corpúsculos de la izquierda extrema y algunas formaciones etnonacionalistas como ETA y su entorno, venía soportada en el espíritu y la letra de la Constitución de 1978. El revisionismo de la Transición democrática y la memoria colectiva, que le era inherente, fueron puestos en entredicho por el PSOE de Zapatero, con el subsiguiente efecto disruptivo y polarizador en la sociedad española.

El programa electoral del Partido Socialista Obrero Español (PSOE) para las elecciones generales de 2004 no incluía ninguna mención a la «memoria histórica». Solamente hablaba de la creación de un Centro Estatal de Documentación e Investigación Histórica sobre la Guerra Civil y el Franquismo, dentro del área de cultura del programa. Tampoco en su discurso de investidura, José Luis Rodríguez Zapatero mencionó la memoria histórica u otros proyectos relacionados.

EL BOE del 7 de julio de 2007 publicaba la ley por la que establecía el año 2006 como el Año de la Memoria Histórica, según se exponía en su único artículo:

> Con motivo del 75.º aniversario de la proclamación de la Segunda República en España, se declara el año 2006 como Año de la Memoria Histórica, en homenaje y reconocimiento de todos los hombres y mujeres que fueron víctimas de la guerra civil, o posteriormente de la represión de la dictadura franquista, por su defensa de los principios y valores democráticos, así como de quienes, con su esfuerzo a favor de los derechos fundamentales, de la defensa de las libertades públicas y de la reconciliación entre los españoles, hicieron posible el régimen democrático instaurado con la Constitución de 1978.

En esta ley se establece tácita pero expresamente el vínculo entre la instauración de la Segunda República en el año 1932 con el sistema democrático vigente en el año 2006 bajo la presidencia de Rodríguez Zapatero, aunque mencionando retóricamente a la Constitución de 1978. Este vínculo reivindicado por cuantos eran reacios a reconocer el alcance histórico y político de nuestra transición tendría continuidad en la llamada ley de memoria histórica que se aprobó a finales del año siguiente. En el preámbulo de la ley se decía textualmente:

> La presente Ley quiere contribuir a cerrar heridas todavía abiertas en los españoles y a dar satisfacción a los ciudadanos que sufrieron, directamente o en la persona de sus familiares, las consecuencias de la tragedia de la Guerra Civil o de la represión de la Dictadura. Quiere contribuir a ello desde el pleno convencimiento de que, profundizando de este modo en el espíritu del reencuentro y de la concordia de la Transición, no son sólo esos ciudadanos los que resultan reconocidos y honrados sino también la Democracia española en su conjunto. No es tarea del legislador implantar una determinada memoria colectiva.

La negación del deseo de implantar «una determinada memoria colectiva» era la explicación no solicitada de un deseo que evidenciaba la ley. Deseo e intencionalidad que Pedro Sánchez llevó a cabo con su Ley de la Memoria Democrática, consensuada con Bildu, en el año 2022.

La ley se aprobó con el voto en contra del PP, cuyo líder Feijóo manifestó que cuando fuera elegido presidente derogaría la ley. La ley de Zapatero tuvo muchos detractores desde el mundo académico de los que señalaremos al eminente historiador e hispanista británico Paul Preston:

> En España hay gente que confunde olvido con reconciliación y memoria con venganza. Si de mí dependiese, yo no habría hecho nunca esa Ley, pero soy un extranjero sin voz ni voto. A mí personalmente me resulta muy incómodo que se empiecen a hacer leyes sobre esas cosas (*ABC*, 3 de agosto de 2006).

El historiador Santos Juliá se refirió a la ley en términos similares cuando afirmó: «Imponer una memoria colectiva o histórica es propio de regímenes totalitarios o de utopías totalitarias. Las guerras civiles solo pueden terminar en una amnistía general» (*ABC*, 29 de julio de 2006).

No es lo que Rodríguez Zapatero opinaba, ya que como según confesó a Iñaki Gabilondo: «Nos conviene que haya tensión». Y, en efecto, Zapatero fue el presidente de leyes de fuerte sesgo ideológico que no dejaron indiferentes ni a propios ni a extraños. Su famosa extensión de derechos fue el antecedente, afortunado o no, de la ola «deconstructora» e identitaria del movimiento woke.

La memoria democrática de P. Sánchez y HB Bildu

Las muchas polémicas provocadas por la de la memoria de Zapatero adquirieron nueva virulencia con la Ley de Memoria Democrática que Pedro Sánchez consensuó con Bildu, uno de sus más fieles apoyos de sus gobiernos de coalición. En esta nueva Ley de la Memoria Democrática la fecha del inicio de la «democracia española» se pospone al 31 de diciembre de 1983 a propuesta de Bildu. Los historiadores más solventes situaban el final de la Transición en el año 1976 o 1978 a tenor de los diversos considerandos debidamente fundamentados, pero la ley de Sánchez y sus coaligados lo estiran hasta el último día del año 1983. Todo lo que antecede a dicha fecha entra bajo la vigencia de la Ley de Memoria Democrática:

> Conocer la trayectoria de nuestra democracia, desde sus orígenes a la actualidad, sus vicisitudes, los sacrificios de los hombres y las mujeres de España en la lucha por las libertades y la democracia es un deber ineludible que contribuirá a fortalecer nuestra sociedad en las virtudes cívicas y los valores constitucionales. En ese marco, la sociedad española tiene un deber de memoria con las personas que fueron perseguidas, encarceladas, torturadas e incluso perdieron sus bienes y hasta su propia vida en defensa de la democracia y la libertad (…) La memoria de las víctimas del golpe de Estado, la Guerra de España y la dictadura franquista, su reconocimiento, reparación y dignificación, representan, por tanto, un inexcusable deber moral en la vida política y es signo de la calidad de la democracia. La historia no puede construirse desde el olvido y el silenciamiento de los vencidos. El conocimiento de nuestro pasado reciente contribuye a asentar nuestra convivencia sobre bases más firmes, protegiéndonos

de repetir errores del pasado. La consolidación de nuestro ordenamiento constitucional nos permite hoy afrontar la verdad y la justicia sobre nuestro pasado. El olvido no es opción para una democracia.

«El olvido no es opción para una democracia», se dice en el preámbulo de la ley, pero sorprende, y mucho, el que la ley se circunscriba a los crímenes de la Guerra Civil que aconteció hace ochenta y ocho años e ignore los crímenes cometidos por la banda terrorista ETA o el golpe de Estado que tuvo lugar el año 2017 en Cataluña. La memoria se remonta a los sucesos criminales del lejano pasado, mientras ignora y calla los recientes. Queda en evidencia la intención de los legisladores al focalizar el pasado en la Guerra Civil y sus terribles secuelas «olvidando», que es tanto como decir «amnistiando», los crímenes de ayer mismo. Obviamente, además, se trata de rendir justicia a una parte de los que fueron víctimas del odio fratricida del bando vencedor, con olvido expreso de las víctimas generadas por el bando perdedor.

Ni que decir tiene el que la aprobación de la Ley de Memoria Democrática por parte de la mayoría política que sostiene al presidente Sánchez tuvo en contra a toda la oposición y singularmente al PP, el grupo mayoritario del Congreso. No me extenderé en reflejar las muchas críticas recibidas por la ley que comentamos, pero no me resisto a resaltar la opinión de un nutrido grupo de representantes de la sociedad civil, entre los que destaco los nombres de Stanley Payne, Fernando Savater, Joaquín Leguina, Andrés Trapiello, Eduardo Uriarte (Teo), Jon Juaristi, Félix Ovejero, Francisco Sosa Wagner, Mercedes Fuentes, Iñaki Ezquerra… y así hasta doscientos ciudadanos más que manifestaban su opinión contra la Ley de Memoria Democrática en los siguientes términos:

No se puede imponer por una ley un único relato de la historia, ya que ninguna ley debe o puede variar los hechos históricos. No se debe borrar por una ley la cultura, el sentimiento ni la memoria de un pueblo, y menos aún por razones ideológicas. Ninguna razón moral, ni derecho subyacente, puede primar sobre la analítica verdad de los hechos en las circunstancias del tiempo y lugar en que estos se produjeron. La interpretación de unos hechos, cualquiera que estos sean, no puede ceder a ninguna manipulación política partidista. Legislar sobre la historia o contra la historia es, simplemente, un signo de totalitarismo. Y es antidemocrático y liberticida. Sin embargo, en España viene perpetrándose un inadmisible y flagrante «historicidio» desde la aprobación de la mal llamada Ley de Memoria Histórica de diciembre de 2007 (…) Con la implantación de una «Comisión de la Verdad», amenaza con penas de cárcel, inhabilitación para la docencia y elevadas multas a quienes mantengan opiniones divergentes a la «verdad única», la destrucción y quema de las obras o estudios declarados no «gratos», y la expropiación, destrucción o transformación de una parte del patrimonio históricoartístico de la etapa más reciente de España.

Estamos ante una ley de tipo soviético que no debería ser propuesta por ningún partido, ni individuo, que respete la convivencia democrática en paz y en libertad, que solo sirve para reabrir viejas heridas que todos creíamos ya cicatrizadas y que, desde luego, nunca debería ser aprobada en una nación como España.

Resultaría dramático para la convivencia de los españoles que ochenta años después del final de la Guerra Civil, y de haber transcurrido más de cuarenta tras la extinción del franquismo, se intente anular la libertad de pensamiento de los españoles, y reinstalar en la sociedad los mismos odios que condujeron a aquellos calamitosos acontecimientos. (…) Los hechos históricos son hechos históricos, y los estudios e investigaciones de los mismos deben producirse en total y plena libertad para el debate y la confrontación abierta de las ideas, pero jamás bajo la mordaza y el castigo penal de un estado democrático. Y ello principalmente, porque ningún parlamento democrático ni puede ni debe legislar sobre la Historia, pues de hacerlo, criminalizaría la Historia, estableciendo una checa de pensamiento único, al imponerse por la fuerza y la violencia del Estado (https://www.libertaddigital.com/documentos/manifiesto-por-la-historia-y-la-libertad-41913546.html).

«Estamos ante una ley de tipo soviético» y «estableciendo una checa de pensamiento único» son expresiones muy fuertes y duras, pero pienso que convienen, con justicia histórica, a la Ley de Memoria Democrática que Sánchez urdió y llevó a cabo con la ayuda de todos los que le sustentaban, algunos de ellos enemigos declarados de España y de su democracia parlamentaria.

Los redactores del manifiesto, sin embargo, todavía desconocían el hecho de que Bildu iba a tener una influencia determinante en la redacción definitiva de la ley y en su aprobación. De manera opaca y sin luz ni taquígrafos (marca de la casa), el PSOE accedió al deseo de Bildu que pretendía extender la vigencia del franquismo no hasta la muerte del dictador, sino a todo el período de la Transición y significativamente hasta finales del año 1983, primer año de Gobierno de Felipe González. Lo cual provocó la protesta indignada del presidente González y de algunos socialistas críticos con el sanchismo que redactaron un manifiesto condenando la tropelía de Pedro Sánchez al dar el visto bueno a la pretensión revisionista de la Transición de quienes siguen ostentando el legado político de ETA. Era el mundo al revés, al ser Bildu quien imponía una relectura de la historia de España acorde a su peculiar ideología. Lo que en suma pretendía Bildu, y lo logró, fue contaminar el Gobierno democrático de Felipe González al imputarle la formación del GAL. Y ello con la anuencia del secretario general del PSOE y presidente del Gobierno de España.

Veamos algunos breves fragmentos del manifiesto firmado por algunos dirigentes históricos del PSOE. El manifiesto lleva el encabezamiento: *Por la concordia y en defensa de la Transición* y puede hallarse íntegro en Internet.

> Los firmantes de este escrito, personas de muy distinta procedencia política, tras haber examinado el estado actual del Proyecto de Ley de Memoria Democrática, en tramitación en las Cortes Generales, nos sentimos en el deber cívico de manifestar nuestra oposición a la orientación que el Proyecto ha tomado, y queremos trasladarla al Gobierno, a los legisladores y a la sociedad española.

> Compartimos el objetivo de reivindicar la memoria de tantas personas que sufrieron las consecuencias de la Guerra Civil y la represión posterior, contribuir a superar las secuelas de aquel conflicto y a promover la concordia y la convivencia (...) Nuestro vigente sistema democrático se fundamenta en ese gran «pacto constitucional» de 1978, que refrendó una amplísima mayoría de españoles. Y, por ello, no podemos aceptar que ese pacto sea objeto de una tergiversación tan injusta y tan ajena a la verdad histórica, como hace el Proyecto de Ley, incluso abriendo la posibilidad de extender el «periodo sospechoso» de la dictadura hasta el 31 de diciembre de 1983, etapa en la que se habían celebrado el referéndum constitucional, tres elecciones generales, además de las correspondientes municipales y

autonómicas, y el normal funcionamiento de las instituciones y de los tribunales de justicia que permitía el enjuiciamiento de cualquier conducta que atentara contra los derechos de las personas, como ocurrió en numerosas ocasiones.

Nos preocupa que esa extensión se haya incorporado al Proyecto de Ley a través de una propuesta acordada expresamente con el grupo político Bildu, expresión actualizada de quienes, precisamente en esa época, utilizaban la violencia terrorista como método sistemático de actuación, con consecuencias dramáticas bien recordadas, sin que el citado grupo aún no haya formulado una condena expresa de aquellos crímenes. (…)

Percibimos, además, que el Proyecto de Ley pretende establecer una «verdad oficial», amparada en lo que se configura como un «deber de memoria democrática», que abarca los dos siglos de la historia contemporánea de España (https://static.ecestaticos.com/file/28f/00e/84b/28f00e84bc99895e3753098b91fdf033.pdf).

El manifiesto lo firmaron entre otros los expresidentes del Senado Juan José Laborda y Javier Rojo, el exministro de Sanidad y Defensa Julián García Vargas, el exdiputado Luis Berenguer y el exministro de Sanidad y actual presidente de la Fundación Gregorio Peces Barba, Julián García Valverde. También suscribieron el escrito la directora de la Real Academia de la Historia, Carmen Iglesias y José María Múgica, prologista del presente ensayo e hijo del político socialista asesinado por ETA Fernando Múgica Herzog en San Sebastián.

La ley inspirada por Bildu y avalada por Pedro Sánchez se aprobó en el Congreso de los Diputados el día 7 de julio de 2022, coincidiendo con el 25 aniversario del asesinato de Miguel Ángel Blanco, asesinado por ETA. La inspiración, participación y autoría de Bildu en esta ley lograba que el estigma del franquismo alargara su sombra hasta el primer Gobierno de Felipe González y que la memoria de la Transición fuera «deconstruida» a la conveniencia de EH Bildu y sustituida por el relato que ETA y su entorno defendieron siempre. Pedro Sánchez fue el responsable de esta aberración política, moral y cultural que manchaba de manera intencionada el legado de la Transición española y la Constitución de 1978 que era su secuela y coronación.

Ni Jacques Derrida ni Pablo Iglesias o Monedero hubieran deconstruido mejor y más profundamente el relato histórico sobre el *momentum* que fundamenta la democracia española. Con la Ley de Memoria Democrática de Pedro Sánchez, la Transición española desde el franquismo a la democracia pasaba a ser un «significante vacío» que los enemigos de la democracia española se esforzarían en rellenar con el fango de su discurso disruptivo y polarizador. Un relato que inició José Luis Rodríguez Zapatero, continuó Pedro Sánchez Castejón y dio por finalizado EH Bildu, el depositario del legado de ETA.

Sobre la memoria democrática auspiciada por Sánchez y Bildu, el historiador Francesc de Carreras manifiesta su estupor al constatar la paradoja que encierra el denunciar los lejanos crímenes del franquismo e ignorar los todavía recientes de ETA.

> Resulta curioso: la memoria histórica oficial condena a los militares que se sublevaron el 18 de julio de 1936, hace casi 90 años; condena las autoridades franquistas que cometieron crímenes en la guerra y la postguerra, otros tantos; declara fascistas a todos aquellos que colaboraron con el régimen de Franco, hace casi 50. Pero de la memoria inmediata, de los crímenes de ETA que excepto los jóvenes todos los demás hemos vivido, no se puede decir ni palabra a menos que seas declarado un facha (…) En aquellos años el País Vasco fue una comunidad autónoma sin democracia, al menos sin democracia plena. El clima de miedo que sembraba el terrorismo de ETA impedía a los vascos ejercer las libertades democráticas que les otorgaba la Constitución. Y a este miedo se llegaba mediante el terror: quien no obedecía lo pagaba, hasta con la vida. (…) EH Bildu, mientras no condene a ETA, es un partido manchado por la sangre, el crimen y la violencia, es un partido sospechosamente antidemocrático y totalitario, un partido de cobardes callados o de cómplices de la dictadura y del miedo terrorista. No es un partido de demócratas y así deben ser tratados. Sin embargo, se les trata como aliados, se pacta con ellos cuando conviene. Tampoco quien así se comporta merece ser considerado un demócrata.» (https://theobjective.com/elsubjetivo/opinion/2024-04-18/memoria-historica-eta-bildu/).

Cuando Sánchez asumió el relato de ETA sobre la transición, se operó una profunda falla en la historia política de España. Nada volverá a ser igual ni en la historia de la Transición ni en la historia del PSOE.

VII.
Mutación y suicidio de España

«Deconstruir» el concepto de España y del Estado español significa repensar, criticar, descomponer y, en última instancia, desestabilizar el significado que durante, al menos, cinco siglos han mantenido pese a guerras, catástrofes, acontecimientos de toda índole que no han destruido ni la existencia de España ni la solidez de su Estado. Obviamente, el Estado de los españoles ha conocido múltiples incidencias y altibajos, pero el Estado como fundamento estructural de la nación española ha sobrevivido a absolutismos, regeneraciones y dictaduras. Remedando a Ernst H. Kantorowicz, podríamos afirmar que el Estado, como el rey del medievo, posee dos cuerpos: uno de ellos es el de su despliegue histórico y contingente ya en forma de reino, república, dictadura o monarquía parlamentaria; el otro cuerpo es el espacio político permanente donde las formas históricas de gobierno se suceden. Y al referirme al espacio político no solo, que también, me refiero al ámbito geográfico denominado España, sino a toda a la cultura, idioma, costumbres y creencias que se han consolidado en un «hábitat» político y cultural de convivencia. Un ámbito de libertad y reencuentro entre distintos.

«Deconstruir» España y su Estado significa en términos políticos y discursivos, del llamado socialismo del siglo XXI, «desestabilizar» ambas realidades objetivas y constatables. Es propio del socialismo del siglo XXI y de la cultura woke relativizar y «relatizar» (reducir la realidad a relato) la realidad histórica y política a un mero relato cuyas palabras y conceptos son relativos y subjetivos, sin asomo de consistencia racional o científica. Este fenómeno de la relativización de España y de su Estado es fruto de la reciente marea cultural proveniente de Estados Unidos y que ha infeccionado al resto de Occidente. Dicha moda intelectual se sustanció en España con el nacimiento del fenómeno 15-M y la posterior formación del partido político Podemos. La recepción en España del socialismo del siglo XXI —en expresión de Ernesto Laclau, Chantal Mouffe y Hugo Chávez— se produjo mediante el vínculo de Podemos con el régimen bolivariano de Venezuela. El socialismo del siglo XXI tiene vínculos no solo ideológicos, sino políticos con el denominado Grupo de la Puebla.

El socialismo del siglo XXI es un concepto que fue popularizado por el expresidente venezolano Hugo Chávez en el Foro Social Mundial de 2005 en Porto Alegre, Brasil. Se diferencia de las formas tradicionales de socialismo, ya que intenta adaptar los principios socialistas a las condiciones y desafíos de América Latina. El socialismo del siglo XXI ha sido adoptado principalmente por países como Venezuela, Ecuador y Bolivia, bajo la presidencia de Chávez, Rafael Correa y Evo Morales, respectivamente. Estas naciones implementaron políticas de nacionalización de recursos estratégicos, programas de asistencia social masiva y cambios constitucionales con el sedicente objetivo de permitir una mayor participación ciudadana y una distribución más equitativa de la riqueza.

El Grupo de la Puebla, fundado en julio de 2019, es una organización de líderes políticos progresistas de América Latina y España. Nació como una respuesta a la creciente influencia de las corrientes conservadoras en la región y como una forma de coordinar y fortalecer las agendas progresistas en varios países.

El vínculo entre el socialismo del siglo XXI y el Grupo de la Puebla es evidente en sus posturas ideológicas compartidas. Ambos movimientos se oponen firmemente al neoliberalismo y promueven un cambio estructural en las economías y sociedades de América Latina. Tanto el socialismo del siglo XXI como el Grupo de la Puebla critican duramente el neoliberalismo, que dominó las políticas económicas de América Latina durante gran parte de las décadas de 1980 y 1990. Acusan al neoliberalismo de haber generado pobreza, desigualdad y exclusión social. Sin embargo, lo cierto es que, ateniéndonos a Venezuela, el socialismo del siglo XXI ha arruinado a la antes próspera economía venezolana y la pobreza se ha convertido en endémica para quienes han optado por permanecer en su patria y no se ha exiliado por millones huyendo de la dictadura bolivariana.

Otro de los rasgos del socialismo del siglo XXI es la nacionalización de sus recursos naturales. En Venezuela, por ejemplo, el Gobierno de Chávez implementó la nacionalización de la industria petrolera, un modelo que inspiró a otros países de la región. En Bolivia, bajo el liderazgo de Evo Morales, se llevó a cabo la nacionalización de los recursos de gas y minerales, lo que generó ingresos significativos para programas sociales. En el caso de Venezuela, sin embargo, la nacionalización de su principal recurso natural, el petróleo, ha provocado una corrupción sistémica que ha enriquecido a las élites en el poder, sin que la población pueda, apenas, subsistir.

En cuanto al tercer objetivo común de incrementar la participación democrática de los ciudadanos, tan solo constataremos la triste y feroz dictadura implantada en Venezuela por los voceros del socialismo del siglo XXI.

El vínculo entre el socialismo del siglo XXI y el Grupo de la Puebla es profundo, tanto en sus raíces ideológicas como en sus objetivos compartidos. Ambos movimientos buscan transformar las estructuras políticas, económicas y sociales de América Latina para combatir la desigualdad y el subdesarrollo, promoviendo una mayor justicia social y la participación democrática, pero la realidad imperante en los países monitorizados por el socialismo del siglo XXI y el Grupo de la Puebla dejan mucho que desear en lo económico y en lo político. La sombra del totalitarismo se extiende allí donde las viejas, aunque maquilladas, premisas del colectivismo y del rancio progresismo están intentado sentar plaza.

Es conocido en España el estrecho vínculo del expresidente español Rodríguez Zapatero tanto con el Grupo de la Puebla como con el régimen chavista de Venezuela. Zapatero se ha significado como uno de los apoyos fundamentales del chavismo en el exterior. Su papel de presunto intermediario entre el régimen chavista y la oposición ha sido desmentida por los opositores que ven en el expresidente español un adicto al chavismo. Zapatero tuvo un papel fundamental en el exilio del ganador de las últimas elecciones legislativas de Venezuela, cuando Edmundo González Urrutia fue presionado para que abandonara Venezuela y se exiliara en España. Múltiples instancias de España y Venezuela han señalado la función de *lobby* probolivariano que Rodríguez Zapatero ejerce en la actualidad. Por otra parte y ciñéndonos a la política española, es de reseñar el importante papel político que Zapatero desempeña en el seno del sanchismo, ejerciendo de fiel partidario de las políticas de P. Sánchez. Mediante su protagonismo en mítines y actos de propaganda sanchista se ha convertido en uno de sus más firmes apoyos en contraste con las opiniones del entorno de Felipe González y Alfonso Guerra. Rodríguez Zapatero, además, actúa como ministro de Exteriores oficioso del régimen sanchista.

Rodríguez Zapatero fue el primer socialista que escenificó en el año 2019 una aproximación del PSOE al partido fundado por Pablo Iglesias. El primer contacto entre Pablo Iglesias y Rodríguez Zapatero tuvo lugar en la cena organizada por José Bono en diciembre de 2014. Los contactos menudearon a partir de aquel primer encuentro, convirtiéndose Zapatero en el principal muñidor de la coalición formada por el PSOE y Podemos en el año 2018. La sintonía entre Podemos y Zapatero se puso de manifiesto incluso en actos conjuntos en defensa de las políticas de Evo Morales en Bolivia e Iglesias siempre manifestó su empatía con la labor desempeñada en Venezuela por el expresidente español.

Es en este contexto de mutua sintonía donde se inscribe el decisivo influjo de Podemos y de su líder en las políticas emprendidas por Pedro Sánchez en su primer gobierno de coalición. Es notoria la orfandad ideológica de Sánchez que siempre ha priorizado la obtención del poder y su disfrute por encima de cualquier otra consideración política. Su extremo tacticismo y su nula vinculación con los compromisos adquiridos hace de P. Sánchez un político sin raigambre ideológica y proclive a suscribir cuantas posiciones políticas tengan el brillo «progresista». Es desde esta circunstancia como habría que entender la «infección» ideológica e intelectual producida por Podemos en el seno del gobierno de coalición entre Iglesias y Sánchez. Infección que no se reduce al cruce de cromos sobre el tema del feminismo radical o la fe ecologista, sino también a la política de alianzas del sanchismo. No en vano fue Pablo Iglesias el valedor de que EH Bildu fuera aupada a la «dirección del Estado» sanchista, según expresión del propio Pablo Iglesias Turrión. La triada formada por Iglesias, Zapatero y Sánchez, que cuajó en el primer gobierno de coalición de Sánchez en noviembre de 2019, dejó una impronta decisiva en la gobernanza de España. Políticamente cabe calificar de híbrida a la amalgama ideológica donde convivían restos de la socialdemocracia del PSOE, con postulados del socialismo del xxi y destellos del movimiento woke.

A este respecto, Nicolás Redondo fue muy preciso y oportuno cuando al referirse a la ideología «infeccionada» del PSOE por parte de Podemos, en una entrevista en *The Objective* del día 25 de noviembre de 2023, manifestó lo siguiente:

> Las expresiones populistas tienen dos formas de ganar posición política: una, creando un partido político y otra contagiando un partido político. Trump ha ocupado el Partido Republicano, que ya no es el mismo. Podemos no sorpassó al PSOE, pero lo contagió mortalmente. Hoy el PSOE tiene un ideario que son retales de Podemos. Es verdad que Podemos está desapareciendo, pero puede ser verdad que va desapareciendo porque en gran parte el PSOE ocupa su lugar.

Es difícil de identificar bajo un solo nombre el resultado de una mezcla ideológica tan singular como extravagante, donde la animadversión al «neoliberalismo» (sea lo que ello fuere), el aprecio de la diferencia identitaria, el odio a la Ilustración, el apego al buenismo naturalista de Rousseau, la fe en el apocalipsis ecológico, el sistémico escrache a la oposición y el culto a la religión progresista se amalgaman de manera emocional y romántica. Tal vez el término que más convenga a semejante engendro sea el de «sanchismo» y así parece avalarlo el consenso unánime de analistas y politólogos. De modo que Pedro Sánchez puede darse por satisfecho en su afán de pasar a la historia, al haber liderado con su nombre toda una corriente política que ha supuesto la «deconstrucción», decadencia y suicidio de un país llamado España.

LA «DECONSTRUCCIÓN» DE ESPAÑA Y LOS NACIONALISMOS VASCO Y CATALÁN

Hemos aclarado ya que «deconstrucción» significa desestabilizar conceptos, que algunos de ellos disfrutan de siglos de acumulación significante. La palabra «estado» es un término que tiene la edad proyecta de más de dos milenios. Es un concepto que posee muchas adherencias y matices, pero que para el común de los mortales significa el ámbito en el que es posible la libertad junto al imperio de la ley. Así lo concibieron Platón, Aristóteles, Maquiavelo, Hobbes, Locke, Rousseau, Spinoza, Hegel, Marx, Weber, Foucault e incluso Althusser. Pero, hete aquí, que llegaron Derrida y sus secuaces con la firme intención de desestabilizar el término «estado» junto a otros muchos consagrados en el léxico político, y la desestabilización, por supuesto, no es tan solo una cuestión discursiva, sino que pretende surtir efecto en la realidad. Es lo que en palabras de Laclau y Mouffe pretende realizar el socialismo del siglo XXI al cuestionar la legitimidad y la oportunidad del Estado de derecho o del Estado, a secas.

Ocurre, sin embargo, que en la cuestión de la desestabilización del Estado tanto Derrida y cuantos profesan su entusiasmo «deconstructivo» llegan tarde. El Estado, al menos en España, ya había sido cuestionado con ánimo desestabilizador desde el siglo XIX en boca de Sabino Arana Goiri en el País Vasco y de Valentí Almirall en Cataluña. Y es que los nacionalistas siempre fueron progresistas *avant la lettre*.

Tanto el nacionalismo vasco como el catalán han pretendido, y en parte logrado, la desestabilización del Estado que es España. De modo que llovía sobre mojado cuando desde el PSOE y las formaciones de la ultraizquierda española se comenzó a hablar de que España era una nación de naciones o de que a la pregunta de Patxi López en TVE Pedro Sánchez no acertara a definir lo que era una nación. Llovía sobre mojado porque la ultraizquierda española había legitimado y adoptado el relato nacionalista sobre el Estado opresor que es España.

Desde el siglo XIX tanto el nacionalismo del País Vasco como el de Cataluña consideraron a España como el Estado que negaba la entidad nacional de Euskadi y Cataluña. España era considerada como la negadora de los derechos nacionales que correspondían a los llamados nacionalismos históricos que en virtud de su lengua e historia eran acreedores de su libertad como naciones. Lo de menos son las razones que los nacionalismos han solido argüir en defensa de sus pretensiones, ya que estas se sustentaban, fundamentalmente, en relatos imaginativos generados en la eclosión romántica de las naciones sin Estado en Europa. Herder fue inspirador de los nacionalismos en virtud de sus teorías sobre el *volksgeist* y el espíritu de las lenguas que eran portadoras de culturas diferenciadas en busca de su reconocimiento nacional.

No es este el lugar para explayarnos sobre la historia de los nacionalismos vasco y catalán, pero es una evidencia que ambos son, prácticamente, coetáneos de la decadencia española de finales del siglo XIX con la pérdida, por parte de España, de las colonias de ultramar y las dificultades inherentes a una modernidad que no acababa de implementarse. Los nacionalismos del País Vasco, Cataluña y, en menor medida, Galicia comenzaron a medrar a rebufo de la decadencia española de finales de siglo XIX y ya no cesarían en su labor desestabilizadora del Estado español. Los nacionalismos y sus demandas fueron una de las motivaciones de quienes se alzaron en contra de la República en 1936 y, aunque durante la dictadura franquista se retiraron a sus cuarteles de invierno, resurgieron con fuerza renovada tras la muerte de Franco. Los nacionalismos vasco y catalán condicionaron el devenir de la Segunda República y volvieron a condicionar la Transición y ahora han regresado con todas sus banderas desplegadas, tras la instauración de la España de las autonomías y la llegada de Pedro Sánchez al poder, aupado por los nacionalismos que tratan de obtener su utópico botín a expensas de la quiebra territorial del Estado de España.

Los nacionalismos vasco y catalán van a lo suyo. Blasonan de demócratas y furibundos antifranquistas, pero poco o nada hicieron durante el franquismo para acelerar se desaparición. Es más, el franquismo priorizó y favoreció a Cataluña y al País Vasco en sus políticas inversoras. Muchos de los antifranquistas que se declararon como tales tras la muerte del dictador se habían amoldado, cuando no aprovechado del régimen que luego declararon odiar.

El caso más destacado de entre los sedicentes antifranquistas es el de ETA y su entorno. Jamás estuvo entre las prioridades de ETA la abolición y el fin del franquismo, puesto que era otro el móvil fundamental de su actividad político-militar. Las estadísticas son concluyentes al respecto. Durante la vida del dictador Franco cometió cuarenta y tres asesinatos y tras la amnistía de 1977 mató a un total de casi ochocientas víctimas. Las muertes provocadas durante el franquismo no guardan parangón alguno si las comparamos con los asesinados tras la muerte del dictador. La razón es que ETA no buscaba acabar con el régimen franquista, sino que su principal objetivo era el de sabotear el éxito de la Transición política, primero, y la democracia generada por la Constitución de 1978, después.

Ni las sedicentes formaciones catalanas de izquierda ni la autoproclamada izquierda *abertzale* fueron actores protagonistas contra el régimen de Franco, sino que, muy al contrario, su actividad ha tenido por norte la depauperación y la desestabilización de la democracia española surgida en la Transición. Sus acreditados portavoces siempre han manifestado, incluso en el Parlamento, que ellos no estaban por la labor de afianzar la democracia, sino, más bien, todo lo contrario. Ni ETA, ERC, JUNTS ni el PNV tienen nada que ver con las teorías de J. Derrida o E. Laclau, pero históricamente fueron sus predecesores en la tarea de «deconstruir» y desestabilizar el Estado que conforma España.

Actualmente, los nacionalismos vasco y catalán son los imprescindibles sustentos del sanchismo; Pedro Sánchez no estaría en la Moncloa sin ellos. Ellos forman el núcleo duro del régimen autocrático de Sánchez y son los principales beneficiarios del régimen sanchista al haber sido elevados al rango de la «dirección del Estado». Son ellos, los nacionalistas vascos y catalanes, quienes dictan a Sánchez su política territorial y son coautores de algunas de las leyes proclamadas por el sanchismo. Son ellos los colaboradores necesarios de Sánchez en la política penitenciaria que beneficia a los enemigos acérrimos de la democracia española. Son ellos quienes manejan el timón en la deriva autocrática e iliberal de la democracia española. Los nacionalistas vascos y catalanes cooperan con Sánchez en la colonización del Estado español y sus instituciones hasta hacer desaparecer el Estado de derecho en sus respectivos territorios con la anuencia de Pedro Sánchez Castejón.

LA COLONIZACIÓN DEL ESTADO ESPAÑOL

Uno de los principales vicios del sanchismo es su afán de colonización y apropiación de las instituciones del Estado español.

José María Ruiz Soroa es el autor de *Tres ensayos liberales* (2008), *El esencialismo democrático* (2010) y *Elogio del liberalismo* (2018), entre otros ensayos. Es un articulista asiduo de *El Correo*, *El País* y *El Mundo*. No quisiera pecar de hipérbole, pero considero a J. M. Ruiz Soroa como uno de los mejores y más rigurosos analistas de la política española. Sus juicios siempre razonados y razonables alcanzan la excelencia del pensador sabio y prudente. En un artículo publicado en *El Correo* el 29 de septiembre de 2024 con el título de «Reclutando colonos» pone el dedo en una de las llagas por donde sangra la democracia española. En cuanto a la colonización de las instituciones del Estado, Ruiz Soroa afirma lo que sigue:

> Si llevamos el análisis del fenómeno de la degeneración de la democracia que tanto preocupa al presidente del Gobierno un poco más allá de lo que le permite su ramplón e interesado enfoque y atendemos a los especialistas politólogos que han escrito con conocimiento sobre el tema, concluiremos pronto que dicha degeneración la produce el funcionamiento ascendentemente desviado de las instituciones públicas. Tanto de las instituciones que participan de forma directa en el juego político como de las de control, contrapeso o reflexión que incluye nuestro sistema. Todas ellas, después de un breve rodaje subsecuente a la Transición, han ido entrando en una dinámica de mal funcionamiento que las convierte, en lugar de los cojinetes engrasados sobre los que debería girar una buena gobernación democrática, en nuevos problemas de desencuentro y conflicto (https://paralalibertad.org/reclutando-colonos/).

El Estado y su gobernanza posee balanzas y contrapesos que regulan la buena gobernanza de la nación. Los constituyentes acertaron a diseñar las instituciones precisas para garantizar el buen funcionamiento de los gobiernos democráticos, pero, tal vez, pecaron de cierta ingenuidad al considerar la honestidad y la virtud de los gobernantes, que muy pronto volvieron por los fueros políticos de algunos regímenes españoles del siglo XIX. Los viejos vicios aparecieron muy temprano provocando una deriva iliberal y nada democrática de las instituciones del Estado. La opinión de Ruiz Soroa es concisa pero determinante:

> ¿Y qué les ha pasado a las instituciones para que esto ocurra? Sencillamente, que han sido colonizadas y ocupadas por los partidos políticos y puestas al servicio de sus intereses. El Estado en que habitamos hoy y que no fue previsto por el constituyente en 1978 (a pesar de tener sus profundas raíces en la realidad hispana del siglo XIX) es un «Estado clientelar de partidos» en el que estos han dejado de ser parte de la sociedad para pasar a ser parte del Estado. Precisamente, la parte que hace y domina la política y que, desde luego, en un

movimiento previsible para una cultura política acostumbrada al poder omnímodo de los gobiernos, ha colonizado las instituciones en su totalidad y ha funcionado con una lógica de patronazgo de reparto de cargos y conexiones entre el personal amigo.

España ha transitado con naturalidad del caciquismo de la Restauración canovista al clientelismo de la democracia actual, pasando por la estación siempre operativa del corporativismo; en todo caso, las instituciones han sido demediadas y corrompidas por su ocupación y utilización políticas. Funcionan mal. Desde luego, no funcionan como fueron pensadas. El poder efectivo está cada vez más concentrado en la rama ejecutiva, menos diseminado en instituciones de contrapeso y menos controlado.

Tras el fallo de las instituciones, sin embargo, existen personas con nombre y apellidos que se han convertido en afanosos colonos al servicio del Gobierno de turno. Colonos que, como ya avisó Étienne de la Boétie, son la prolongación de las manos y de los ojos del autócrata que ignora todas las cautelas legales que se oponen a su voluntad y santa decisión. J. M. Ruiz Soroa describe a los colonos con trazos dignos del mejor Goya en sus pinturas negras. Comienza citando a Hugh Heclo:

> Cuando fallan las instituciones, quienes fallan en realidad son seres humanos de carne y hueso, y no unas abstracciones mentales o burocráticas. Fracasan las marionetas que fueron puestas al frente de esas instituciones por prácticas clientelares y de compra de gratitudes futuras a cambio de prebendas actuales. Falla así una parte importante de la élite de profesionales, juristas, técnicos, y demás personas con capacidad de dirigir la nave pública que han aceptado ser los colonos de las instituciones. Y es que para colonizar hacen falta colonos. Los partidos políticos españoles no han tenido dificultad para encontrarlos, con independencia del recurso a su propio personal partidista, generalmente poco preparado.

Ruiz Soroa atribuye a la «proclividad a la obediencia» de quienes se prestan a servir de colonos, que lejos de escasear abundan en los partidos políticos y en sus entornos, utilizando un «cinismo democrático» que parece normal y habitual a la sociedad civil, demasiado acostumbrada al clientelismo político y a la vesania de los que mandan. Todo ello conforma una cultura política más parroquial que otra cosa. Ruiz Soroa sentencia con cierta carga de tristeza y desánimo que «el problema de la degeneración democrática es muy hondo y que quienes lo pregonan tanto no son sino parte de él».

En este marco tanto político como cognitivo, que Ruiz Soroa describe con sobria lucidez, conviene pararse y mirar la cuantía y la entidad, no de todos que son multitud, sino de los más destacados colonos que han sobresalido en su desempeño de colonos al servicio del «amo».

Guadalupe Sánchez es la autora de dos libros que merecen figurar en el *ranking* de los mejores análisis del deterioro de nuestra democracia. El primero de ellos, *Populismo punitivo* (2020), analiza el impacto del populismo en el mapa partidario de España; el segundo de los libros lleva por título *Crónica de la degradación democrática española* (2023) y contiene un análisis esclarecedor de la colonización de las instituciones por parte de los gobiernos de Pedro Sánchez. En línea con lo ya señalado por J. M. Ruiz Soroa, la abogada y periodista Guadalupe Sánchez, desgrana cómo, con la pandemia como ventana de oportunidad, Pedro Sánchez inició una carrera colonizadora de las instituciones del Estado de derecho español hasta convertirlas en agencias gubernamentales al servicio del poder personal de Pedro Sánchez. El sanchismo ha logrado imponer en la sociedad española la idea populista y totalitaria de que el voto legitima a la mayoría para situarse por encima de la ley y despreciar la separación de poderes.

En un reciente artículo publicado en *The Objective*, Guadalupe Sánchez pone nombre y apellidos a los principales colonos que se han ocupado de colonizar y poner al servicio del presidente Sánchez algunas de las balanzas que deberían modular y limitar el poder del Ejecutivo. La colonización de las instituciones que, en democracia, deberían ser neutrales han sido puestas al servicio del autócrata Sánchez con el ánimo de perpetuar su estancia en la Moncloa. En el mencionado artículo que lleva por título «Pedro Sánchez y el descrédito de la democracia constitucional», Guadalupe Sánchez señala hasta el nombre de veinticinco colonos situados por Sánchez en puestos estratégicos con el ánimo de colonizar el Estado de derecho español a la mayor gloria y poder del presidente Sánchez. En el inicio de su trabajo, Guadalupe Sánchez comenta con palabras no exentas de amargura la fallida intención de nuestros constituyentes:

Pedro Sánchez durante estos seis años al frente del Gobierno ha minado la confianza de los españoles en el sistema democrático constitucional, ya que éste, lejos de erigirse en un obstáculo insalvable en el camino del Presidente hacia el poder absoluto, se ha convertido en el instrumento perfecto para la consecución de sus fines. A estas alturas es innegable que nuestra democracia no está hecha a prueba de aspirantes a autócratas ni prevé herramientas eficaces para impedir su demolición desde dentro, esto es, con total inobservancia de los procedimientos y mayorías previstos para su reforma o derogación (https://theobjective.com/elsubjetivo/opinion/2024-09-06/pedro-sanchez-descredito-democracia-constitucional).

Me limitaré a trasladar los nombres, no de todos, pero si los de los colonos más importantes:

Cándido Conde-Pumpido. Presidente del Tribunal Constitucional y ex fiscal general del Estado durante el gobierno del socialista José Luis Rodríguez Zapatero. Como magistrado del TC estuvo en contra de considerar inconstitucionales varios apartados del estado de alarma que dictó el Ejecutivo de Pedro Sánchez por la pandemia del coronavirus.

Francina Armengol. Presidenta del Congreso de los Diputados. Armengol fue la única presidenta autonómica que mostró su apoyo al que se convertiría en presidente del Gobierno, al formar parte de los dieciocho miembros de la Ejecutiva del PSOE que no dimitieron para forzar la salida de Sánchez como secretario general.

José Luis Escrivá. Gobernador del Banco de España, exministro de Transformación Digital y de la Función Pública de España y, en la pasada legislatura, de Inclusión, Seguridad Social y Migraciones.

Dolores Delgado. Fiscal general del Estado y exministra de Justicia durante el primer gobierno de Pedro Sánchez. Fue nombrada por su sucesor fiscal de sala en la Fiscalía de Memoria Democrática y Derechos Humanos, cargo creado especialmente para ella. Este nombramiento ha sido anulado por el Tribunal Supremo.

Carmen Calvo. Presidenta del Consejo de Estado y exvicepresidenta del Gobierno la pasada legislatura. Fue nombrada ministra de Cultura durante el Gobierno de José Luis Rodríguez Zapatero y secretaria de Igualdad del partido socialista.

Juan Carlos Campo. Magistrado del Tribunal Constitucional (2022) y exministro de Justicia. Director general de Relaciones con la Administración de Justicia de la Junta de Andalucía y viceconsejero de Justicia y Administración Pública de la Junta de Andalucía durante los gobiernos socialistas.

Héctor Gómez. Embajador de España ante la ONU y exministro de Industria. Portavoz del Grupo Parlamentario Socialista en el Congreso de los Diputados y diputado por el PSOE. Director de Turespaña durante el primer mandato de Pedro Sánchez. Antes, diputado en el Parlamento de Canarias por el PSOE.

José Félix Tezanos. Director del CIS desde 2018 y exsecretario de Estudios y Programas del PSOE.

Miquel Iceta. Embajador de España ante la UNESCO, exministro de Cultura y Deporte y antes ministro de Política Territorial y Función Pública. Destacado miembro del Partido Socialista Catalán que ha ocupado distintos cargos en la Generalitat de Cataluña.

Magdalena Valerio. Expresidenta del Consejo de Estado tras anular su nombramiento el Tribunal Supremo y exministra de Trabajo y Seguridad Social durante el primer gobierno de Pedro Sánchez. Antes ocupó distintas consejerías en los gobiernos socialistas de Castilla-La Mancha.

Álvaro García Ortiz. Fiscal general del Estado, sucesor de Dolores Delgado, con la que mantiene una estrecha relación de amistad. Primera persona que ocupa el cargo que ha sido condenada por desviación de poder (precisamente para favorecer a su amiga Dolores Delgado nombrándola fiscal de sala). Considerado no idóneo para el puesto por el Consejo General del Poder judicial.

Juan Manuel Serrano. Presidente de Correos desde 2018 y exjefe de gabinete de la Comisión Ejecutiva Federal del PSOE. Tras dejar un agujero en Correos de más de mil millones, fue nombrado director general de la Sociedad Estatal de Infraestructuras del Transporte Terrestre, dependiente del Ministerio de Transportes y Movilidad Sostenible.

Mariano Bacigalupo. Consejero de la Comisión Nacional de los Mercados y la Competencia (CNMC). Marido de la vicepresidenta del Gobierno socialista, Teresa Ribera.

Miguel Ángel Oliver. Exsecretario de Estado de Comunicación y presidente de la Agencia EFE.

Fernando Galindo. Letrado mayor de las Cortes Generales y secretario general del Congreso de los Diputados. Amigo íntimo de Pedro

Sánchez desde la infancia, con quien coincidió en el Ayuntamiento de Madrid.

Algunos de los aquí señalados cuentan como principal activo su amistad personal con Pedro Sánchez, dejando mucho que desear en su preparación e idoneidad para el cometido encomendado por el presidente del Gobierno. Sánchez ha colonizado la práctica totalidad de los contrapoderes instituidos por la Constitución y los ha convertido en fieles ejecutores de sus designios personales. Tan solo el Poder Judicial escapa, por el momento, a la colonización política por parte de P. Sánchez, aunque el Tribunal Constitucional con mayoría sanchista ha amagado con funcionar como Tribunal de Casación de última instancia, es de ese modo como ha corregido al Tribunal Supremo, rebajando las penas de los condenados por los ERE fraudulentos del PSOE de Andalucía.

EDUCACIÓN Y ADOCTRINAMIENTO

El sistema educativo español adolece del vicio «deconstructivo» del adoctrinamiento. Sobre la transmisión del conocimiento, prevalece la educación en valores y el adoctrinamiento en forma de un nuevo espíritu progresista o nacional. Entendiendo, aquí, por nacional a cada una de las autonomías donde la ideología hegemónica es la del nacionalismo étnico.

Uno de los graves errores de la Constitución española de 1978, en su implementación práctica, lo constituye la ausencia de un sistema educativo centralizado, al dejar al albur de cada autonomía la instauración de su propio sistema. La descentralización del sistema educativo tiene su principal aplicación en los casos de Euskadi y Cataluña, donde la excusa de una lengua propia ha propiciado la implantación de una fórmula educativa peculiar y singular.

Esta singularidad tiene para vascos y catalanes una doble vertiente que afecta en primer lugar a la lengua vehicular y a los contenidos curriculares en segundo término.

Tanto Euskadi como Cataluña y Galicia poseen un idioma propio que es el soporte de una cultura étnica particular. La Constitución española reconoce la existencia de dichos idiomas y el deber de cultivarlos y potenciarlos. Sin embargo, la Constitución reconoce al castellano o español, la primacía entre los idiomas de España, ya que, no en vano, es el idioma común de todos los españoles. El español o castellano es el idioma que hablan quinientos millones de hablantes en el mundo, lo que supone un dato cultural, educativo y económico de primer orden. En cuanto al euskera, el catalán y el gallego, los dos primeros están lejos de ser las lenguas más utilizadas en cada de sus territorios respectivos. En el caso de la lengua gallega, es posiblemente la lengua «propia» más utilizada de entre las lenguas autonómicas. Pero el problema, en su concreción educativa, no atañe tanto al gallego como al euskera y al catalán.

Tanto en Euskadi como Cataluña, una voluntariosa y escorada determinación por parte de las formaciones nacionalistas ha determinado que tanto el euskera como el catalán son las lenguas «propias» de la autonomía respectiva. Pero se da la circunstancia de que en ambos territorios autónomos es el castellano o español la lengua más hablada y conocida por toda la población. En Cataluña no llega a la mitad de la población el uso y conocimiento del idioma catalán. Mientras en Euskadi el idioma euskaldún lo utiliza y conoce tan solo una minoría de la población que oscila, según las encuestas, entre los 500 000 y los 750 000 sumando a todos los que en las siete provincias vascas hablan el euskera en alguno de sus dialectos. En dicha suma se incluye a los hablantes de la provincia de Navarra y a las tres circunscripciones del País Vasco francés.

Según la VII Encuesta Sociolingüística del Gobierno Vasco, las diferencias entre los tres territorios son importantes. En esta, se refleja que más de la mitad de la población guipuzcoana es vascohablante (51,8 %); mientras que, en Bizkaia, un tercio de la población (30,6 %); y, por último, solo un cuarto de la población alavesa (22,4 %).

Según los datos del Instituto de Estadística de Cataluña, en 2018 el 36,1 % de los ciudadanos de Cataluña mayoritariamente utiliza el catalán como lengua habitual, el 48,6 % mayoritariamente el castellano. Con incremento sustancial de catalanoparlantes en Barcelona y su entorno.

Según las estadísticas oficiales proporcionadas por las autonomías vasca y catalana, la realidad es que tan solo una parte, no mayoritaria de la población, tiene como lengua «propia» al euskera o al catalán, pero ello no arredra a los nacionalistas de turno para tratar de imponer a sus lenguas «nacionales» como lenguas preferentes en un afán, más o menos confesado, de voluntad monolingüe. De hecho, es lo que los nacionalistas tanto vascos como catalanes tratan de implementar en sus escuelas mediante la llamada «inmersión» lingüística. Una práctica que dificulta la instrucción de los alumnos cuya lengua materna es el castellano y constituye un método docente desaconsejado por pedagogos y profesores no nacionalistas.

Aunque de modo desigual, aunque con parecida cronología, el catalán y el vascuence son lenguas que en el transcurso de los dos últimos siglos han menguado en su porcentaje de hablantes. No ha sido ajeno a dicho descenso la desidia de catalanes y vascos que no han ponderado debidamente la salvaguarda de sus respectivos idiomas. Pero junto a la desidia y a la normal concurrencia entre idiomas, también ha incidido la prohibición del uso del catalán y el vascuence en sus respectivas áreas lingüísticas. Durante la dictadura de Primo de Rivera y, sobre todo, durante los primeros años de la dictadura de Franco, el euskera y el catalán estuvieron proscritos y no fue hasta la década de los sesenta del siglo pasado cuando fueron primero tolerados y luego permitidos en el ámbito de la edición y el uso paulatinamente normalizado en la educación. Ya en los años finales de la década de los sesenta y, sobre todo, en los primeros años de los setenta, el catalán y el euskera comenzaron a utilizarse con normalidad creciente en las aulas. En los años finales de la dictadura de Franco la literatura tanto en euskera como en catalán vivió un auténtico renacimiento, que en el caso del vascuence se materializó en su unificación literaria o «euskera batua».

El objetivo y la ambición del común de la ciudadanía vasca y catalana en la Transición política tras la muerte del dictador Franco con respecto a sus respetivos idiomas «vernáculos» era la formalización de la cooficialidad del euskera y del catalán en sus respectivos territorios, así como el logro de un bilingüismo eficaz junto al castellano. Ocurrió, sin embargo, que los buenos deseos y las mejores intenciones a favor del bilingüismo mutaron hacia la demanda y la imposición de un monolingüismo, sobre todo en Cataluña, pero también en Euskadi, donde semejante empeño se veía algo amortiguado por la realidad sociolingüística de la sociedad vasca. Actualmente, la inmersión lingüística es la práctica docente habitual en ambas autonomías, pero los resultados académicos de los alumnos, que se ven forzados a estudiar en una lengua ajena a la materna, son concluyentes y muestran un fracaso comparativo con respecto a quienes cursan sus estudios en la lengua materna. Tanto en Cataluña como en Euskadi se está priorizando la llamada «construcción nacional» en detrimento de la formación académica de sus alumnos. Es conocida la convicción de todos los nacionalismos étnicos al tratar de basar en la lengua propia la esencia de sus respectivas naciones. Todavía en el siglo XIX, cuando dichos nacionalismos afloraron, la raza era el elemento definidor de la nación. Tras las dos guerras mundiales del siglo XX, con el recuerdo recurrente del holocausto judío, las teorías racistas cayeron en el más absoluto descrédito y la raza como elemento determinante de la nación fue sustituida por el idioma. Es por ello que las políticas lingüísticas adquirieron la función de pivotes de la «construcción nacional».

Como vasco y euskaldún conozco de cerca la historia de la mutación operada desde el bilingüismo deseado y reivindicado a la actual pasión por el monolingüismo. Todavía recuerdo mi artículo publicado, en los años setenta del pasado siglo, en la revista *Triunfo,* donde expresaba las bondades de la educación en la lengua materna, así como las ventajas de un bilingüismo integral en Euskadi («Bilingüismo y democracia», núm. 685, año XXX, 13-03-1976).

Cuando todavía vivía el dictador Franco, algunos levantamos la voz para solicitar que los niños vascos, cuya lengua materna era el euskera, tuvieran la opción de ser educados en su lengua. Fue aquella una batalla que se apoyaba en argumentos pedagógicos y en recomendaciones de organismos como la OCDE y la UNESCO, que señalaban la necesidad de que los escolares iniciaran su andadura educativa en su lengua materna. Las ikastolas fueron en su inicio instituciones que trataban de hacer valer la bondad del hecho de educar a cada cual en su lengua, pero la ulterior evolución del sistema educativo vasco terminó universalizando lo que era adecuado para algunos a la totalidad del alumnado, fuera o no euskaldún. En la medida en la que el nacionalismo se fue haciendo hegemónico en la sociedad vasca, la excepción se convirtió en regla tratando de hacer realidad lo que solo era una ilusión ideológica. El nacionalismo calificó al euskera de lengua propia de los vascos, tratando de ignorar que existía otra lengua, el castellano, tan propia como el euskera. El ideal educativo vasco que figura en los textos programáticos y congresuales de los partidos y sindicatos *abertzales* tiene como norte la extensión del euskera a la totalidad del territorio y de la ciudadanía vasca. La «euskaldunización» es su meta. Es con este objetivo primordial como se ha diseñado el sistema educativo vasco. Un objetivo eminentemente ideológico y político que figura entre las prioridades nacionalistas. Todo lo que contravenga este objetivo ya sean las directrices pedagógicas, las evidencias científicas o el supremo bien del alumno son sacrificados en el altar de la identidad. Se pretende priorizar lo políticamente deseable a lo pedagógicamente correcto, es decir: que la lengua vehicular en el inicio del proceso educativo sea la lengua materna de cada cual. Lo que hace cincuenta años, durante el franquismo, reclamábamos como derecho fundamental del niño ahora se lo negamos desde las instituciones vascas. Cada niño, no euskaldún, forzado a la inmersión lingüística arranca su carrera docente con una impedimenta que le sitúa en inferioridad de condiciones ante la vida. Es esta una realidad escasamente democrática. Lo que era indeseable con Franco, lo sigue siendo con Pradales y Otegi.

Al parecer, los daños colaterales de la inmersión lingüística en Euskadi no parecen preocupar a las autoridades docentes vascas ni a los sindicatos y docentes que abogan por la inmersión, pese a ser los responsables de los retrasos educativos y comunicativos de una parte del alumnado vasco. Lo que se pretende es desterrar definitivamente al castellano como lengua vehicular implantando un totalitarismo lingüístico, garante de una plena euskaldunización. Hay quien sueña con la «bondad» aterradora de las madrasas de Pakistán y Afganistán.

Lo referido aquí sobre el fenómeno de la inmersión en Euskadi es todavía más grave en Cataluña, donde la inmersión se inició antes que en el País Vasco y sirvió de paradigma docente a los vascos. En el caso catalán sorprende, además, la negativa a cumplir las sentencias de los tribunales que dictan la obligatoriedad de enseñar en castellano al menos el 25 % de los contenidos docentes. Sentencias que son reiteradamente ignoradas y desdeñadas por las autoridades catalanas. En este apartado es de destacar la política complaciente del PSC con los postulados nacionalistas. El Gobierno de Salvador Illa ha reafirmado su actitud rebelde al cumplimiento de las sentencias a favor del 25 %, confirmando así la evidencia de que los tribunales de España carecen de autoridad, en este asunto, tanto en Cataluña como en Euskadi.

Este tema de la inmersión lingüística en Euskadi y en Cataluña lejos ser baladí tiene una importancia política de primer orden en lo referente a la «deconstrucción» de España y su Estado de derecho. Hemos señalado la grave carencia de nuestra Constitución al no implantar un sistema educativo único, con las lógicas salvedades autonómicas, en el conjunto del territorio español. Es aprovechando esta falla cómo las autonomías con hegemonía del nacionalismo étnico han utilizado sus atribuciones educativas para intentar adoctrinar a los alumnos en los postulados culturales y políticos del nacionalismo hegemónico. Nacionalismos cuyo principal objetivo es la separación del Estado español y la constitución de un Estado propio, mediante un inexistente derecho de autodeterminación que postulan. Tanto los nacionalistas vascos como catalanes pretenden utilizar, y *de facto* utilizan, sus atribuciones en el ámbito educativo para implementar una cultura y una historia de signo étnico, con desprecio de la historia común de España y la transmisión de una cultura vehiculada por más de quinientos millones de hablantes a lo largo y ancho del mundo.

Instrumentar la enseñanza, incluida la política de inmersión lingüística, a pesar de los graves costos educativos que acarrean a los alumnos y que agencias internacionales como PISA detectan. La merma de conocimientos y las demoras en los aprendizajes en lectura, lengua y matemáticas son considerados, por parte de los fanáticos de la inmersión, como meros daños colaterales en el afán de la «construcción nacional».

En otro lugar he tratado *in extenso* el tema del resentimiento y del odio implícito al enemigo que como tal es considerado España por parte de los nacionalismos étnicos. En el ADN de dichos nacionalismos se inscribe un necio supremacismo cuyo objetivo no es otro que el de alimentar su autoestima y reforzar su imaginada identidad singular, pero el sentirse superior denota, a veces, complejos de inferioridad y falsas proyecciones identitarias.

El sanchismo tiene una especial querencia por las leyes de carácter ideológico, incluso en los ámbitos que deberían estar inmunes a la ideología partidaria. Tal vez, por ello, el Gobierno de P. Sánchez consideró prioritaria la ejecución de una ley de educación —otra más— donde quedara en evidencia el sesgo ideológico que anima al sanchismo. La llamada ley Celáa o LOMLOE se confeccionó sin ningún tipo de consenso con la oposición y entre sus principales líneas destaca la ausencia del castellano como lengua vehicular en Cataluña y Euskadi, con lo que se venía a quebrantar el espíritu y la letra de nuestra Constitución. En un artículo titulado «Educación para la mediocridad», Gabriel Tortella y Clara Eugenia Núñez, catedráticos de Historia Económica, opinaban así sobre la cuestión:

> La nueva ley, dentro de un confuso fárrago de medidas absurdas y de recomendaciones ociosas e inoperantes, tiene como objetivo básico satisfacer los intereses discordantes de los partidos cómplices del Gobierno, en especial de los separatistas. De ahí que permita el abandono del castellano como lengua de enseñanza en las autonomías bilingües, en clara violación del artículo 3 de la Constitución, que, dicho sea de paso, se viola en Cataluña diariamente desde hace muchos años sin que el Ministerio de Educación intervenga, pese a las repetidas sentencias del Tribunal Superior de Justicia de Cataluña, que el Ministerio y los gobiernos separatistas ignoran al alimón.

Pero no es esta la única crítica que les merece la LOMLOE a los autores del artículo, quienes inciden en otra de las carencias más importantes del sistema educativo español:

> Una ley de educación no debe ser un libro de instrucciones sobre cómo enseñar determinadas disciplinas o contenidos, sino que ha de establecer unos objetivos claros, sencillos y contrastables, fijar estrictos criterios para la selección de profesores y restaurar su autoridad en el aula. El deficiente sistema de selección del profesorado es quizá el problema más grave de nuestro sistema educativo; la Ley Celaá ni lo menciona. Otro elemento crucial de un sistema educativo es el seguimiento eficaz de resultados que debe hacerse por agentes externos al propio sistema (https://www.elmundo.es/opinion/columnistas /2020/12/28/5fe87e0ffdddff308c8b463c.html).

La ley que comentamos pone de relieve la importancia que tiene para el legislador el aspecto «adoctrinador» de la misma. Se trata de impulsar la confección de un «hombre nuevo» según las pautas ideológicas del sanchismo, común por otra parte a todas las ideologías colectivistas que fían a la escuela la labor de adoctrinar a los alumnos con el objetivo de «educar» a las futuras generaciones. Es este un aspecto capital que desarrollaremos a continuación, pero digamos antes cuáles son los tres postulados sobre los que la ley incide en su proyecto de conformar a los ciudadanos de mañana. La memoria democrática ocupa un lugar central en la formación de los alumnos, memoria sobre la que ya hemos comentado su carácter sesgado y disruptivo, contrario a la libre y autónoma memoria personal que cada cual es libre de construir. Esta memoria democrática ha de estudiarse, por supuesto, desde una perspectiva de género. Junto a la inculcación de la memoria democrática, dictada por el sanchismo, los alumnos deberán ser educados en el aspecto afectivo-sexual, fomentando de manera transversal la educación para la salud, incluida la afectiva-sexual, desde Primaria. En tercer lugar, la LOMLOE da especial importancia a la defensa del planeta que habitamos. En este apartado se tratará de fortalecer las capacidades afectivas del alumno en sus relaciones con el planeta.

La Ley de Educación del sanchismo ensancha la brecha cognitiva de las futuras generaciones con respecto a la historia, la cultura y el idioma de los españoles. Esta brecha no es ni inocente ni carente de importancia, antes bien se trata de ahondar y avanzar en la «deconstrucción» de España y de su Estado de derecho. Se trata de fragilizar y desestabilizar la noción de España y la de acentuar el relativismo conceptual al encarar temas como la unidad nacional, la igualdad de los ciudadanos o transmisión de los conocimientos. Asunto este, el de la transmisión de los conocimientos, que Alicia Delibes Liniers considera vital para un sistema educativo realmente progresivo y humanizador.

La profesora Alicia Delibes Liniers fue diputada de la Comunidad de Madrid entre 2007 y 2015, años en los que también ejerció como viceconsejera de Educación. Licenciada en Matemáticas, en su juventud simpatizó con el anarquismo y el maoísmo, así que conoce bien el marco mental de la extrema izquierda europea. Poco a poco fue virando hacia el liberalismo. Alicia Delibes Liniers acaba de publicar un ensayo fascinante y riguroso donde estudia la historia de los sistemas de educación occidentales, extrayendo consecuencias y conclusiones que ponen en tela de juicio el tema de la educación en Occidente. El ensayo describe un panorama desolador y pesimista que justifica el título del libro: *El suicidio de Occidente* (Ediciones Encuentro, Madrid, 2024). El título podría parecer hiperbólico o exagerado, pero, a tenor de los materiales analizados y el riguroso despliegue de los temas que incluye el ensayo, nos encontramos con un análisis pausado y sin estridencias, si bien, eso sí, sin ningún tipo de concesiones a la corrección política o las modas vigentes. Se trata de un libro clarificador y alarmante, a la vez, que aspira a despertar del letargo complaciente a políticos y docentes.

El suicidio de Occidente comienza desgranando la historia de la educación en Francia, cuna de la modernidad política y origen de muchas de las paradojas que nacieron con la Revolución de 1789 y todavía persisten en nuestras sociedades. En efecto, fue en la Revolución francesa donde por primera vez se planteó la obligación del Estado de proporcionar a toda la población un mínimo de instrucción. Y fue Marie-Jean-Antoine Nicolas de Caritat, marqués de Condorcet, filósofo, matemático, economista, político, sociólogo y escritor, el elegido para presidir el comité que debía encargarse de elaborar el proyecto de organización de la enseñanza pública. En las primeras reuniones de trabajo de aquel comité se planteó un problema que continúa siendo hoy tema de discusión: ¿debe ponerse en manos del Estado la educación completa del ciudadano o solamente su instrucción, como proponía Condorcet?

Condorcet cayó en desgracia y se ordenó su detención, Robespierre sacó a relucir una propuesta alternativa de los jacobinos más radicales para los que el Estado debía ocuparse de la completa formación del individuo, pues solo así se podría crear un «hombre nuevo». Desde entonces en el fondo de toda discusión educativa siempre aparece el mismo debate político: ¿cuál es la responsabilidad del Estado y cuál la de la familia en la educación de los niños? Aunque el modelo de Condorcet inspiró la organización de la enseñanza en gran parte de Europa durante más de un siglo y medio, a principios del siglo xx surgieron pedagogías alternativas inspiradas en el *Emilio* de Rousseau.

A lo largo del libro, tanto Annah Arendt como Isaiah Berlin son reiteradamente citados y no me resisto a mencionar la cita de I. Berlin en la que establece un riguroso juicio sobre J. J. Rousseau, inspirador de las modas y pedagogías opuestas a los sistemas inspirados en Condorcet.

Son las palabras de I. Berlín transcritas de una conferencia dictada por radio y que terminó con la siguiente apodíctica sentencia: «Rousseau, uno de los más siniestros y más formidables enemigos de la libertad en toda la historia del pensamiento moderno».

Reconozco que al leer las citas de Rousseau en el libro de Alicia Delibes sentí una sincera conmoción que me llevó a leerme el texto completo de las seis conferencias pronunciadas por Isaiah Berlin en la BBC, donde encontré la justificación de sus afirmaciones. La proverbial capacidad de análisis de I. Berlin sitúa al personaje Rousseau en su auténtica entidad como pensador; un filósofo con graves carencias en su vida personal que trata de paliar con un discurso de carácter metafísico, trufado de creencias y postulados pseudorreligiosos con respecto al concepto de la naturaleza. Sea como fuere, la sombra de Jean-Jacques Rousseau es tan alargada como funesta, en tanto que inspirador de las corrientes pedagógicas que han arruinado la transmisión de conocimientos a través de la escuela. En su lugar la educación ha mutado en «madrasas» al estilo islamista que tienen por objeto el adoctrinamiento de las nuevas generaciones.

J. J. Rousseau ha tenido los dos últimos siglos muchos exégetas y seguidores que han justificado su afán colectivista en las teorías roussonianas sobre la libertad, la naturaleza y la educación. Uno de sus más fervientes seguidores fue Maximilien Robespierre, quien llegó a conocer en vida al pensador ginebrino. En los discursos de Robespierre el Incorruptible, pronunciados ante la Convención en los años 1793 y 1794, nos encontramos con incesantes alusiones a la virtud republicana que atesoraba los mejores logros de la Revolución. Es en honor a la virtud, como Robespierre justificaba el «terror» y pretendía aleccionar a los jóvenes para que se transformaran en los «nuevos hombres» que habrían de conducir la Revolución a su culmen. Robespierre se enfrentó a Condorcet, quien había sido comisionado por la Convención para que efectuara un plan de educación acorde a sus principios de científico y miembro de la Ilustración que alumbró la Revolución de 1789. Condorcet fue encarcelado durante la vigencia del terror desencadenado y liderado por St. Just y Robespierre, entre otros, pero no sobrevivió a la violencia de los defensores de la virtud republicana. Condorcet pasó a significar la cordura, el sentido común y racionalidad que había de presidir siglo y medio de un sistema educativo exitoso. Frente a la escuela reivindicada y materializada por Condorcet, siempre se alzó la alternativa de Robespierre y su «hombre nuevo y virtuoso» que terminó por triunfar en el París de la primavera de 1968.

El modelo Condorcet triunfó no solo en Francia y Europa, sino que fue exportado a los Estados de América donde predominó hasta que las teorías pedagógicas de John Dewey (1859-19529), en línea con las ideas de Rousseau, se convirtieron en hegemónicas para desgracia del sistema educativo americano que inició un declive que perdura hasta hoy.

De manera muy resumida y a grandes trazos, es este el marco experiencial que Alicia Delibes Liniers describe minuciosamente, para desarrollar su escrutinio de los sistemas vigentes en Europa y América hasta llegar a la conclusión de que Occidente se halla al borde del suicidio.

Otro de los referentes del sistema educativo europeo, junto a Condorcet, fue W. von Humboldt[4], quien según Alicia Delibes:

---

4 Wilhelm von Humboldt realizó varios viajes al País Vasco para estudiar el idioma vasco. El primero de estos viajes, en 1799, que le dejó una gran impronta. En abril de 1801 volvió a Vizcaya y esta vez lo acompañaba su amigo Georg Wilhelm Bokelmann, y en este viaje consultó obras de Joaquín José de Landazuri, Axular, Antonio Moret, Arnaud Oihenart. Conoció en el transcurso de sus visitas a Juan Antonio Moguel, Pablo Pedro Astarloa, Larralde y al cantante Pierre-Jean Garat. Moguel, que mantuvo una gran amistad con Humboldt, es el autor del libro *Peru Abarca* donde expone una ideología, pienso que en parte inspirada por las ideas de Rousseau. Humboldt desarrolló y expuso la teoría de que «el euskera es la lengua más antigua de Europa», y de que el pueblo vasco constituía el representante lingüístico más antiguo de las poblaciones primitivas de la Iberia precéltica, anterior a las primeras inmigraciones de los arios.

Regresando al tema que nos ocupa, Alicia Delibes admira la labor de W. von Humboldt al exponer que «el sistema estaba concebido para permitir que cada individuo, independientemente de su origen social, llegara a construir su propia personalidad y tratara de alcanzar el más completo desarrollo de sus capacidades intelectuales» (*op. cit.*, pág. 59).

Como colofón de tarea educativa, Humboldt fundó la Universidad de Berlín que hoy lleva su nombre.

Es de destacar la concepción no colectivista de la enseñanza que Humboldt comparte con Condorcet. En las antípodas de dicha concepción se encuentra la ideología igualitaria y colectivista que ignora al individuo como actor del proceso educativo. En el siglo XIX casi todos los países germánicos adoptaron, con las lógicas adaptaciones, el método de Humboldt que todavía subsiste. Alicia Delibes piensa que dicho sistema de educativo es una de las claves de los buenos resultados que siguen obteniendo en la formación tanto universitaria como profesional los jóvenes germanos, así como sus bajos porcentajes de paro juvenil.

En contraste con los sistemas de enseñanza basados en los métodos de Condorcet y W. von Humboldt a finales del siglo XIX y sobre todo a comienzos del siglo XX, comenzaron a oírse voces críticas que demandaban un sistema de enseñanza más igualitario y orientado al colectivo antes que a las individualidades, inspirado en las ideas de Rousseau a las que John Dewey dio un gran impulso en EE. UU., donde llegó a ser hegemónico. Los resultados del cambio introducido por Dewey y sus seguidores, sin embargo, comenzaron a desvelar las debilidades del método inspirado por la nueva pedagogía, que abrevaba en las fuentes «naturalistas» de J. J. Rousseau.

Tal vez lo más interesante y novedoso del ensayo de Alicia Delibes es el recorrido que realiza desde el movimiento de Mayo de 1968 en París y las consecuencias de dicho acontecimiento en el mundo de las ideas que tienen por enseña el relativismo cultural, la multiculturalidad, la crítica a la historia, el relativismo axiológico y la derrota del pensamiento, en definitiva. Incluso la UNESCO, fundada tras la Segunda Guerra Mundial para velar por la libertad de opinión y los valores de la Ilustración, al tiempo que reclamaba la importancia de la instrucción de los ciudadanos como objetivo, imprescindible para el disfrute de la libertad, comenzó en un momento del entorno de finales de la década de los setenta y, de modo imperceptible, comenzó según Alain Finkielkraut, citado por A. Delibes, «la crítica de las luces, tomando el relevo a la crítica de los fanatismos» (*op. cit.*, pág. 167).

La primera de las disciplinas afectadas fue la historia. Los historiadores nos enseñaron a no seguir el hilo del tiempo, abandonando el estudio cronológico de los acontecimientos históricos. En segundo lugar, se criticaba la arrogancia del hombre occidental que había considerado a los nativos de las colonias como salvajes e inferiores, cuando en realidad eran depositarios de venerables tradiciones. El individuo se supeditaba a la voluntad del grupo y la persona perdía de este modo su autonomía. Estas eran entre otras las ideas que el «posmodernismo» pregonaba. Ideas que fueron publicitadas mediante el libro *la condición posmoderna* de Jean-François Lyotard (Ediciones Cátedra, 2006). Cuando ya, en 1980, en Europa comenzaba a declinar la «moda» posmodernista. La izquierda americana asumió bajo el epígrafe *french theory* el relevo ampliado del posmodernismo que comenzó a hacer furor en los campus estadounidenses, que muy pronto dio lugar al movimiento cultural woke, padre de todas los relativismos y deconstrucciones que fatalmente tenía abonado el terreno en el mundo de las nuevas pedagogías y en el abandono de las posiciones tradicionales por parte de la socialdemocracia y el socialismo del siglo XXI. El escepticismo científico, la subjetividad y el relativismo moral y cultural serán sus principales características. El colectivismo y el identitarismo serán sus enseñas.

En este marco histórico y cultural, Alicia Delibes Liniers enmarca la historia de los dos últimos siglos de la educación en España, donde identifica la clásica dicotomía entre la enseñanza afincada en la transmisión del conocimiento y la pedagogía incluyente, creativa, sostenible y progresista que tiene por objetivo la creación del «hombre nuevo, moderno, feminista y ecológico». Con trazos firmes y rotundos, Alicia describe la hegemonía que la izquierda española, y en ella la del PSOE, ejerce desde poco antes de la Transición por un modelo educativo deudor de J. Dewey y de Rousseau en sus versiones más actualizadas. Las sucesivas leyes de educación españolas son actualizaciones y adaptaciones de la LOGSE promulgada en el año 1990. Alicia Delibes no es nada partidaria de la última de las leyes de educación, que como las anteriores ha sido formulada sin consenso ni concurso de la oposición.

Referido al tema del idioma español que ha dominado este subcapítulo, Alicia Delibes Liniers dice lo siguiente sobre la LOMLOE y la novísima pedagogía que destila:

> En las comunidades con lengua propia, la ley Wert obligaba a que al menos el 25 % del horario lectivo se impartiera en español. Los socios nacionalistas del gobierno ni siquiera ese mínimo están dispuestos a aceptar. Con la LOMLOE será la administración educativa quien regule la enseñanza de su lengua propia. Una lengua común es una herramienta de conexión de un país; al impedir la lengua común, el español, sea la lengua de estudio en España, lo que se pretende es hacer de las comunidades autónomas estados nacionales independientes (*op. cit.*, pág. 270).

En lo referente al método y a los contenidos educativos, la izquierda igualitarista considera que la función esencial de la escuela es limar las naturales diferencias entre las inteligencias. De ahí que, para dicha izquierda, un sistema educativo que fomente el pleno desarrollo del talento individual es elitista, neoliberal (¿?) y cómplice de la reproducción de las desigualdades sociales.

> La nueva asignatura «Educación en valores Cívicos y Éticos» presta atención a todos los -ismos de la ideología identitaria: ecologismo, feminismo, LGTBismo, antirracismo, poscolonialismo, multiculturalismo… En definitiva, una asignatura de adoctrinamiento en el «wokismo» que, al parecer, es la nueva religión de nuestro tiempo (*op. cit.*, pág. 270).

La izquierda española ya ni siquiera disimula su desprecio por la trasmisión de los conocimientos para elevar el nivel cultural de la sociedad, por fomentar el pleno desarrollo de las facultades y talentos de los alumnos y para facilitar el ascenso social de los individuos.

«Para la izquierda española, la escuela es un instrumento para la transformación de la sociedad y una herramienta para imponer su hegemonía cultural» (*op. cit.*, pág. 271).

Es evidente que la Ley de Educación (LOMLOE) del sanchismo tiene una vocación totalitaria, desestabilizadora y «deconstructiva» de la cultura y de la historia españolas. Es, también, obvio que la educación es una manera más para adoctrinar y perpetuar en la servidumbre voluntaria a las nuevas generaciones que teóricamente deberían de alzarse sobre los hombros de sus antecesores para ver y comprender mejor la realidad y el futuro de España. Una sociedad sin raigambre ni transmisión del conocimiento es una sociedad condenada al fracaso o, acaso, al suicidio.

¿HETERONOMÍA Y SERVIDUMBRE VOLUNTARIA?

¿Qué puede ser esto?, ¿cómo lo llamaremos, ¿qué desgracia es esta? ¿qué vicio, o más bien, qué desgraciado vicio, ver a un número infinito de personas, no obedecer, sino servir? (…) ¿qué monstruoso vicio es este que no merece siquiera el título de cobardía, que no encuentra nombre suficientemente vil, que la naturaleza rechaza haber creado y la lengua rehúsa nombrar?

Étienne de La Boétie

La izquierda sentimental

Jorge Vilches es profesor de Historia del Pensamiento y autor de diversos libros de historia y análisis político, además de sagaz columnista del diario *The Objective*. El día 19 de octubre de 2024 publicaba un artículo en el que se preguntaba: «¿Por qué votan sanchismo?», donde trataba de comprender lo que consideraba un enigma:

> Una hipótesis interesante es que el argumentario emocional incide más en el electorado de izquierdas que en otros. En consecuencia, habría en este un desprecio mayor a la razón, la ciencia o los simples datos. Los votantes de Sánchez y derivados conocen perfectamente que los dirigentes que votaron son corruptos, que no cumplen sus programas, que mienten y se ríen de ellos, pero siguen depositando religiosamente la papeleta correspondiente en la urna (…) Esto

explica, por ejemplo, que las emociones disputen la verdad a la ciencia en cuestiones como la identidad sexual, y que el «sexo sentido» se haya trasladado a la cultura, la Universidad, la política y finalmente a la legislación. Se fundamentan en que la emoción es indiscutible y, en consecuencia, que tiene mayor o igual validez que un razonamiento o una prueba científica. Esta es la razón de que domine el recurso a las emociones en los discursos políticos y en especial en las izquierdas españolas: es sencillo, moviliza, no necesita demostración y oculta las carencias competenciales, como la buena gestión de lo *público* (https://theobjective.com/elsubjetivo/opinion/2024-10-19/por-que-votan-sanchismo/).

¿Es más sentimental la izquierda política española? Sinceramente, no lo sé. Lo que sí parece cierto es que la excesiva ideologización de la izquierda lo hace más proclive a la defensa de sus postulados asumidos como dogmas. La conversión de sus opiniones en creencias provoca comportamientos pseudorreligiosos que se hallan lejos del presunto carácter laico que se presupone a la izquierda ilustrada. Esta conversión de sus postulados ideológicos en dogmas y creencias, sin embargo, es una constante que la izquierda política ha utilizado para rehuir el debate y, en última instancia, priorizar la emoción y el sentimiento sobre la razón. Es este un comportamiento que ya en la Revolución francesa es observable en sus líderes más radicales como St. Just y Robespierre. La «virtud» republicana, considerada como una amalgama de índole metafísica y moral, justificaba los comportamientos más crueles e inhumanos por parte de los jacobinos al frente de la época del «terror». La «virtud» en Maximilien Robespierre era la categoría de una instancia religiosa que solo la pueden apreciar los creyentes en la revolución. Es en este sentido como habría que entender las palabras de Jorge Vilches cuando imputa a la izquierda y los votantes del sanchismo su inclinación a priorizar las emociones y los sentimientos por encima de la razón científica.

No obstante, habría que profundizar en las razones últimas de la heteronomía observable en quienes se inclinan por la servidumbre política y moral ante el autócrata personificado por Pedro Sánchez, fuente de la irracional sentimentalidad que irradia ante los suyos. La heteronomía, concepto que debemos a Emmanuel Kant, consiste en la dependencia y sumisión de un individuo que se encuentra bajo el control de una tercera persona o agente externo. En consecuencia, heteronomía es todo lo contrario de autonomía. Este modo de enfocar la sumisión y servidumbre nos conduce al *Discurso sobre la servidumbre voluntaria* de Étienne de La Boétie cuando plantea su pregunta fundamental sobre por qué tantos obedecen a Uno y que Isaiah Berlin actualiza con su pregunta: «¿Por qué debe alguien obedecer a alguien más?[5]». Como ya hemos visto en la primera parte de este ensayo, la servidumbre —la voluntaria— obedece a diversas causas entre las que destaca la de la costumbre, pero también la voluntad de enriquecerse o la alienación moral y política pueden estar en la base de la servidumbre voluntaria. Pero antes de discurrir sobre quiénes son los que «sirven de manera voluntaria a Pedro Sánchez» es preciso preguntarse sobre la particular «servidumbre» y pleitesía que la militancia del PSOE rinde a su secretario general Pedro Sánchez.

La servidumbre del PSOE

Nos hemos referido ya a la mutación política producida en el seno del PSOE de Pedro Sánchez con respecto al PSOE, que fue uno de los artífices de la Transición y protagonizó una profunda modernización de la mano de los gobiernos de Felipe González. En el PSOE de la Transición había corrientes de pensamiento diversas y había, sobre todo, un debate libre y plural en su seno. Pero donde reinaba la palabra, ahora solo existe el aplauso. Aplauso al líder absoluto que según *The Economist* es tan astuto como despiadado (*ruthless*). Un líder que ha vaciado al PSOE de las balanzas de poder existentes hasta su llegada y que, también, trata de implementar en la gobernanza de España.

Joaquín Leguina, conocido miembro del PSOE y expresidente de la Comunidad de Madrid, ha detallado el estropicio causado por Pedro Sánchez en el seno de su partido. Joaquín Leguina, por supuesto, ha sido excluido del PSOE tras sus críticas al sanchismo, pero veamos su autorizada opinión expresada en el libro *Pedro Sánchez, historia de una ambición* (Espasa, Madrid, 2021).

---

5   En su introducción al ensayo ya mencionado *La traición a la libertad. Seis enemigos de la libertad.*

Sánchez convocó el 39.º congreso (junio de 2017), que trajo consigo la destrucción del sistema interno, no tanto por el texto aprobado en aquel congreso, sino, sobre todo, a través del Reglamento federal aprobado en el Comité federal del 17 de febrero de 2018 (…) Aquella normativa interna que a lo largo de 558 artículo y 184 páginas, describía el nuevo modelo de partido que había soñado Pedro Sánchez, fue ratificada por unanimidad por el Comité Federal del PSOE con sus miembros puestos en pie y entre aplausos. Las nuevas reglas de juego otorgaban más poder al Secretario General y a las bases, mientras los órganos intermedios, los barones y el mismísimo Comité Federal desaparecían como órganos de debate y control. Para más Inri aquellas de cisiones plebiscitarias y antidemocráticas le permitieron al líder presumir de que el PSOE «será el partido más democrático, participativo y paritario del país (*op. cit.*, pág. 82).

La opinión de Joaquín Leguina no puede ser más negativa ni clarividente acerca de la toma del poder en el PSOE por parte del secretario general, Pedro Sánchez.

Sánchez se convirtió así no en el líder del PSOE, sino en su dueño y señor. Prácticamente todo se reduce a una relación entre él y una militancia fácilmente manipulable. Se acabaron las discusiones y los debates internos. A partir de ese momento los representantes socialistas en el Congreso serían —como ahora lo son— meros servidores de su señor, por no decir una palabra más fuerte, más obscena pero también más descriptiva.

Tal vez la palabra que J. Leguina omite en su libro como más obscena, pero también más descriptiva, sea la palabra «siervo». Una palabra que Étienne de La Boétie utilizó siempre como la más adecuada para describir la servidumbre de muchos ante Uno. No obstante, a la deriva antidemocrática del PSOE de Pedro Sánchez que Joaquín Leguina describe, la palabra que más se le adecua es la de «caudillismo», que el autor utiliza para encabezar el capítulo del que hemos entresacado sus citas.

Es en este contexto donde las palabras que Étienne de La Boétie utilizó para describir la mecánica funcional de la puesta en marcha de la tiranía cobran vigencia y frescura casi quinientos años después de ser escritas.

Siempre ha habido cinco o seis que han captado la atención del tirano y se han acercado a él, o incluso han sido llamados por él, para hacerlos cómplices de sus crueldades, compañeros de sus placeres, alcahuetes de su voluptuosidad y participantes de los frutos de sus pillajes (…) Estos seis tienen seiscientos, que se aprovechan bajo su protección, y hacen de los seiscientos lo que los seis hacen al tirano. Estos seiscientos tienen bajo ellos seis mil…Y el que quiera divertirse en devanar esta madeja verá que no por los seis mil, sino por los cien mil, los millones, por esta cuerda se sostiene el tirano, ayudándose de ella de modo que, en Homero, Júpiter se vanagloria de que si él tira de la cadena atrae hacia sí a todos los dioses (…) se llega a esto por los favores, por las ganancias o partes de ganancias que se obtienen con los tiranos (…) desde el momento en que un rey se ha declarado tirano, todos los malvados toda la hez del reino se agrupan alrededor de él, le sostienen para tener parte en el botín y ser, bajo el tirano, tiranuelos ellos mismos.

Impresiona este texto de La Boétie por lo que tiene de premonitorio y descriptivo de los regímenes que, siendo inicial y formalmente democráticos, terminan siendo, por iniciativa del Uno (el tirano), un vertedero de corrupción y mal gobierno. Es admirable la capacidad de previsión y premonición de La Boétie cuando describe la deriva dictatorial y corrupta del tirano rodeado primero por un entorno mínimo —cinco esbirros, no más— que se expande exponencialmente, corrompiendo todas las instituciones y todas las almas de quienes sirven voluntariamente al tirano.

Partido, Gobierno y Estado

Siempre alardeó el PSOE de ser el partido que más se parecía a España y es tal vez por ello que Pedro Sánchez se ha esforzado, no solo en mimetizar, sino en confundirse con el Gobierno y con el Estado. Lo del Gobierno es compresible en cierto modo, ya que al presidirlo uno de sus miembros se halla legitimado para escoger de entre los miembros de su partido las personas que han de gobernar a España. Otra cosa es, sin embargo, que el Gobierno sea el que rija los destinos del PSOE y el partido pierda su autonomía y capacidad para autorregularse e incluso para discrepar de determinadas iniciativas del Gobierno de Sánchez. Tras la llegada de Sánchez a la Secretaría General del PSOE, ha cortocircuitado cualquier discrepancia o crítica proveniente del partido socialista. Ocasionalmente, se han elevado voces críticas con esta o aquella decisión tomada por Pedro Sánchez por su cuenta y riesgo, pero este siempre ha reaccionado ignorando la más mínima crítica o condenando al ostracismo a quien haya osado disentir. Ocurrió cuando Sánchez se aventuró a decretar los indultos que absolvían a los autores del golpe de Estado del año 2017 en Cataluña o cuando decidió ampliar la amnistía a todo aquel que hubiera participado directa o indirectamente en el mencionado golpe contra la democracia española. Otro tanto ocurrió cuando a Pedro Sánchez se le antojó conceder la soberanía fiscal a Cataluña a cambio de la Presidencia del Gobierno de la Generalitat para Illa. Estas y otras discrepancias generadas en el seno del PSOE Sánchez las ha ignorado de manera recurrente. El partido obrero español lo encarna a todos los efectos el presidente del Gobierno y se confunde con él. Pero la voluntad de poder de Pedro Sánchez no se anda con menudencias. Además del Gobierno y del partido del que es secretario general Pedro Sánchez, ha colonizado al Estado español y puede blasonar como lo hiciera Luis XIV de que *l'Etat c'est moi*. Es decir, no solo el PSOE y el Gobierno de España son patrimonio de Pedro Sánchez o, al menos presume de ello, sino que el Estado español también le pertenece.

Sánchez confunde los ámbitos del partido, del Gobierno y del Estado. Esta interesada confusión se evidencia en múltiples actuaciones suyas y baste como ejemplo el extravagante hecho de utilizar la Abogacía General del Estado en la defensa de su esposa al ser esta imputada de diversos delitos. La Abogacía del Estado fue quien trató de instruir una querella por prevaricación contra el juez que había encausado a la esposa del presidente cuando esta no forma parte de la estructura del Gobierno. Luego están las prerrogativas de las que Sánchez usa y abusa a su antojo, aún a sabiendas de que dichos privilegios o bien de representación o de uso físico no le corresponden.

En otro apartado del presente ensayo hemos abordado el tema de la colonización del Estado por parte de P. Sánchez y hemos señalado con nombres y apellidos a algunos de los colonos o siervos que han «okupado» los aparatos del Estado por mandato del presidente Sánchez. La confusión de los ámbitos del partido, el Gobierno y el Estado constituyen un abuso de poder que, además de antiestético, vulnera el espíritu de las leyes y la autonomía de los poderes del Estado de derecho. Esta voluntad de poder o, mejor, de exceso de poder es el mejor síntoma de la pulsión autocrática que preside la «atípica» personalidad de Pedro Sánchez.

Pero hay más, el PSOE siempre ha alardeado de ser un partido con plena autonomía y con voluntad electoral mayoritaria. Lo ha recordado Nicolás Redondo y lo ha repetido Felipe González, quien gobernó con mayorías holgadas y programas de gobierno autónomos y propios. Ambas características de vocación mayoritaria y autonomía programática contrastan con la realidad minoritaria y programas híbridos del PSOE del sanchismo, quien en las sucesivas contiendas electorales no ha cosechado sino derrotas y ha ejecutado programas políticos ajenos, obligado por sus acreedores políticos de la extrema izquierda y de los nacionalismos étnicos. Pedro Sánchez alcanzó el poder con una de las minorías históricas logradas por el socialismo español y no ha logrado en ningún caso superar los resultados del PP.

El programa electoral del PSOE siempre se ha visto alterado por el tacticismo de Sánchez y las urgencias para mantenerse en el poder. Ha traicionado postulados ideológicos que se creían inalterables en la ideología y en la práctica de la socialdemocracia. La igualdad ha sido ninguneada mediante la aplicación de políticas identitarias y la concesión de privilegios a territorios y a formaciones políticas, como en el caso de la soberanía fiscal cedida a Cataluña. Promesas electorales como la no concesión de la amnistía a los golpistas catalanes o la renuncia a formar gobierno con Podemos han sido incumplidas, amén de las propuestas sobre vivienda social que han sido cínicamente incumplidas.

A pesar de las sucesivas derrotas electorales y las minorías parlamentarias, Pedro Sánchez ha logrado formar gobiernos mediante coaliciones y diversos apoyos externos. El principal logro de Pedro Sánchez es el haber articulado un frente popular frente a la derecha conservadora y extrema, aunque para ello haya tenido que renunciar a la autonomía política y a la vocación mayoritaria. En las elecciones autonómicas en Galicia, por ejemplo, el PSOE obtuvo un descalabro electoral, pero ello no fue óbice para que Sánchez se declarara feliz con el resultado arguyendo que la formación nacionalista había progresado en sus expectativas, aún al precio de fagocitar votos socialistas. El principal objetivo político de Sánchez es el evitar que la oposición llegue al poder, meta primordial para que él lo conserve.

Esta impostura, con la inherente construcción del «muro» que separa a la sociedad española en dos bandos irreconciliables, es el seguro de vida político y el eje político del sanchismo. Poco importa que en la mayoría sobre la que se sustenta Sánchez figuren partidos como EH Bildu, heredero de ETA, o Junts, un partido xenófobo de índole golpista, que le son imprescindibles para durar en el poder.

Es elocuente el hecho de que en la noche del 23 de julio de 2023, tras haber ganado el PP las elecciones, Pedro Sánchez y su esposa declararan entre saltos y expresiones de júbilo su consigna de «Somos más». Aquella noche, encaramados a un escenario improvisado en la calle Ferraz de Madrid, el sanchismo mostró su verdadero rostro al incluir en su mayoría de gobierno frentepopulista a los fugados de la justicia española y a quienes en el pasado, todavía reciente, habían asesinado a militantes de Partido Socialista Obrero Español, compañeros todos ellos de Sánchez, que brincando y exultante de rencor y resentimiento declaraba ante España «Somos más».

El síndrome de Estocolmo de P. Sánchez

El 23 de agosto de 1973, Jan Erik Olsson intentó asaltar un banco en Estocolmo. Tras verse acorralado tomó como rehenes a cuatro empleados del banco, tres mujeres y un hombre. A pesar de las amenazas contra sus vidas, los rehenes terminaron protegiendo al raptor para evitar que fuera capturado por la Policía de Estocolmo El psiquiatra Nils Bejerot, asesor de la Policía sueca durante el asalto, acuñó el término de «síndrome de Estocolmo» para referirse a la reacción de los rehenes ante su cautiverio. Un año después, en febrero de 1974, Patricia Hearst, nieta del magnate William Randolph Hearst, fue secuestrada por un grupo terrorista en Estados Unidos. Dos meses después de su liberación, ella se unió a sus captores, ayudándolos a realizar el asalto a un banco. El juicio celebrado contra Patricia Hearst terminó por popularizar el término de «síndrome de Estocolmo», que básicamente consiste en los sentimientos positivos desarrollados por las víctimas respecto a sus victimarios.

Dicen que la política hace extraños compañeros de cama, pero no por ello deja de causar cierta perplejidad la capacidad del sanchismo —versión actualizada del socialismo español— para empatizar con sus victimarios. Es una evidencia histórica y política que ETA perpetró 864 asesinatos, 3500 atentados y más de 5000 víctimas directas e indirectas sin contar los secuestros, las múltiples extorsiones y los miles de vascos que se vieron forzados a abandonar el País Vasco. Es una evidencia empírica el *apartheid* ideológico ocasionado entre la población vasca que no se prestó a acatar el designio totalitario de la banda criminal. Entre los asesinados por ETA figuran treinta y dos cargos electos del PP y del PSOE; de los que once eran militantes socialistas. Los nombres de los asesinados son, por orden cronológico, Germán González López, Enrique Casas, Vicente Gajate, Fernando Múgica Herzog, Fernando Buesa, Juan M.ª Jauregui, Ernest Lluch, Froilán Elespe, Juan Priede, Joseba Pagazaurtundua e Isaías Carrasco. A todos ellos los tiene ya amortizados el presidente Sánchez.

Es una evidencia política que la organización terrorista ETA se disolvió formalmente hace once años, aunque Sortu se subrogó en sus objetivos, al tiempo que se declaraba su heredero político. La sociedad vasca siempre pensó que los herederos de ETA llegarían a realizar la autocrítica de un pasado cómplice con la violencia terrorista, coronando así un ciclo en el que los vascos lograríamos una pacífica convivencia democrática. Hoy es el día en el que los herederos de ETA no han condenado el pasado criminal de la banda y el ciclo abierto tras la extinción de ETA todavía no se había cerrado. Pero hete aquí que Pedro Sánchez se ha apresurado a cerrar el inconcluso período político, blanqueando a la coalición política EH Bildu, que afirma no tener intención de adjurar de su pasado cómplice con ETA. En la sesión que con su abstención hizo posible la investidura de Pedro Sánchez, los portavoces de EH Bildu en el Congreso declararon sentirse muy orgullosos de su pasado cómplice con ETA. Desde aquel momento, los herederos de ETA se convirtieron en imprescindibles y preferentes cómplices del presidente Pedro Sánchez Castejón.

Llama la atención el empeño con que el conjunto del nacionalismo vasco se esfuerza en proclamar la paz y la convivencia en nombre de la normalidad, a pesar de que el nacionalismo en su conjunto y la izquierda *abertzale*, en especial, se abstienen de realizar ningún tipo de autocrítica respecto a su responsabilidad política en la historia criminal de una parte de ese nacionalismo. Las políticas diseñadas desde los gobiernos de Sánchez se empeñan en ignorar, paliar o blanquear dicha historia criminal y apuestan por pasar página en nombre de la necesaria «normalización» política del País Vasco. El partido socialista de Euskadi ha avalado algunas de las iniciativas del nacionalismo vasco en orden a acelerar la necesaria normalidad política, pero siempre se había opuesto, hasta ahora, a otorgar carta de naturaleza democrática a quienes se reclaman herederos de ETA, por negarse estos a asumir su responsabilidad política y moral por los crímenes de ETA. Así de limpio y honesto había jugado hasta ayer mismo el socialismo vasco, pero algo ha cambiado en la escena política vasca y española desde que el presidente Sánchez aceptó, buscó y pactó el apoyo de EH Bildu a su investidura.

El apoyo firme de Otegi y los suyos a la investidura de Sánchez ha roto el cordón sanitario moral y político con el que el socialismo mantenía la distancia con los herederos de ETA. Ha bastado el blanqueamiento de los secuaces de ETA, por parte de Sánchez, para que en Navarra se le conceda a la izquierda *abertzale* su carta de legitimidad democrática e incluso la alcaldía de Pamplona.

Sabíamos que EH Bildu era una organización legal aunque estuviera sometida a una especie de cuarentena tácita por parte de los partidos constitucionalistas, al menos hasta que realizara la autocrítica de su pasado ancilar con respecto a ETA, pero Sánchez se ha apresurado a pasar página blanqueando su obscuro linaje político. Para bien o para mal, el escenario político de Euskadi y de España ha cambiado, y el síndrome de Estocolmo ha activado una nueva dinámica por la que Otegi y los suyos «progresistas» de Sánchez se han convertido en fieles garantes de la continuidad del sanchismo y de sus gobiernos.

Es conocida la extrema capacidad y ductilidad de Pedro Sánchez al adoptar todas aquellas tácticas que conduzcan a su permanencia en el poder. Pero, a pesar de ello, no deja de asombrar y escandalizar la funesta complicidad establecida entre el socialismo español y quienes todavía el 7 de marzo de 2008 asesinaban a Isaías Carrasco, el último de los miembros del PSOE asesinado. Once años más tarde, sin mediar arrepentimiento ni excusa, Sánchez alcanzó el poder con el apoyo decisivo de quienes apoyaron, excusaron y justificaron el terrorismo etarra, enemigo declarado de las instituciones emanadas de la Constitución de 1978. P. Sánchez, el «astuto y despiadado» dirigente socialista, ha sido capaz de saltarse todas los usos y las normas de la ética política con tal de acceder al poder. Lo cual constituye para el sanchismo la suprema virtud política. La pleitesía y la servidumbre voluntaria que el conjunto del socialismo español rinde a su líder serán algún día estudiadas por los criminólogos como el paradigma del síndrome de Estocolmo.

La foto de Alfonso Guerra y P. Sánchez, el *ruthless*

En el reportaje publicado por *The Economist* en el mes de octubre de 2024, el periodista califica a Pedro Sánchez de personaje «astuto y despiadado». *Ruthless* en inglés significa despiadado. Y yo me acordé del libro de Joaquín Leguina, ya mencionado aquí, donde hay un capítulo con el expresivo título de «La crucifixión de Tomás Gómez», quien fue arrojado a las tinieblas exteriores, crucificado y tratado de manera despiadada por el actual presidente del Gobierno Pedro Sánchez. Seguimos aquí la crónica de la crucifixión de Tomás Gómez escrita por su compañero Joaquín Leguina.

Entre todas las cacicadas practicadas por Pedro Sánchez, la más sangrante —en opinión de J. Leguina— es la defenestración de quien había sido el alcalde más votado de España, Tomás Gómez en Parla, que fue elegido secretario general del PSOE en Madrid. En una convención celebrada los días 7 y 8 de febrero de 2015 fueron elegidos candidatos a la Comunidad y al Ayuntamiento Tomás Gómez y Antonio Carmona respectivamente. A los pocos días de hacerse público los nombres de los candidatos, César Luena, secretario de organización de Pedro Sánchez, convocó una rueda de prensa en la que aseguró:

> … que estaban pasando cosas gravísimas en Madrid y pasarían cosas aún más graves, y él lo sabía de buena tinta. Todo lo cual obligaba a declarar a Gómez como no «idóneo» para representar al PSOE en la comunidad de Madrid. En la misma línea, informó que Ferraz había decidido poner una gestora al frente del partido en Madrid, cesando a su ejecutiva y por último habían decidido disolver el Comité Regional donde estaban los 600 militantes elegidos en voto directo en las agrupaciones. (*Pedro Sánchez. Historia de una ambición*, Espasa, Madrid, 2021, pág 48).

Luena puso en entredicho, sin prueba alguna, la honradez de Tomás Gómez y arrojó una sombra de sospecha sobre el candidato elegido por las bases. Acto seguido, Sánchez y Luena enviaron cerrajeros a las oficinas del partido en la calle Callao, impidiendo el acceso a T. Gómez y a sus colaboradores, de forma que no pudieron retirar sus efectos personales. Tras la operación de los cerrajeros, Luena envió por burofax la carta de despido a los once trabajadores del PSOE madrileño.

Al día siguiente de estos hechos *El País* sacó a la luz una encuesta, más falsa que un duro de madera (Leguina *dixit*). Según la encuesta, el hecho de intervenir la Federación, echar a su líder y constituir una gestora hacía que los socialistas pasaran de una derrota más que catada a ser primera fuerza política en Madrid. El candidato del PSOE, en sustitución de Tomás Gómez, pasaba a ser Ángel Gabilondo que ni siquiera era militante del PSOE.

Pero la cruel y despiadada historia de Tomás Gómez no acaba aquí. Por si no bastara con la muerte política de T. Gómez no cejaron desde Ferraz en el empeño de lograr su muerte civil. Alguien expulsado por sus propios compañeros bajo la sospecha de ser corrupto no lo tiene fácil para incorporarse a la vida social y al mercado laboral. T. Gómez tuvo problemas hasta para leer su tesis doctoral bajo el estigma de una sospecha infundada, así como para encontrar un empleo.

Esta triste historia, claro es, tenía un trasfondo y una motivación que no era otra que un doble acuerdo entre Pedro Sánchez y *El País* para lo siguiente: 1) apoyar a Pedro Sánchez desde el periódico y 2) designar a Ángel Gabilondo (miembro del comité de redacción de *El País*) como candidato a la Comunidad de Madrid.

Así es como las gasta Pedro Sánchez con quienes no le otorgan pleitesía y servidumbre. Tomás Gómez jamás fue encausado ni condenado por corrupción, pero el sanchismo le hizo la vida imposible. Tomás Gómez es un botón de muestra, pero muchos otros padecieron el rencor y el resentimiento de quienes alguna vez discreparon de él. Joaquín Leguina, Nicolás Redondo y todos aquellos que trataron de impedir las tropelías de Sánchez. Sánchez ha sido un hombre despiadado (*ruthless*) que no conoce otra amistad que la de su patológica ambición.

Alfonso Guerra, refiriéndose a los militantes del PSOE, dijo algún día que «quien se mueve no sale en la foto». Pedro Sánchez podría suscribir la *boutade* de Guerra, pero en su encono narcisista va mucho más allá: quien se le oponga o discrepe de él no merece piedad. Lo dice *The Economist* y es que además de astuto es despiadado. Su astucia, sin embargo, no equivale a la astucia de la razón, de la que Hegel hablaba, pero le sirve para ir tirando un día y otro también, en su afán de «deconstruir», todo lo que no alcance a dominar.

¡Vivan las cadenas!

¡Vivan las cadenas! es el supuesto grito dado por algunos españoles en 1823 al ser restablecido el absolutismo de Fernando VII con el auxilio de Luis XVIII de Francia y del ejército del duque de Angulema. El grito de «Vivan las cadenas» es lo que mejor explica la servidumbre y la sumisión de los súbditos ante el tirano de turno. Se trata de la sumisión voluntaria, por supuesto, que envilece la condición humana y denota la más extrema alienación del siervo reducido a homúnculo complaciente con el tirano. Frente a quienes afirman, como Rousseau o incluso Spinoza, que el hombre nace libre y lo es por naturaleza, se alza la pregunta de por qué los hombres se arrodillan ante otro hombre. Por qué un hombre obedece a otro. La respuesta nos la da Étienne de La Boétie cuando nos dice que es la costumbre la que convierte al hombre en servil.

> Los hombres nacen bajo el yugo y, después, nutridos y educados en la servidumbre, sin mirar más allá, se contentan con vivir como han nacido, y no piensan jamás en tener otro derecho, ni otro bien, que éste que han encontrado, y consideran como natural la situación de su nacimiento (…) la costumbre, que tiene un gran poder sobre nosotros en todos los asuntos, no tiene en ningún otro tan grande influjo como el de enseñarnos a servir y (como se dice de Mithridate, el cual se acostumbró a beber el veneno) hacernos aprender a tragar y no encontrar amargo el veneno de la servidumbre (pág. 137).

El diagnóstico de La Boétie, sin embargo, se queda corto a la hora de cargar todo el peso de la servidumbre en la costumbre heredada o asumida. Junto a la costumbre cabe encontrar otras razones y otros motivos que ayudan a entender por qué el hombre se convierte en el siervo de otro. El mismo La Boétie insinúa otros motivos y otras causas que explican la servidumbre humana, ya que esta es multicausal. La educación, junto a la costumbre, es también el origen de la servidumbre voluntaria.

> No agrada nunca lo que no se ha tenido jamás, y el arrepentimiento no viene nunca sino después del placer; siempre es tras el conocimiento del bien, cuando se produce la nostalgia del goce pasado. La naturaleza del hombre es ser libre y querer serlo, pero también su carácter es tal que, naturalmente, tiene la doblez que la educación le da (págs. 143-144).

También la coacción y el engaño forman parte de los motivos que inducen a la servidumbre. Es aquí donde el populismo moderno tanto de izquierdas como de derechas encuentran su lugar como origen de la degradación humana.

«A todos los hombres, antes de dejarse subyugar, les ocurre una de estas dos cosas: o son coaccionados o burlados» (pág. 136).

Quien jamás ha conocido la libertad ignora la bondad que la libertad supone y es por ello que no es consciente de su estado de postración y servidumbre. Pero además de estas causas que explican la génesis de la servidumbre, existen otras que la generan. No en vano han transcurrido cinco siglos desde que La Boétie escribiera su discurso y, aunque la condición humana es fundamentalmente la misma, existen motivos de índole cultural y social que han acrecentado las razones de la servidumbre en la sociedad del siglo XXI. El miedo, la militancia, la fe o la polarización política constituyen otras tantas causas a la hora de explicarnos el fenómeno de la servidumbre y la tiranía que ejerce el Uno.

Para mejor centrarnos en este fenómeno de la alienación extrema en que consiste la servidumbre voluntaria, nada mejor para ello que focalizar el fenómeno de la servidumbre en el caso del sanchismo que tan de cerca nos afecta. Debemos preguntarnos por los motivos que inducen a la servidumbre a quienes apoyan, obedecen o rinden pleitesía al líder representado por Pedro Sánchez.

El primer círculo de quienes rinden pleitesía voluntaria al líder autócrata no es numeroso y según el criterio de La Boétie bastan cinco o seis para iniciar el círculo de los millones que se convierten en dóciles siervos. Recordemos las palabras de La Boétie, anteriormente ya citadas:

> Siempre ha habido cinco o seis que han captado la atención del tirano y se han acercado a él, o incluso han sido llamados por él, para hacerlos cómplices de sus crueldades, compañeros de sus placeres, alcahuetes de su voluptuosidad y participantes de los frutos de sus pillajes (...) Estos seis tienen seiscientos, que se aprovechan bajo su protección, y hacen de los seiscientos lo que los seis hacen al tirano. Estos seiscientos tienen bajo ellos seis mil.

Basta con un pequeño núcleo de servidores cómplices para que el ejército de servidores se multiplique de manera exponencial. Lo podemos observar en el caso de Pedro Sánchez cuando, tras ser defenestrado de la Secretaría General del PSOE, se propuso regresar al cargo mediante las primarias que le sirvieron de trampolín. Eran muy pocos los que creían en él, pero la ciega determinación del líder y la vocación de servidumbre de unos pocos lograron el milagro de que las filas del sanchismo aumentaran hasta convertirse en multitud. Inicialmente, Sánchez contaba con el apoyo entusiasta de Begoña Gómez, su esposa, y de un reducido grupo de seguidores, entre los que se encontraban Adriana Lastra, Susana Sumelzo, Óscar Puente, Odón Elorza, Margarita Robles y Ábalos. Media docena de candidatos al servicio del líder recién destronado, pero a los que muy pronto se uniría una parte de la militancia más radicalizada que encontró en Sánchez a alguien que se enfrentaba a la burocracia del partido. Los mensajes de radicalidad democrática de evidente sesgo populista hicieron el resto y Sánchez se alzó con la victoria que muy pronto se convertiría en una depuración de quienes le habían apeado de la Secretaría General. Sánchez nunca olvida un menosprecio. El resentimiento es su principal motor.

Nos hemos referido a la mutación ideológica y organizativa del PSOE de Sánchez y su funcionamiento actual como una plataforma personal de su secretario general, y es el momento de cuestionarnos por las causas del férreo control que ejerce el número uno del PSOE.

Sánchez es reverenciado y temido a partes iguales por quienes se han convertido en voluntarios siervos de su persona. Reverenciado por quienes ven en él al líder providencial, que ha sacado al PSOE de su ostracismo tras la época de Zapatero. Es el líder que ha llevado al PSOE a la Moncloa, con la subsiguiente nómina de cargos ejecutivos en el Gobierno y en el Estado. Que Sánchez miente y manipula; que el secretario general no admite la más mínima discrepancia; que el presidente del Gobierno gobierna evitando los controles democráticos usuales; que se coaliga con los enemigos de España y del PSOE; que es capaz de subvertir los postulados históricos del socialismo español... y qué más da, si la derecha no gobierna ni se espera que lo haga en mucho tiempo. La militancia ha recobrado el orgullo de ser socialistas. Ha reconquistado una identidad política de la que carecía y se ha ganado el derecho de ser parte del progresismo mundial que su líder encabeza. Esos son los motivos por los que la militancia adora a su líder y se regodea en la servidumbre voluntaria al p... amo.

Pero también está lo del miedo. Miedo a perder el sustento y el estatus que confiere la cercanía al poder. La Boétie ya lo había anticipado:

Respecto del tirano los favoritos no pueden nunca tener ninguna seguridad, y tanto tiene tomado de ellos mismos que puede todo, y no tiene ni derecho ni deber alguno que le obligue, construyendo su Estado sobre la base de utilizar su voluntad como razón, no tener compañero alguno y ser el amo de todo (pág. 170).

En las partitocracias actuales —y España lo es— los favoritos del líder o autócrata han de ajustarse a los usos que el Uno utiliza para dominar a sus siervos, dependiendo estos de la voluntad y el arbitrio de su señor. El sistema de cooptación que domina en los partidos «democráticos» españoles hace que los que acceden a algún grado de poder se lo deben todo al p... amo. Él es quien les sitúa en la lista de los elegibles y es a él a quien deben el puesto en el organigrama del poder y sus aledaños. Las listas cerradas que concurren a las elecciones son filtradas y configuradas por el amo, que tiene la potestad de poner o quitar a los candidatos en las listas. Si a ello añadimos que la gran mayoría de quienes concurren a las elecciones carecen de experiencia laboral, fuera de sus tareas en la estructura del partido, nos haremos una idea de la absoluta dependencia del líder de turno, de Pedro Sánchez en este caso. Los gobiernos de Sánchez destacan por su anómala profusión ministerial con su inherente aumento de personal que se nutre de amigos y militantes. Hay quien ha identificado al PSOE como una gran oficina de empleo. Félix de Azúa describe con ironía no exenta de sarcasmo la proliferación de asesores y altos cargos que han proliferado con el sanchismo:

> «¿Y por qué ese empecinamiento en demostrar la corrupción de un partido con una parte de su historia en verdad respetable? Será por motivos marxistas, es decir, porque la legión de empleados a las órdenes del marido de Begoña es en estos momentos de más de 3.000 a sueldo del Estado, es decir, al servicio del marido. Si a los 3.000 se añaden sus familias, los grupos beneficiados, las empresas afines, los sindicatos (¡que aún se autoproclaman «de clase»!), los subvencionados, las instituciones tomadas por enchufe, y demás corruptelas, nos acercamos a varios millones de votos sobornados. Los socialistas se han comprado España entera. Es exactamente la estrategia que usó el partido socialista español en Andalucía, donde se perpetuó a lo largo de varias décadas comprando votos, beneficiando la vagancia y arruinando la comunidad que sólo ahora vuelve a laborar con una cierta energía» (https://theobjective.com/elsubjetivo/notas-del-espectador/2024-10-05/contorsionistas-psoe-sanchez/).

«Varios millones de votos sobornados», nos dice F. de Azúa y uno no puede menos de acordarse del texto de La Boétie, donde alude a los millones de siervos complacientes que proliferan en el entorno del tirano.

> Estos seis tienen seiscientos, que se aprovechan bajo su protección, y hacen de los seiscientos lo que los seis hacen al tirano. Estos seiscientos tienen bajo ellos seis mil…Y el que quiera divertirse en devanar esta madeja verá que no por los seis mil, sino por los cien mil, los millones, por esta cuerda se sostiene el tirano, ayudándose de ella de modo que, en Homero, Júpiter se vanagloria de que si él tira de la cadena atrae hacia sí a todos los dioses (…) se llega a esto por los favores, por las ganancias o partes de ganancias que se tienen con los tiranos, pues se encuentran casi tantas gentes para las cuales la tiranía parece ser útil (pág. 163).

La utilidad de la tiranía, para una parte de población subyugada, ya fue descrita por Jenofonte en el diálogo entre Hierón y Simónides. Y es que la tiranía, la dictadura, el despotismo, el caudillo, el césar o el nepotismo siempre contaron con infinidad de siervos fieles entre los que se vieron favorecidos por el autócrata de turno. Ese trato de favor, esas migajas de la mesa del banquete, explican en buena medida la servidumbre voluntaria de millones de hombres y mujeres que, además de la costumbre y el adoctrinamiento, conforman la multitud de siervos voluntarios.

Las razones por las que «un hombre obedece a otro» pueden ser varias y concomitantes a la costumbre, y al adoctrinamiento se le pueden sumar la empatía emocional con el líder, la adhesión a una ideología política determinada e incluso la fascinación por el poder exhibido mediante rituales y boatos que La Boétie ya contemplaba en su discurso:

«Se consideraban de algún modo más que hombres y dejaban en esta creencia a las gentes que convierten con gusto en sobrenaturales las cosas que no pueden juzgar con sus ojos» (pág. 158).

El culto a la personalidad del líder (autócrata o tirano) es una modalidad de la servidumbre voluntaria, que aparece tanto en las autocracias de derecha como de izquierda. Stalin o Mussolini disfrutaron de dicha expresión de servidumbre y nuestro presidente ha demostrado ser sensible al culto a su persona. La sustitución de la palabra por el aplauso en los diferentes comités u órganos directivos del PSOE es un fenómeno que no ha pasado desapercibido.

Las decisiones e iniciativas de Pedro Sánchez no suelen ser ni debatidas ni criticadas y se suelen aprobar mediante el aplauso o el entusiasmo, a veces, sin que los reunidos conozcan los pormenores del asunto que aprueban mediante unánimes aplausos. Ocurrió, por ejemplo, cuando el Comité Federal del PSOE aprobó, el 7 de septiembre de 2024, la concesión de la soberanía fiscal a Cataluña por parte de Pedro Sánchez. El texto del acuerdo no fue mostrado a los reunidos, lo que no impidió que los miembros del comité dieran su aprobación a lo que constituía un concierto económico, al estilo vasco-navarro a Cataluña. Es precisamente ante dicho Comité Federal cuando Sánchez leyó un texto donde afirmaba que seguiría gobernando con o sin el apoyo del Parlamento. Grave y anticonstitucional declaración, típica de un autócrata. Dicha afirmación fue, una vez más, aplaudida por los miembros del Comité Federal, en clara demostración de su voluntaria servidumbre.

El sentido de pertenencia a un grupo político determinado es otra de las causas que explican la pulsión humana hacia la servidumbre voluntaria. Tras los peculiares gobiernos de J. L. Rodríguez Zapatero que terminaron de manera un tanto abrupta y con graves déficits económicos, el PSOE se hallaba necesitado de una dosis de autoestima que P. Sánchez supo aportar al vencer y derrotar a Mariano Feijóo en la moción de censura. El poder acrecienta la autoestima de los deudos y simpatizantes del líder, y la militancia del PSOE cerró filas en torno a su líder. Un líder celoso de sus prerrogativas y aspirante a un dominio personal y sectario, impulsor de la confrontación polarizadora y necesitado del aplauso, la sumisión y la servidumbre de los suyos. Un líder autocrático investido de una aura mesiánica y milenarista, autoproclamado líder mundial del progresismo y autoerigido como supremo comandante de la lucha contra el fascismo. No es de extrañar que, ante semejante fenómeno político, la militancia se convierta en secta y se constituya en el núcleo duro de la parroquia sanchista.

Paradójicamente, no todos los que forman la mayoría que soporta a Pedro Sánchez se ven aquejados del vicio de la servidumbre, muy por el contrario, algunos de ellos asumen la condición de cómplices necesarios e incluso de copilotos en el ejercicio de una autocracia, apenas disimulada. El chantaje permanente y la usura sistémica del poder mantienen el vínculo mafioso con el Gobierno de Sánchez. Lo de mafioso no ha verse como una hipérbole ni como exceso verbal, sino como la expresión de una realidad que el antropólogo e historiador Julio Caro Baroja supo apreciar en la política vasca y española por añadidura. «La cosa nostra», la mafia, es un paradigma de la usurpación de lo público, al servicio de intereses espurios que tienen por finalidad el uso privativo del poder. Un poder no controlado ni legitimado por las urnas, pero fácticamente operativo mediante pactos opacos en los que se intercambian privilegios, derechos o bienes materiales e inmateriales a cambio de una determinada investidura política. Comprar el poder institucional a cambio del pago de una dádiva futura consiste en pactar un acuerdo mafioso mediante el cual las partes acuerdan satisfacer, a costa del Estado, una deuda contraída de manera alegal y corrupta.

Sorprende, en este sentido, que Pedro Sánchez, reputado como el líder mundial del progresismo, demuestre tener una mentalidad feudal del poder. Un poder que considera al Estado como un feudo cuyo amo y señor somete a la nación al vasallaje. La nación de naciones, que es como define el sanchismo a España, se constituiría bajo un poder absoluto de Uno, quien trata de feudalizar a las «naciones» de España mediante la cesión de privilegios, derechos y concesiones hasta convertirlos en perfectos estados confederales. Dichos estados confederales tendrían como único deber el de sostener al Uno en el poder. Esta concepción del Estado «deconstruido» en sus partes soberanas constituiría el proyecto político del sanchismo. Ello supondría la abolición del Estado nación y el final de España como nación y como Estado.

Acabo de referirme a las deudas alegales y corruptas que Pedro Sánchez contrae con los enemigos del Estado constitucional de 1978, a cambio de su permanencia en el poder; es preciso que concrete este punto. Todos lo apoyos de los que P. Sánchez se beneficia, para su estancia en la Moncloa, han recibido o están recibiendo privilegios, derechos y prerrogativas que no son propiedad de Sánchez, sino que son del patrimonio del Estado español. Son pagos que Sánchez efectúa a cambio del disfrute del poder en la Presidencia del Gobierno. Son bienes materiales o inmateriales que no siendo de su propiedad Sánchez utiliza como pago al favor que sus cómplices le otorgan. La mayor parte de los pactos y pagos que Sánchez se ha comprometido a efectuar a quienes lo mantienen en el poder se han pactado, además, de forma opaca y sin conocimiento del Parlamento ni del propio PSOE, mediando incluso «facilitadores» o intermediarios que han actuado como testigos de los acuerdos. Es el caso de los pactos suscritos con Puigdemont en territorio extranjero, coincidiendo en su persona la condición de fugado de la justicia española y acreedor de una amnistía autogestionada. Los pactos con EH Bildu permanecen secretos y tan solo consta el hecho de que los presos de ETA son liberados en algún caso, ven menguada su permanencia en la cárcel o disfrutan de beneficios carcelarios sin control judicial. En lo que respecta al PNV, la caja única de la Seguridad Social está en entredicho y parece ser que Sánchez tan solo aguarda el momento oportuno para concederla. Finalmente, ERC ha logrado la instauración de un concierto económico parejo al que disfrutan Euskadi y Navarra. Ninguna de estas prebendas son propiedad de Sánchez, pero dispone de ellas a su conveniencia, utilizándolas como pagos en especie política a cambio de mantenerse en el poder.

Contrariamente a sus votantes y en especial a la militancia del PSOE, a quienes cabe atribuir una servidumbre voluntaria a su líder, los apoyos de Sánchez para su permanencia en el poder no actúan en concepto de servidumbre, sino que, de algún modo, actúan como «padrinos», en el riguroso y ominoso sentido del término utilizado por Francis Ford Coppola. Todo el entramado que sostiene a Sánchez en la Moncloa denota un cierto aire de corrupción política en tanto en cuanto se sustancia como un mercadeo alegal y mafioso, que tiene como efecto inmediato la «deconstrucción» del Estado de derecho español y la fragilización y desestabilización de los instrumentos constitucionales que, precisamente, deberían de ser su salvaguarda. Los indultos a los protagonistas del golpe de Estado de 2017 en Cataluña, la amnistía a quienes materializaron el golpe, la liberación anticipada de los presos de ETA y la donación del concierto económico a Cataluña a instancias del ERC son decisiones personales de P. Sánchez que depauperan nuestra democracia. Todas estas daciones y concesiones de Sánchez, en pago al sostén en la Presidencia del Gobierno denotan la decadencia o el suicidio inducido de España. La vía iniciada por el autócrata Sánchez para acceder al poder y mantenerse en la Moncloa es una vía sin retorno que nos conduce a un futuro incierto donde todo es posible, incluso el establecimiento de un régimen autocrático con apariencia democrática, pero sin el espíritu ni la esencia de una democracia liberal. ¡Vivan las cadenas! Le gritaban y festejaban a Fernando VII, al Rey Felón, el mismo que abolió la Constitución de 1812. Pedro Sánchez recuerda a muchos la felonía y los modos de aquel ominoso monarca.

El cuerpo del autócrata Sánchez

Mucho se ha especulado sobre la apariencia física de Pedro Sánchez y hay quien ha admirado su prestancia e incluso su belleza, como aquel laureado director de cine que llegó a calificarlo de Mr. Handsome. Sea como fuere, no es el grado de belleza o galanura de Sánchez lo que aquí nos interesa, sino la función que su cuerpo ejerce en la fascinación o no por parte del cuerpo electoral. En el opúsculo *Fascismo y populismo. Mussolini hoy* (Penguin Random House, 2024), Antonio Scurati reflexiona sobre las diferencias entre los populistas de hoy y los nacionalistas fascistas de Mussolini, donde destaca:

> La amenaza resumida en la centralidad autoritaria del «jefe», del líder en quien supuestamente se encarna el pueblo, ese que no precede, sino que sigue, que practica una política del miedo, que luego conmuta en odio, que implementa una brutal simplificación de la complejidad de la realidad. Y que habla al cuerpo electoral a través de su propio cuerpo (pág. 87).

Según Scurati, el Duce fue el primero en situar el cuerpo en el centro de la escena política. Mussolini fue el primero en comprender que, en la era de las masas, la comunicación política no pasa de la cabeza a cabeza, sino que es una interacción casi física que pasará del cuerpo del líder al cuerpo electoral. «A las tripas de los votantes», subraya Scurati.

La comunicación cuerpo a cuerpo, de tripa a tripa, es una de las características de la relación entre el líder populista y su cuerpo electoral, haciendo abstracción del mensaje ideológico y del discurso racional, sustituido por ideas simples y nada complejas que cobran corporeidad y realidad, facilitando la religación (Zubiri) entre el líder y la masa sometida a su voluntaria servidumbre. El cuerpo cobra vigencia y poder en la comunicación emocional y visceral que apela a la corporeidad de la masa entregada al líder.

Mussolini sería el pionero, según Scurati, pero Hitler fue su alumno aventajado en las masivas *performances* en las que la religación corpórea entre el líder y la fascinada masa se convertían en sacramento místico y emocional. En nuestros días, el cuerpo de los líderes populistas ha cobrado actualidad con Putin y Donald Trump, maestros de la escenificación política capaces de suplir el discurso político por el histrionismo bufo o la grandiosidad del escenario donde su corporeidad adquiere tintes mágicos o religiosos. Ya en el reiterado discurso de Étienne de La Boétie señalaba la escenografía utilizada por el tirano para fascinar a sus voluntarios siervos. El poder siempre ha procurado utilizar el rito como significación de su dominio. Este dominio de la corporeidad sacramental ha cobrado actualidad en la política, espectáculo que el populismo ha hecho suyo como remedio del discurso racional y riguroso. Putin a caballo por la estepa, Putin atlético nadador, Putin con el torso desnudo pescando un soberbio salmón o Putin entrando por una inconmensurable puerta son la corporeidad con la que los suyos se reconocen.

La Moncloa no es el Kremlin, ni Sánchez es Putin, pero a su escala y en su demediado escenario, Pedro Sánchez cultiva su corporeidad como eficaz instrumento de comunicación para con los suyos. Es sabido que el presidente Sánchez no improvisa sus apariciones públicas ni descuida su apariencia física, según los escenarios en los que ejerce su liderazgo corporal. Su vestimenta y su apariencia se acomodan a las diversas *performances*: atildado galán en sus intervenciones en el Congreso, accesible y descorbatado «compañero» en los actos de partido o campechano líder de *look* vaquero en los mítines con los suyos…, la corporeidad del líder destaca como eficaz instrumento comunicativo a la hora de cerrar filas con el cuerpo electoral.

Nunca después del personaje de Franco, ningún actor político español había disfrutado de la veneración de los suyos con tanto entusiasmo y entrega incondicional como Pedro Sánchez, aunque también es cierto que nadie en los últimos cincuenta años había desatado tanta reprobación y disgusto como nuestro actual presidente del Gobierno. Las pasiones a favor y en contra son, seguramente, equivalentes a la polarización que el personaje ha provocado de manera consciente en la ciudadanía. Pedro Sánchez no puede pisar la calle sin que sea objeto de abucheos por parte de quienes no comparten sus postulados políticos y su modo de hacer política. Es en los actos de partido donde disfruta de la total entrega de los suyos que irrumpen en loas y aplausos en cuanto irrumpe, de manera presencial, su líder. Sánchez, de cuerpo presente, es saludado con entusiasmo y total entrega por quienes conforman el núcleo de su cuerpo electoral.

La comunión entre el cuerpo del líder y el cuerpo electoral reviste un carácter atávico e irreflexivo que escapa al raciocinio y a la reflexión. Antonio Scurati nos refiere:

Cuando la vida colectiva de un país se encamina por la senda en la que todo se encarna en el cuerpo del líder, lo que ocurre es que ese cuerpo no podemos tocarlo, no podemos alcanzarlo, no podemos analizarlo. Y por encima de todo, no podemos ponerlo en duda. Solo podemos adorarlo u odiarlo (págs. 90-91).

Pedro Sánchez es adorado cuando irrumpe ufano y sonriente ante los suyos, balanceando su esbelto cuerpo y esbozando su impostada sonrisa. Es adorado en su rotunda corporeidad que no admite cuestionamiento o duda alguna, tan solo cabe adorar u odiar a quien asume la función del Uno incuestionado. Es adorado en los ámbitos previsibles del partido, donde sus fieles se recrean en la servidumbre voluntaria de entrega visceral. O también es odiado, como aquel día en Paiporta, cuando sus escoltas tuvieron que sostenerlo en su huida, ante la furia desatada de la turba, que denostaba su ineficiencia e impasibilidad ante la tragedia de la dana.

El cuerpo de Sánchez, la imagen de su corporeidad, cumple una función comunicativa que solapa su discurso y sustituye la racionalidad o no de sus manifestaciones políticas. En el mecanismo dialéctico del amo/esclavo, el cuerpo del autócrata desencadena adhesiones y rechazos que son difícilmente evaluables, pero que son determinantes en la fundamentación de la servidumbre voluntaria por parte de los «suyos».

Cuando Pedro Sánchez determina que va a gobernar con o sin el respaldo del Parlamento y los miembros del Comité Federal irrumpen en un cerrado aplauso, es que se ha establecido una comunicación de cuerpo a cuerpo entre el autócrata y sus fieles. Sobran los argumentos, no hacen falta las razones, para consagrar el momento álgido de la comunión entre los cuerpos. La militancia se ha convertido en feligresía cuando es el cuerpo y no la mente lo que se convierte en el nexo que une al líder con la servidumbre.

El cuerpo del autócrata tiende a hacerse ubicuo y es el propio líder quien busca su presencia en todos y cada uno de los escenarios susceptibles de aplauso y loa. En las sucesivas campañas electorales Pedro Sánchez ha impuesto su presencia en cada plaza y en cada foro. Algunos líderes autonómicos trataron de evitar o minimizar la presencia del secretario general, temiendo un movimiento de rechazo por parte de los eventuales electores, como así parece haber sucedido en las elecciones autonómicas, pero finalmente Sánchez impuso su atosigante presencia corpórea con la que «los suyos» tuvieron que conformarse. Esta «conformidad» se hace inevitable cuando Pedro Sánchez, el campeón de las primarias, recurre al nombramiento a dedo de sus delegados en cada autonomía.

Los militantes carecen de la opción de elegir a los líderes autonómicos y es el autócrata quien con su dedo señala y nombra a sus delegados en cada autonomía. Se trata de la emulación de la figura del gobernador civil del franquismo que representaba al dictador. El cuerpo del autócrata es, de este modo, replicado y multiplicado en cada instancia de poder mediante la nominación de sus fieles. El hecho de que sean ministros de su gobierno quienes son nombrados al frente de las federaciones del partido en Andalucía, Castilla León, Aragón, Valencia o Madrid demuestra la insaciable corporeización del líder en sus delegados. Esta voluntad de reproducir su presencia y su cuerpo en todos los ámbitos del partido, del Gobierno y del Estado es lo que mejor refleja el carácter autocrático de un personaje que accedió al poder mediante la invocación al voto de la militancia. Una vez conquistado el poder, este se vuelve irrenunciable.

La colonización del Estado y de sus aparatos por parte del autócrata sigue la pauta de la réplica de su corporeidad desde el Gobierno y el partido.

«¿De quién depende el fiscal general? Pues eso».

El autócrata entiende la dependencia como propiedad inalienable. De ahí que los cargos nombrados discrecionalmente por el Uno se conviertan en prolongaciones de su corporeidad. Lo mismo da que se trate de la Abogacía del Estado, las empresas participadas por el Estado o los aparatos de comunicación de titularidad pública…, todos ellos se convierten en la expresión «corporativa» del autócrata. A su vez, todos los aparatos del Estado así colonizados tratan de convertirse en réplicas fieles del cuerpo del autócrata y se esmeran en rendir pleitesía y servidumbre al Uno.

El historiador medievalista Ernst Kantorowicz realizó su más conocida aportación al referirse a los dos cuerpos del rey que conformaban la ideología teologal sobre la monarquía medieval. Al cuerpo del rey muerto siempre cabía recurrir al cuerpo del rey que sobrevivía como institución. En el caso de los autócratas modernos, sin embargo, no cabe hablar de la duplicidad de los cuerpos, Una vez muerto, derrotado o caído, el autócrata moderno deja tras de sí el vacío más absoluto y la orfandad más terrible. El cuerpo de quienes le servían de manera voluntaria y sumisa, también, perece, cae y se desvanece sin dejar rastro. Fueron y no hubo más.

La acción de mutante y suicida de Pedro Sánchez

A lo largo de las páginas de este ensayo hemos podido constatar el declive de la democracia española y hemos descrito algunas de las fallas provocadas por el sanchismo, pero aún no hemos aportado una respuesta concluyente sobre la calidad de nuestra democracia y el líder que lo encabeza. Aunque sin ánimo de sentar cátedra procuraré a continuación resumir las principales conclusiones que cabe sacar de cuanto antecede.

1. La personalidad de Sánchez. En primer lugar, se ha de destacar la importancia de la personalidad de Pedro Sánchez en el devenir iliberal de nuestra democracia. El propio Sánchez ha reconocido —al referirse a Vladímir Putin— la importancia de la personalidad de los líderes en la ejecución de sus políticas. En un ensayo anterior (*Pedro Sánchez y el síndrome de Narciso*, Almuzara, 2024) me he esforzado por establecer un retrato de la personalidad del presidente Sánchez, llegando a la conclusión de que padece un acusado trastorno de personalidad narcisista. Dicho narcisismo tiene la virtualidad de explicar no pocas de las actuaciones de Sánchez y lo sitúa como plausible candidato a ejercer políticas con un fuerte sesgo de autoritarismo. Es obvio que a Pedro Sánchez le molestan los contrapesos a su poder ejecutivo y prefiere evitar en lo posible el control del Parlamento, así como las sentencias judiciales que le son adversas. Pedro Sánchez es proclive al autoritarismo y reúne las condiciones caracterológicas para ejercer de líder autocrático. No existe ninguna autocracia sin un líder que aspire a tener toda la autoridad y todo el poder, y es que la personalidad narcisista determina toda una cosmovisión y todo un tipo de gobernanza. Pedro Sánchez reúne todos los requisitos del perfecto autócrata.

2. Toda autocracia que se precie necesita de un núcleo de personas que rindan pleitesía y servidumbre al líder predestinado a grandes logros y tareas. Pedro Sánchez dispone de un partido —el PSOE— reconfigurado a su medida para obtener el poder y mantenerse en él. Es obvia la diferencia de apreciación que existe entre la generación de Felipe González y los actuales cuadros del socialismo español acerca de lo que actualmente sigue llamándose Partido

Socialista Obrero Español. El actual líder del PSOE reniega del «viejo» socialismo y los veteranos no se reconocen en el partido liderado por Sánchez que ha cambiado tanto en lo ideológico como en su estructura organizativa. En lo ideológico, el PSOE ha renunciado —no en su discurso, pero sí *de facto*— al histórico postulado de la igualdad, para centrarse en las políticas de la diferencia que, básicamente, se sustancian en políticas identitarias. La cesión de prebendas y privilegios por parte del PSOE sanchista tanto al movimiento feminista como a los diversos nacionalismos étnicos acentúa la diferencia entre hombres y mujeres o entre habitantes de territorios nacionalistas y españoles comunes. La cesión de la soberanía fiscal a Cataluña, por ejemplo, crea una diferencia de primer orden entre españoles que son financiados de modo diverso dando lugar a condiciones de vida dispares. En lo ideológico, además, los discursos oficiales canonizados en los distintos congresos del PSOE se vuelven papel mojado ante la cambiante opinión de su líder, convertida en dogma para los militantes. En lo referente a la estructura organizativa del PSOE, hemos descrito el nulo debate y discrepancia en su seno. El PSOE se ha convertido en una plataforma personal de P. Sánchez, cuyo único objetivo es la obtención y el disfrute del poder, así como la negativa a contemplar la alternancia política. Todo autócrata se fundamenta sobre un grupo político que admite su liderazgo sin pestañear ni discrepar y P. Sánchez ha logrado transformar al histórico PSOE en una dócil plataforma electoral que, además, trata de mimetizarse con el Gobierno y el Estado siguiendo un patrón totalitario. La existencia de un partido monolítico y dócil al servicio del líder es la condición de posibilidad para la existencia del líder indiscutible y totalitario.

3. Situaciones de excepcionalidad. Pedro Sánchez ha sabido aprovechar las situaciones de excepcionalidad para fundamentar su capacidad de decisión. La excepción y la capacidad de decretarlo es la seña del poder soberano. Cuando Sánchez fue defenestrado de la Secretaría General en el año 2016 se abrió en el PSOE un período de excepción, que Sánchez aprovechó para postularse de nuevo como secretario general de su partido. Fue un acontecimiento jamás dado en el socialismo español y, apelando al voto radical de una militancia huérfana de liderazgo, Sánchez se aupó con la victoria y pudo

«reconstruir» un partido a su medida y ambición. Tras la formación del primer gobierno de coalición en el año 2020, España se vio sometida a una experiencia excepcional con la pandemia del COVID-19. Haciendo uso de sus atribuciones Sánchez decretó el estado de alarma (de excepción, en suma) por dos veces; la primera durante quince días prorrogables y la segunda por un período de seis meses. Períodos en los que el Parlamento estuvo prácticamente clausurado y la población hubo de confinarse bajo estrictas medidas. Durante los primeros períodos quincenales de excepción, Pedro Sánchez se dirigió reiteradamente a la población española en largos discursos pronunciados mediante RTVE. El Tribunal Constitucional declaró ilegales los períodos de excepción declarados por el presidente del Gobierno, pero Sánchez ni se dio por aludido. El hecho de gobernar de espaldas al Parlamento instituyó un modelo de gobernanza rayana con la arbitrariedad, escudándose tras un comité de expertos que más tarde se declaró inexistente.

4. Reales decretos urgentes y excepcionales. Pedro Sánchez es el presidente del Gobierno que ha decretado el mayor número de decretos leyes. Es conocida la aversión de Sánchez a los controles que la Constitución establece y al Parlamento en concreto. Según el artículo 86 de la Constitución:

> En caso de extraordinaria y urgente necesidad, el Gobierno podrá dictar disposiciones legislativas provisionales que tomarán la forma de decretos-leyes y que no podrá afectar al ordenamiento de las instituciones básicas del Estado, a los derechos, deberes y libertades de los ciudadanos.

Los mencionados estados de alarma decretados por Sánchez asumieron la forma de decretos leyes y merecieron las sentencias condenatorias del Tribunal Constitucional, pero el hecho es que a Sánchez le gustó el instrumento del decreto ley y ha abusado como nadie jamás. El Constitucional habla de la *extraordinaria y urgente necesidad* para justificar el decreto ley, pero lo cierto es que en la casi totalidad de dichos decretos leyes tanto lo extraordinario como la urgente necesidad brillaban por su ausencia. Ocurre que Sánchez se acomodó al formato del decreto por la simple razón de eludir los controles parlamentarios y los dictámenes de los órganos pertinentes. Sánchez se ha manifestado como el presidente de la excepcionalidad y ello nos recuerda lo que Carl Schmitt afirmó al respecto: soberano es quien puede decretar el estado de excepción. Pues eso. Lo que de verdad le complace a Sánchez es gobernar desde la excepcionalidad, lo cual nutre la ambición narcisista de poder, al demandar el cumplimiento inmediato a sus voluntades y deseos «extraordinarios y urgentes de necesidad». Síntoma evidente de la voluntad soberana del autócrata.

5. La colonización del Estado. Quien se cree facultado para imponer su voluntad en todos los ámbitos de la política no distingue entre lo que es justo, prudente y eficiente. La voluntad soberana del autócrata coloniza todas y cada una de las instancias del poder aunque estas incluyan los organismos destinados, precisamente, al control del Poder Ejecutivo. Todos lo hacen. Todos los presidentes pretenden colonizar y «okupar» los instrumentos del Estado y las sociedades y organismos de índole pública, pero nadie como Sánchez ha operado de forma tan arbitraria e impropia al colocar a sus fieles y amigos en cada uno de los puestos susceptibles de ser colonizados. Sánchez ha actuado como el amo y señor de un cortijo, al beneficiar con regalías y prebendas a sus fieles, estuvieran o no capacitados para ejercer la labor encomendada. Es digno de mención el nombramiento de un amigo al frente de una empresa pública que ha ocasionado pérdidas por valor de mil millones de euros, pero con ser ello escandaloso y digno de reproche, todavía lo es más cuando se trata de colonizar los aparatos del Estado cuya finalidad es el control del Ejecutivo. El Tribunal Constitucional ha sido colonizado por fieles devotos de Sánchez y el Congreso de los Diputados se ha convertido en una caja de resonancia del Ejecutivo; el Consejo General del Poder Judicial se ha resistido, mal que bien, a la colonización del sanchismo, pero ha sido sometido a enormes presiones e incluso ha sido tachado de *lawfare* por parte de ministros del Gobierno sanchista. Históricamente, las colonias son la consecuencia de la expansión imperial, en el caso de Pedro Sánchez la colonización del Estado es la mejor manifestación de su afán y prurito imperial. Cree que el Estado es él y obra en consecuencia. *L'État c'est lui.*

6. La sempiterna Guerra Civil. Lo hemos señalado ya, el principal logro de Pedro Sánchez es el haber construido un enemigo que justifique sus desmanes autocráticos. Todo le es permitido si la intención es la derrota del enemigo y la negación de su derecho a ser alternativa de gobierno. El muro construido a tal efecto es la elocuente manifestación de su obsesión guerracivilista. Su antecesor, José Luis Rodríguez Zapatero, fue quien inició la revisión de los postulados en los que se afincaba la Transición, mediante su ley de memoria histórica, pero Sánchez lo superó con su Ley de Memoria Democrática decretada de consuno con EH Bildu. Mediante dicha ley el franquismo alcanza no hasta la muerte del dictador, sino que incluye la gobernanza de Felipe González. Es proverbial la mendacidad de Pedro Sánchez, pero dicha mendacidad alcanza la calidad de orgánica cuando pretende corregir la historia al concebir a la oposición conservadora, representada por el PP actual, como la continuación del franquismo puro y duro. La polarización de la sociedad española hasta el paroxismo es el santo y seña del sanchismo y, desde la mendaz lógica de Sánchez, es un dogma la continuidad del franquismo en el partido liderado por Feijóo. El franquismo es el responsable de todos los males pasados y presentes que incluso afectan a su familia como ya indicara en el primer volumen de sus memorias.

> Como muchas víctimas del franquismo, a mis abuelos se les negó el acceso a un derecho fundamental, aprender a leer y a escribir, a disfrutar de un buen libro o escribir una postal de Navidad a sus nietos. Esa herida me hizo afiliarme al Partido Socialista, esa herida.

Los abuelos de Sánchez eran analfabetos y esa es la razón de la impugnación de Sánchez al franquismo. No cabe mayor ni mejor constatación de lo que es una ideología del resentimiento. El fascismo anida en el resentimiento y en la revancha. Es su hábitat preferido.

7. La deshumanización del enemigo. En una vergonzante intervención de la portavoz de HB Bildu, en el Parlamento, avisó al PP que se anduviera con cuidado, no fuera a ser que a la actual mayoría que sostiene al sanchismo se le ocurriera instar la ilegalización del PP. La histriónica amenaza y afirmación de la portavoz de EH Bildu no fue desautorizada por la presidenta del Congreso ni por el Gobierno

de Sánchez, quien considera a los herederos del legado político de ETA como su principal y más fiel aliado. La deshumanización del enemigo político no tiene límite alguno para el sanchismo, es capaz de desacreditar y ningunear a uno de los partidos fundamentales de la Transición, heredero de la UCD, falseando la historia y complaciendo a quienes hasta hace poco jaleaban y animaban a ETA en la comisión de sus crímenes. La autocracia carece del sentido de la verdad y del equilibrio en aras a imponer su mendacidad orgánica y su falsa autoridad. Aquel Pacto del Tinell (2003), inspirado por el socialismo catalán y el nacionalismo étnico, fue uno de los desastres democráticos imputables a Rodríguez Zapatero, pero ha sido Sánchez quien ha articulado todo su relato y estrategia política en torno a un enemigo que supera con creces a más de la mitad de los españoles. La fortaleza de Sánchez consiste en la deshumanización de la mayoría social española.

¿Mutación o golpe de Estado?

La democracia parlamentaria de los regímenes liberales se identifica tanto por sus contenidos como por sus aspectos formales. Entre los aspectos formales de la democracia parlamentaria, es fundamental el de la división de poderes que trata de crear contrapesos e instancias críticas en el desarrollo de la acción política. Los tres poderes fundamentales que constituyen la esencia de la democracia parlamentaria son el poder ejecutivo o gobierno de la nación, el legislativo o Parlamento y el judicial o gobierno de los jueces. Cuando alguno de estos poderes solapa a los otros o invade competencias que le son ajenas, nos hallamos ante una democracia iliberal o híbrida. En este sentido cabe afirmar que la democracia española es una democracia híbrida por cuanto que el Ejecutivo, es decir, el Gobierno de la nación, invade los ámbitos de los poderes legislativo y judicial. La democracia es un régimen político siempre perfectible, pero existen casos como las democracias de Hungría y Polonia que se han ganado a pulso las sospechas sobre su pureza democrática. Desgraciadamente, también la democracia española apunta maneras de una democracia iliberal, por cuanto que es constatable un progresivo deterioro de los aspectos formales de su democracia, especialmente en lo referente a la división de poderes en su seno.

Cuando en su libro *Cómo mueren las democracias* (2018) Steven Levitsky y Daniel Ziblatt escribieron que «las democracias pueden morir no a manos de los generales, sino de líderes elegidos, presidentes o primeros ministros que subvierten el propio proceso que los llevó al poder», estaban pensando en Donald Trump y otros autócratas de su calaña. Por supuesto que no pensaban en Pedro Sánchez, ni España se encontraba entre las democracias deficientes. En tan solo seis años, sin embargo, existen trazas de que nuestra democracia está derivando hacia una democracia híbrida o iliberal, al que también podría convenir el término de «democradura».

Al alcanzar Sánchez la Presidencia del Gobierno en la moción censura de junio de 2018 lo hizo para «restaurar la democracia expropiada por los mangantes», pero muy pronto apuntó maneras autoritarias que se fueron afianzando a medida que avanzaba en su mandato. Su precaria mayoría parlamentaria lo impulsó a buscar cobijo en las fuerzas políticas que se situaban en el extrarradio del pacto constitucional en el que se asienta nuestra democracia. Secesionistas y populistas de izquierda ejercieron desde el primer momento una influencia nociva que fue derivando hacia una gobernanza de tipo personal y autoritaria.

Pedro Sánchez ha legislado de espaldas al Parlamento a fuerza de innumerables decretos leyes contraviniendo los usos democráticos y sustituyendo *de facto* la función legislativa del Congreso, al que en dos ocasiones condenó al mutismo mediante sendos decretos, que el Tribunal Constitucional consideró ilegales. Pese a la censura del alto tribunal, Sánchez ha continuado con su labor de acoso y derribo del Poder Judicial, provocando el colapso del Consejo General del Poder Judicial y despreciando las sentencias del Tribunal Supremo con su política de indultos a los condenados por sedición y malversación, al tiempo que colonizaba la Fiscalía y la Abogacía del Estado, siempre con la prioridad de conservar su poder personal. Un poder personal que exhibió en el brusco cambio de la política exterior en el caso del Sahara, sin previa consulta al Parlamento, al Consejo de Ministros o a su propio partido. Partido instrumentado al servicio de su poder personal y absoluto al haber neutralizado sus órganos de control.

La principal función de la democracia liberal es el logro de la convivencia entre distintos que tratan de convivir según unas normas acordadas por la mayoría, pero el sanchismo ha optado por sembrar la discordia, creando un enemigo impostado, potenciando las identidades particulares en detrimento de los consensos que sustentaban nuestra democracia. El núcleo central del sanchismo lo constituye su construcción del «enemigo» en las claves de Carl Schmitt y de Ernesto Laclau. El «enemigo» es la clave de bóveda del socialismo del siglo xxi que, con la ayuda de Pablo Iglesias, Pedro Sánchez introdujo en la política española. Se trata de una creación mendaz y criminal que subvierte la razón de ser de la política. La democracia, siempre perfectible, es el régimen donde convive una pluralidad de ciudadanos diversos a los que une su voluntad de convivir en un ámbito donde impera la ley que hace libres e iguales a todos.

La antipolítica es el deseo y el proyecto de una minoría o de un único individuo (autócrata, tirano o dictador) de sojuzgar a la mayoría de una sociedad «equivocada» a la que habría que reconducir por el buen camino. Quienes asumen este criterio y se suman al servicio del Uno (autócrata) constituyen el núcleo de progreso y se hallan en el lado correcto de la historia. El enemigo es el resto de la sociedad, que está equivocada al no compartir la cosmovisión y la ideología del Uno. Es esta la cosmovisión que en nombre de la libertad y el progreso (la revolución, en suma) esgrimió Maximilien Robespierre cuando implantó el terror con la excusa de preservar la virtud. Es el recurrente argumento utilizado por cuantos han aspirado a crear un «hombre nuevo» a lo largo de los dos últimos siglos bajo nombres como el socialismo, el comunismo, el fascismo o el nacionalsocialismo. Y la historia no aprende de sus errores y vuelve a cometer bajo nuevos milenarismos y los viejos errores que con el nombre de populismo, progresismo o socialismo del siglo xxi tratan de «arreglar» el mundo y a sus habitantes. Por desgracia, en España asistimos a un nuevo intento de crear un mundo y un hombre solidario, nuevo, mejor, justo, feminista y progresista que está cambiando a nuestra democracia liberal y parlamentaria instaurada según la Constitución de 1978.

Tras más de seis años de sanchismo, España ha cambiado. Ha mutado a peor. España es una nación polarizada y dividida por efecto de la antipolítica. Es un país menos libre. Más desigual. Más pobre. Una parte importante del país, además, se ha desvinculado de la política y piensa que todo es un cuento. Un cuento mendaz y corrupto donde cada cual medra para sí. Y si España ha cambiado no es por un golpe de Estado ni por una asonada militar. Si España ha cambiado es por «mutación». Una mutación imperceptible a simple vista, pero profunda y, tal vez, sin retorno. El sanchismo ha mutado a España y va a ser muy complicado el que retorne a su ser. ¿Qué significa retornar a su ser? Quiere decir que en España han cambiado las reglas de juego. No se trata de cuestión ontológica o metafísica, se trata de que el sanchismo ha «desconstruido» la Constitución de 1978, la ha desestabilizado por la puerta de atrás y sin apenas habernos apercibido de ello. Esta tarea de mutación política se ha llevado a cabo con la anuencia y servidumbre de millones de españoles que han votado al sanchismo, pero sobre todo con la complicidad de aquellas formaciones políticas, enemigas juradas de la España de 1978.

La actual articulación de la mayoría gubernamental es fruto de un pacto que se asemeja al Frente Popular que estuvo en el origen de la guerra civil de 1936. El batiburrillo oportunista de ideologías e intereses enfrentados tenía como elemento de fusión el odio y la intransigencia a la derecha personificada entonces por la CEDA. Hoy el esquema se repite y el pacto de hierro que une al sanchismo en frente populista tiene en la «fachosfera» su elemento aglutinador. La oposición conservadora y nacionalista formada por el PP y VOX, convertidos en «el enemigo», justifica, para el sanchismo, la destrucción de la España democrática y liberal que incluía entre sus protagonistas al partido socialista, enredado hoy en la tarea destituyente que une al «nuevo» Frente Popular. La amalgama de partidos nacionalistas, comunistas y socialdemócratas, constituida como un conglomerado mafioso con el objetivo declarado de deconstruir lo que ellos consideran el régimen de 1978, tiene el doble objetivo de perpetuar a Pedro Sánchez en el poder, en primer lugar, y, finalmente, constituir la confederación de las naciones de España, con Euskadi y Cataluña como Estados asociados.

Ignacio Varela, excepcional conocedor de la historia contemporánea de España, ha realizado con las siguientes palabras el bosquejo de lo que Sánchez y el sanchismo ha hecho, hace y se propone hacer:

En lugar de transmitir a sus aliados el ideario socialdemócrata, el partido de Sánchez ha ido asimilando progresivamente el aparato retórico y doctrinal de sus socios: populismo plebiscitario, accidentalismo jurídico extremo («la política por encima de la ley»), instrumentalización partidista de las instituciones y centrifugación territorial del Estado, con compromisos siempre funcionales a los designios del secesionismo, desenfoques de base que contaminan por completo su forma de gobernar. El primero es la dificultad para comprender la diferencia entre el Gobierno y el Estado. A Sánchez —y, por extensión, a sus palafreneros— les cuesta asumir que existen ámbitos e instituciones del Estado que no deben estar sometidos al control político del Gobierno. El segundo, derivado del anterior, es la dificultad para aceptar los límites infranqueables del poder político en una sociedad democrática y abierta. El tercero es la tendencia a liquidar en su partido y en el Gobierno los mecanismos de toma colectiva de decisiones, conduciendo a una especie de ejercicio unipersonal del poder (https://blogs.elconfidencial.com/espana/una-cierta-mirada/2024-09-20/quien-regenera-pedro-sanchez_3966128/).

En la cabecera de este epígrafe se planteaba la cuestión «¿golpe de Estado o mutación?» y creo poder responder a la pregunta afirmando que lo que ha sobrevenido en España es una «mutación» en toda regla. Mutación que incluso puede llegar a ser más grave y letal que un golpe de Estado en su acepción clásica.

Los golpes de Estado son, afortunadamente, cosa del pasado, salvo en países donde las revueltas militares son endémicas. Los golpes de Estado, según los cánones de Curzio Malaparte o Samuel Finer, solo se dan en algunas regiones de África y Sudamérica. En Occidente el golpe de Estado adquiere formas no violentas y reúne una serie de características híbridas y formalmente democráticas, donde destaca el autoritarismo de sus ejecutores. La democracia española ha padecido con el sanchismo un deterioro de sus instituciones que ha llamado la atención incluso a observadores internacionales que no han dudado de calificar a nuestra democracia como iliberal y populista. España ha mutado por imperativo del autócrata Sánchez.

Un golpe militar se puede subsanar con un contragolpe, pero una mutación profunda y persistente afecta al ADN de una sociedad política y tiene muy difícil retorno. Es más, una mutación estructural pasa a formar parte de la cultura política de un país e incluso de su idiosincrasia.

Lo hemos visto en películas e incluso puede que en algún documental histórico. En la pantalla aparece un estudio de televisión en que se informa de las últimas noticias más o menos anodinas. Una locutora introduce las noticias y un locutor comenta las imágenes. De pronto un grupo de soldados irrumpen en el estudio y los presentadores miran trémulos y atónitos a los soldados que les apuntan con sus armas. De pronto la imagen se desvanece y comienza a sonar una marcha militar. Acaba de tener efecto un golpe militar. Nos situamos ahora en otro escenario, real y actual, donde vemos un golpe mutante que cambia la cosas sin necesidad de violencia ni exhibición de armas de guerra.

Es el día 30 de octubre de 2024. Nos encontramos en el Congreso de los Diputados y el Gobierno en pleno ocupa su lugar en el banco azul. No, del Gobierno falta su presidente que no se encuentra en España. Pedro Sánchez se encuentra en la India, a 7000 km del palacio de las Cortes. El presidente Sánchez ha viajado en compañía de su esposa D.ª Begoña Gómez. El presidente viaja con un escaso séquito de funcionarios de Exteriores. Hoy día 30 de octubre, está previsto que en el Congreso de los Diputados se vote un decreto ley publicado por el BOE el 23 de octubre, una semana antes. En dicha ley se rebaja la mayoría requerida para renovar el Consejo de Administración de RTVE, de modo que no será imprescindible un acuerdo entre el PSOE y el PP y bastará la mayoría absoluta del Congreso y del Senado en segunda votación para la designación de nuevos consejeros. El número de consejeros subirá de diez a quince miembros y todos ellos tendrán dedicación exclusiva y percibirán 100 000 € anuales. El Congreso nombrará a once consejeros y el senado cuatro.

Recién iniciada la sesión en el Congreso, llegan alarmantes noticias provocadas por la dana en Valencia, y el PP propone que se aplace la sesión de control al Gobierno, así como el pleno extraordinario para la votación del mencionado decreto ley sobre los cambios en RTVE. Se interrumpe la sesión y se reúne la mesa del Parlamento donde se decide celebrar el pleno extraordinario para aprobar el decreto ley. El ministro Óscar López insiste en la urgencia de votar el decreto y, ante las protestas de quienes deseaban aplazar la votación dado el carácter dramático de las noticias sobre el desastre en Valencia, una diputada de Sumar pronuncia las siguientes palabras:

«Nuestros diputados no van a ir a achicar agua».

El decreto es aprobado por mayoría absoluta al retirarse los diputados del PP, VOX y Compromís. En virtud del decreto ley aprobado con «excepcional y urgente necesidad», el Gobierno quita muchas de las competencias que hasta ahora había tenido la cúpula de RTVE para dotar de todo este poder al presidente, que será designado entre los propuestos por el PSOE y que tendrá en su mano firmar contratos audiovisuales de importes millonarios sin contar con ningún aval más, manejando discrecionalmente un presupuesto de más de trescientos millones de euros. Días más tarde se nombra en el Congreso a los once miembros de la nueva cúpula de RTVE, con lo que el Gobierno y sus aliados Sumar, Podemos, ERC, Junts, EH Bildu y el PNV se apoderan de RTVE española.

No hizo falta esgrimir ningún arma ni mostrar a militares de uniforme, pero el día 30 de octubre de 2024 el sanchismo se apoderó de la televisión pública, desde donde manipulará, adoctrinará y construirá el relato del Gobierno progresista, feminista, solidario y ecológico, sin que la oposición pueda levantar la voz. Y es que para dar un golpe de Estado y no se necesita ni de armas ni de uniformes, basta con tener el BOE. Los golpes de Estado son sustituidos por decretos leyes en el BOE o por leyes «habilitantes» como los utilizados en Venezuela o en el Parlamento catalán en pleno *procés*.

Pedro Sánchez tiene la costumbre de ausentarse del Congreso e incluso de España cuando en el Parlamento se va a votar alguna ley especialmente obscena o poco decorosa y tampoco defraudó en esta ocasión. Cuando el golpe sobre RTVE se produjo, Sánchez se hallaba a 7000 km de distancia y los muertos por la dana en Valencia comenzaron a incrementarse por docenas. ¿Para qué dar un golpe de Estado si basta con un decreto ley para provocar la mutación de una democracia liberal en autocracia?

Posfacio

EL SUICIDIO DE ESPAÑA

En uno de sus famosos discursos, pronunciados ante el Parlamento español, Ortega y Gasset calificó en mayo de 1932 de «invitación al suicidio» la pretensión de quienes trataban de resolver de golpe y de una vez por todas el problema del nacionalismo catalán. Sus palabras textuales fueron las siguientes: «¿Qué diríamos de quien nos obligase sin remisión a resolver de golpe el problema de la cuadratura del círculo? Sencillamente diríamos que nos había invitado al suicidio» (*Diario Luz*, Madrid 13 de mayo de 1932).

Fue en aquella sesión parlamentaria cuando Ortega y Gasset utilizó el término «conllevancia» al tratar de diagnosticar y solucionar el conflicto político que representaba el nacionalismo catalán para la Segunda República. «Conllevancia», es decir, soportarse mutuamente e ir tirando. La sabiduría política es casi siempre modesta y siempre racional, es por ello que Ortega aportaba, sin un ápice de cinismo, la humilde, pero estoica, solución de tener que soportarse entre catalanes y el resto de españoles. En su discurso señalaba el origen del mal y la razón de esencial del conflicto entre los nacionalistas catalanes y el resto de los ciudadanos de Cataluña y de España.

> Cualquier fecha que cortemos la historia de los catalanes, encontraremos a éstos, con gran probabilidad, enzarzados con alguien, si no consigo mismos, enzarzados sobre cuestiones de soberanía. Comprenderéis que un pueblo que es problema para sí mismo tiene que ser, a veces, fatigoso para los demás.

Frente al «buenismo» de Azaña en el asunto de Cataluña, Ortega y Gasset ponía el dedo en la llaga en la profunda razón del conflicto catalán. Se trataba de una cuestión óntica y cultural antes que de un asunto político, y la razón de la pervivencia del asunto identitario era por ello irresoluble. Y es que la política no es la solución ni el remedio para las cosas que atañen al alma y a la sentimentalidad. No todo está al alcance de la política y menos aún cuando se la utiliza para fines espurios, que atentan contra la razón práctica y el bien común. José Luis Rodríguez Zapatero y Pedro Sánchez, desoyendo el sabio dictamen de Ortega y Gasset, pretendieron solucionar de una vez por todas el conflicto catalán, no ahorrando para ello artes mafiosas ni atajos dialécticos, que solo nos ha conducido al suicidio colectivo al que nos estamos viendo abocados.

En una reciente entrevista, Adam Michnik, cuyo libro *Elogio de la desobediencia* (Ladera Norte, 2024) se acaba de publicar en España, declaraba que «Sánchez y los independentistas están destruyendo la democracia española» (https://www.elindependiente.com/internacional/2024/12/01/sanchez-y-los-separatistas-estan-destruyendo-la-democracia-espanola/).

Y por si quedara alguna duda sobre el significado de la acusación de Michnik, este aclara que «los separatistas vascos y catalanes están, consciente o inconscientemente, cumpliendo el plan de Putin para dinamitar la Unión Europea. (https://www.elindependiente.com/internacional/2024/12/01/sanchez-y-los-separatistas-estan-destruyendo-la-democracia-espanola/).

A simple vista, las afirmaciones del ilustre pensador polaco podrían parecernos una manifestación exaltada, digna de los voceros conspiparanoicos de la fachosfera, pero Adam Michnik posee un contrastado perfil democrático como luchador contra el totalitarismo comunista en su Polonia natal y tiene granjeada una justa fama como pensador equilibrado y prudente. Es por ello que la inclusión de Putin, Sánchez, Bildu, ERC y demás formaciones independentistas en una misma amalgama nos induce a valorar la justeza o no de sus afirmaciones. Lo cierto es que la crónica política y los hechos contrastados de los gobiernos de Pedro Sánchez hacen plausible y verosímil la opinión de Adam Michnik.

Zapatero y Sánchez no siempre fueron amigos y cómplices. Cuando Sánchez aspiró al secretariado del PSOE, no era el candidato de Zapatero. Pero Sánchez buscó su complicidad y ayuda cuando se convenció de que solo con la estrategia auspiciada por

Zapatero podía alcanzar el poder. Es así como Zapatero se convirtió en el guía y arúspice de Pedro Sánchez, inspirando sus políticas y ejerciendo de superministro sin cartera en asuntos tanto internos como exteriores.

El pacto suscrito entre Sánchez y Zapatero contenía y contiene cuatro ideas maestras que conforman el meollo del sanchismo. En primer lugar destaca la intencionalidad de revivir un frente popular inspirado en la Segunda República; lo cual implica, en segundo lugar, hacer tabla rasa de la historia reciente de España e incluso del PSOE (leyes de memoria); en tercer lugar, la política frentepopulista del sanchismo requiere liquidar el espíritu de la Constitución de 1978, fundamentado en el consenso y la reconciliación; finalmente, el plan auspiciado por Zapatero y ejecutado por Sánchez tiene como objetivo principal impedir la alternancia democrática en el Ejecutivo del Gobierno de España.

Al echar la vista atrás, nos percatamos de la existencia de un plan «suicida» que Rodríguez Zapatero concibió y que P. Sánchez ejecutó, como condición necesaria, para acceder al poder en el año 2018. Es obvio que ni Zapatero ni Sánchez concibieron ni organizaron, en solitario, el instrumento político del frente popular redivivo, que ha conducido a España a la principal crisis política tras la muerte de Franco. El sanchismo capitaneado por P. Sánchez es inexplicable sin el concurso de los nacionalismos vasco y catalán, que han inducido al PSOE, convertido en secta servil, al suicidio progresivo de la España alumbrada mediante la Ley de Reforma Política de 1977 y la Constitución de 1978. Así mismo, el sanchismo es inexplicable sin la infección ideológica y política que supuso la presencia de Pablo Iglesias en el primer Gobierno de coalición de Sánchez. El socialpopulismo abrazado por P. Sánchez es el elemento indispensable de la definitiva mutación operada en el seno del sanchismo. Una mutación silente y estructural que equivale a un golpe de Estado *de facto*. El suicidio de España supone la demolición de la democracia constitucional tal como la conocimos hasta el año 2018, fecha de la llegada de Pedro Sánchez al poder. El régimen actualmente vigente es un híbrido que, bajo apariencia democrática formal, despliega políticas de signo autocrático cuyo principal objetivo es impedir la alternancia democrática, es decir, perpetuarse en el poder.

El suicidio colectivo de España

Los suicidios colectivos solo se dan en la mitología o en la historia heroica donde los dioses se enfurecen o son traicionados. También acontecen cuando la sumisión o la servidumbre amenazan o colapsan la libertad. La historia de la humanidad recoge entre otros el suicidio colectivo de Masada en Israel el año 70 d. C. Una vez que los romanos lograron entrar en el complejo de Masada se encontraron casi mil cuerpos sin vida en el suelo agrupados por familias. Únicamente sobrevivieron dos mujeres y cinco niños que se habían escondido en una cisterna. Dos siglos antes que el de Masada en Israel, aconteció otro suicidio colectivo en Numancia (Hispania) donde la mayoría de los habitantes de la ciudad sitiada optó por el suicidio. Tras veinte años repeliendo los continuos ataques romanos, en el año 134 a. C., el Senado romano confirió a Publio Cornelio Escipión Emiliano el Africano Menor la labor de destruir Numancia, a la que finalmente puso sitio, levantando un cerco de nueve kilómetros apoyado por torres, fosos, empalizadas, etc. Tras trece meses de hambruna y enfermedades, agotados sus víveres, los numantinos decidieron poner fin a su situación en el verano del año 133 a. C. Algunos de ellos se entregaron en condición de esclavos, mientras que la gran mayoría decidió optar por el suicidio. Junto a estos suicidios colectivos de la Antigüedad, existen relatos de índole mitológica como el de Kixmi, que todavía perduran en el País Vasco actual.

Hace más o menos dos milenios, cuando los gentiles vascos vivían en la cima de los montes, una gran nube oscura cubrió lo cielos hasta casi hacerse de noche. Los animales estaban aterrorizados y los perros aullaban medrosos. Los gentiles conocieron el pánico y el miedo se apoderó de todos ellos. Nadie conocía el origen de semejante fenómeno, hasta que a alguien se acordó de aquel anciano sabio aunque casi ciego y todos acudieron a preguntarle por el extraño suceso que ensombrecía los cielos. Los párpados del anciano ocultaban sus ojos y a duras penas lograron levantarlos mediante unas cuñas de madera y entonces el anciano elevó sus ojos para ver el negro cielo y exclamó con resignación y pena que había llegado el final: «Es Kixmi quien ha llegado y se acabó lo nuestro».

El sabio anciano se dirigió al cercano precipicio y se arrojó al vacío, pereciendo en el acto. Todos los gentiles, al unísono, siguieron al anciano y se precipitaron por el barranco donde encontraron la muerte. La toponimia de los montes de Aralar todavía recoge el nombre del lugar donde los gentiles se suicidaron tras la llegada de Cristo a quien llamaron Kixmi: Jentilbaratza es el topónimo.

En los históricos sucesos de Masada y Numancia, observamos dos suicidios colectivos donde el miedo a la sumisión y a la segura servidumbre impulsa a judíos y celtíberos al suicidio colectivo, pensando que su fatal decisión preservaría su heroica memoria y dignidad colectiva. En el mito de Kixmi, por el contrario, observamos que la motivación del suicidio colectivo tiene su razón de ser en al advenimiento de una nueva cultura y de una nueva sociedad. El de Kixmi, según observa el antropólogo Juan Inazio Hartsuaga, (*Mitología Vasca Comparada. El fin de los gentiles*, Hiria, 2011), es un mito fundacional que nos remite a la venida del cristianismo a la tierra de los vascos. Mito fundacional, pero también «mutacional», en tanto que una vida cede el paso a otra. El mito de Kixmi representa el pasaje de una cultura a otra, en clave positiva. Se trata de una muerte asumida a cambio de otra vida de sustitución y es que en el idioma de los vascos la palabra suicidio asume una positividad de la que carece en otros idiomas. *Bere buruari beste egin* es el sintagma que se utiliza para significar el suicidio. La traducción literal la podemos establecer como «hacerse otro de sí mismo» o también como «alienarse de sí mismo». Ambas traducciones aluden a la mutación que se opera en quien se suicida. Mutación definitiva y letal, pero también puede significar el cambio o mutación si es que el suicida cree en una vida futura, en la reencarnación o en la inmortalidad del alma. O en la democracia, a secas, en este caso. Los gentiles que se despeñaron en la Jentilbaratza pensaron que otra vida venía a sustituir a la suya y su suicidio se nos aparece como una mutación loable y positiva. Suicidio que nos recuerda el de Sócrates.

Cuando Sócrates es condenado a morir mediante la ingesta de la venenosa cicuta, acusado de «corromper a la juventud» y de «no creer en los dioses de la ciudad», su suicidio se convierte en paradigma de la libertad y la ley democrática.

La muerte de Sócrates se narra en el diálogo platónico *Fedón*, donde Sócrates se muestra tranquilo y sereno ante la inminencia de su muerte asumida. En una última lección de filosofía, reúne a sus amigos y discípulos para conversar sobre la inmortalidad del alma y la naturaleza de la muerte. Ese momento se convierte en una reflexión sobre la vida y el propósito de la existencia, en el que Sócrates sostiene que el verdadero filósofo no debe temer la muerte, ya que esta representa la separación del alma y el cuerpo, permitiendo que el alma busque el conocimiento puro y absoluto. La réplica de Sócrates a sus discípulos, nos recuerda aquella otra actitud de Spinoza frente a la muerte cuando declara que «el hombre libre en nada piensa menos que en la muerte». Tanto Sócrates como Spinoza son dos gigantes de la condición humana y no es presumible su sabiduría ni su templanza en el común de los suicidas, pero ambos nos ponen de relieve la libertad y el amor al compromiso cívico al arrostrar coherentemente incluso la muerte. El común de los suicidas se caracteriza, según el criterio de Albert Camus, por su cobardía e incapacidad para enfrentarse al absurdo del mundo y a la carencia de sentido de la vida. Goethe creó a Werther, epítome del romanticismo, incapaz de soportar el desamor de su adorada Charlotte. El amor romántico o la imposibilidad de culminar un deseo de índole sensual o existencial pueden estar en el origen de la pulsión suicida, pero el suicidio en estos casos es la culminación de un fracaso y la renuncia al esfuerzo racional y moral para sobreponerse a la adversidad. El suicidio en el caso de Werther obedece no al impulso de Eros, sino al de Tánatos, el impulso de la muerte y de la resignación. Albert Camus nos aportó el mito de Sísifo (1942) como paradigma de una vida esforzada, honesta y libre que no renuncia jamás a volver a empezar e intentar culminar la cima de la roca aún a sabiendas de su imposibilidad.

El suicidio de quien aspirando al asalto y conquista del cielo constata la imposibilidad de su necio empeño, lastrado por viejas utopías que han demostrado ser letales para la condición humana y su libertad, equivale al acto desesperado de sabotear el auténtico progreso humano, que es siempre modesto, razonable y gradual. Buscar la servidumbre del otro por la mera ambición de poder es una distopía criminal que siempre termina por deshumanizar y esclavizar al hombre. La servidumbre es una condición atávica y tribal antes que una virtud ciudadana. El tirano ni es amado ni respetado, el siervo tan solo reacciona al terror y a la ignominia resignada.

Quienes buscan el suicidio de España se empecinan en la servidumbre al Uno, al autócrata del turno, en quien ven el anverso de su resentimiento y de su negación a la libertad e igual dignidad de todos los españoles. El narciso necesita de la servidumbre de los demás para admirarse en el espejo de su incapacidad para amar y ser amado; necesita elevar un muro que separe a los siervos, de los que, emancipados de las cadenas de la mentira y el odio al distinto, reclaman el reconocimiento de todos los ciudadanos como libres e iguales.

El romanticismo, del que *Las desventuras del joven Werther* de Goethe es el modelo paradigmático, se halla presente en la actual moda cultural donde la emoción y el sentimiento prevalecen sobre la razón. El suicidio de Werther, que se consuma con un arma de fuego, contrasta con la muerte de Sócrates que ingiere la cicuta con «parsimonia» estoica, dándose en espectáculo docente a sus discípulos, mientras razona sobre la importancia de la ley y su preeminencia sobre la arbitrariedad y el sentimiento. Sócrates emerge como un modelo de vida que ama la verdad y se pregunta, a veces con sabia ironía, sobre la dificultad de remontar los accidentes y las emociones de la vida. Werther por su parte se nos aparece como esclavo de sus pasiones y apetencias, en busca del amor imposible que finalmente se convierte en letal alienación.

Trasponiendo a Sócrates y Werther a nuestra complicada actualidad cultural y política, parece plausible adjudicar a ambos héroes una significación opuesta, aunque modélica si nos referimos a modos de pensamiento actuales. Werther es un héroe muy actual si nos fijamos en el pensamiento dominado por la emotividad y la sinrazón. Un pensamiento que niega la realidad objetiva y es acientífica hasta, incluso, negar la vigencia de la biología, prefiriendo asumir postulados construidos desde la sentimentalidad y la subjetividad. Un pensamiento y una ideología que tiene en la cultura woke su catón y su credo. Werther pertenece al mundo de quienes lo fían todo al voluntarismo constructivista y no se resignan a asumir el esfuerzo de remontar las contingencias de la vida. Werther se suicida porque no cree en el único amor que es posible y real: el «amor fati», tal como Nietzsche lo definió. Werther es el héroe de la ficción y la mendacidad que reniega del amor real en busca del imposible. El suicidio de Werther es una mutación a la nada, es una mutación negativa, fruto de una pulsión irracional. Es el héroe del relato mendaz. Se trata del suicidio de quienes desean regresar al pasado que les fue negado y que tratan de revivir desde el resentimiento de su derrota. La obsesión de Pedro Sánchez y los «suyos» por resucitar a Franco desde un presente políticamente declinante es el indicador de una frustración suicida incapaz de mirar al futuro desde la razón y la contingencia de la historia tal cual ha sido. El suicidio sanchista supone la negación resentida de un pasado que se resiste al relato mendaz e interesado, que trata de convertir al franquismo en referente estructural de la polarización de España. Polarización que equivale al suicidio de la España reconciliada.

En contraposición a Werther, Sócrates se nos aparece como un héroe lúcido y razonable que conoce y asume las contradicciones de la vida y la necesidad de buscar un sentido trascendente a la vida y al mundo. Un mundo y una vida a las que es posible interpelar con ironía pero con amor. Un amor encarnado en la realidad de las cosas y en el entusiasmo por el conocimiento y la verdad. Sócrates está en el origen de la filosofía y en el devenir del cuestionamiento de la política. Es un pensador capaz de morir por convicción y coherencia con sus principios y representa a lo mejor del pensamiento racional y decente. La muerte de Sócrates es una mutación positiva y es, por lo tanto, la antinomia del suicidio. Su muerte es un «sí» a la vida.

El suicidio y la muerte de Sócrates nos recuerda el suicidio colectivo de quienes, durante la transición política española, se suicidaron políticamente para alumbrar una democracia plena en la que todos los españoles se reencontraran y reconciliaran. Aquellos «franquistas» renunciaron a cuarenta años de hegemonía impuesta mediante la dictadura y el terror; se suicidaron políticamente en aras de una etapa histórica donde cabíamos todos los ciudadanos, sin muros ni aduanas que nos separaran. Hubo de ser Pedro Sánchez quien, en su discurso de investidura del 15 de noviembre de 2023, se planteara la construcción de un nuevo muro que separara a los españoles entre adictos a su persona y los integrantes de la fachosfera. Mediante su anuncio de establecer un muro político entre adictos y detractores, Sánchez se propuso destruir la mejor obra de ingeniería democrática jamás realizada en la historia de España: la obra de la transición democrática que alumbró nuestra democracia. Las palabras de Sánchez comportaban el desprecio de aquel suicidio colectivo del franquismo, que hizo posible nuestra democracia. Un suicidio positivo y generoso que, como el de Sócrates, posibilitaba una nueva etapa y un nuevo ser.

Sócrates creía en «otra» vida. En otra vida en la que es plausible pensar y creer, aunque difícil de imaginar. De su suicidio cabe inferir que alojaba la esperanza de otra vida y la pervivencia del testimonio de su compromiso ético y ciudadano. La mutación de Sócrates se enmarca entre las más fecundas y positivas que ha generado la condición humana. Su vida pervive en cada uno de los seres humanos que luchan por la mutación positiva de la humanidad. Es un héroe de la democracia y del progreso razonado y razonable. A Sócrates, como a Baruch Spinoza, le alentaba el amor a la vida y valoraba al ser humano por su voluntad de persistir en el ser (*conatus*), una voluntad que fundamenta su identidad ética y ciudadana. Con su suicidio estableció un modo de vida en el que la libertad y la sumisión a la ley se hacen compatibles y, mutuamente, fecundas.

Así mismo, el suicidio del franquismo, materializado mediante la Ley para la Reforma Política de 1977 y la Constitución de 1978, contribuyó a una transición sin violencia ni posible retorno, que tan solo ha sido puesto en tela de juicio en la memoria manipulada de Rodríguez Zapatero y Sánchez Castejón. Tanto Zapatero como Sánchez se empeñan, contra toda evidencia, en no dar por políticamente finiquitado al franquismo. Tal vez el problema, para ambos presidentes, consiste en que necesitan de la pervivencia del franquismo para legitimar sus políticas de polarización frentista. Han tratado de resucitar al frente popular que fue vencido en la guerra fratricida de 1936, mediante un populismo frentista que justifique sus políticas demagógicas y ahistóricas. De ser ello cierto, el llamado frente progresista actual no sería sino el trampantojo bufo de una distopía reaccionaria.

Por desgracia, el actual suicidio de España no cabe calificarlo con el patrón socrático, sino que reviste todas las características del suicidio negativo que Goethe ejemplificó en Werther. Un suicidio que conduce a la impotencia de la voluntad y al paroxismo de la peor sentimentalidad, afincada en las pasiones negativas, como son la ciega ambición y la servidumbre voluntaria. España se está suicidando cuando opta por la servidumbre voluntaria y la subjetividad emotiva, al tiempo que renuncia y se niega a la «heredabilidad» y la transmisión de nuestros mejores logros políticos, culturales e históricos. Una España que renuncia a transmitir lo mejor de su legado es una nación que renuncia a vivir. El suicidio como mutación negativa de cuanto somos y hemos sido es la renuncia a la vida. Es su negación. Se trata del suicidio nihilista.

Sigmund Freud asoció el suicidio con la pulsión de muerte, una fuerza inconsciente que lleva al individuo hacia la autodestrucción. Freud sostenía que, en muchos casos, el suicidio no es simplemente una negación del ser, sino también una manifestación de hostilidad dirigida hacia otros, que se vuelve contra uno mismo. En este sentido, el acto suicida puede ser visto como una forma de expresar rencor o resentimiento hacia personas y acontecimientos que han marcado el signo positivo de la historia de España. La actitud vergonzante de algunos, incluso desde las más altas magistraturas del Estado, sobre la historia y el pasado reciente de España, equivale a una pulsión de muerte y destrucción que equivalen al suicidio colectivo. La vengativa revancha de aquellos que no asumen el descalabro de su ideología totalitaria y colectivista se convierte en letal incapacidad para la libertad propia y ajena. Quienes son incapaces de perfilar una vida libre y autónoma para sí mismos prefieren religarse a un credo ilusorio, donde la servidumbre voluntaria se convierte en paliativo del resentimiento colectivo. El credo ilusorio no es otro que el de la fe en la construcción de un «hombre nuevo» sin autonomía ni libertad. En última instancia, la servidumbre voluntaria consiste en asumir la pulsión de muerte, que conduce a la autodestrucción y al suicidio como salida negativa, ante la opción de atreverse, o no, a ser libres. La rendición ante el Uno equivale a la negación de sí mismos como seres libres e iguales. La autocracia es la hijuela de la pulsión de muerte y la servidumbre equivale al suicidio colectivo.

Mientras en España exista una servidumbre voluntaria al Uno. Todo irá a peor. Pero como ya predijo Hölderlin en su himno *Patmos*: «Donde hay peligro, crece también lo que nos salva». Y es cierto. También lo predijo aquel joven muchacho, amigo de Michel de Montaigne, Étienne de La Boétie, que escribió lo que sigue:

Lo mismo que Ulises, el cual por mar y tierra buscaba ver el humo de su casa. Estos son (los amantes de la libertad) los que, teniendo su cabeza bien hecha y habiéndola pulido por el estudio y el saber, aun cuando la libertad estuviera enteramente perdida, y totalmente fuera del mundo, ellos, imaginándola y sintiéndola en su espíritu y saboreándola aún, consideran que la servidumbre no es nunca digna de su aprecio, por bien que se la adorne.

España no se merece la tiranía del Uno y menos aún el suicidio de su democracia. Los hombres libres, como Ulises, terminan por avistar por mar y tierra el humo de su casa, que es el de la libertad.

San Sebastián, 21 de enero de 2025

Apéndice

HISTORIAS DE LA SERVIDUMBRE

La Boétie se cuestiona sobre el nombre que corresponde a quien no siendo ni Sansón ni Hércules domina a un número infinito de personas que no solo obedecen, sino que sirven de manera voluntaria.

> ¿Qué puede ser esto?, ¿cómo lo llamaremos, ¿qué desgracia es esta? ¿qué vicio, o más bien, qué desgraciado vicio, ver a un número infinito de personas, no obedecer, sino servir? (…) ¿qué monstruoso vicio es este que no merece siquiera el título de cobardía, que no encuentra nombre suficientemente vil, que la naturaleza rechaza haber creado y la lengua rehúsa nombrar? (pág. 123).

La retórica alcanza, en el *Discurso*, las más elevadas cotas cuando se trata de dramatizar el «vicio» de la servidumbre y no repara en adjetivos cuando califica al objeto de servidumbre de «mujercilla» en oposición a Sansón y Hércules, paradigmas del vigor y la fuerza. Pero la elocuencia de La Boétie se muestra incapaz de hallar un nombre que signifique tanta desgracia y tanto vicio. A lo largo del *Discurso*, sin embargo, se nos familiariza con el nombre de «tirano» al opresor que se beneficia de la servidumbre de tantos.

Hierón y Simónides

En el mejor estilo de los textos humanistas del Renacimiento, La Boétie recurre asiduamente a la historia pasada para ilustrar el contenido de su *Discurso* y son frecuentes las menciones a Aristóteles, Platón, Sócrates, Plutarco, Cicerón o Jenofonte y es precisamente a este militar, historiador y filósofo a quien recurre para ejemplarizar al tirano. La Boétie escoge entre las obras de referencia socrática la referida a Hierón, la obra de Jenofonte donde se recoge el diálogo entre el tirano Hierón y el poeta Simónides de Ceos donde establece el paradigma del tirano.

El diálogo entre Hierón y Simónides es una meditación filosófica sobre la tiranía y el poder. A través de esta conversación, Jenofonte nos invita a reflexionar sobre la verdadera naturaleza del placer y la autoridad. Mientras Hierón representa la soledad y el temor que conlleva el poder absoluto, Simónides ofrece una visión esperanzadora de un gobierno basado en la justicia y el respeto mutuo.

Hierón I, que gobernó desde aproximadamente 478 a. C. hasta 467 a. C., fue uno de los tiranos más destacados de la historia siciliana, y su gobierno refleja tanto los aspectos comunes de la tiranía griega como las particularidades de la política siciliana de su tiempo. La figura del tirano en la antigua Grecia no siempre tuvo la connotación negativa que más tarde se le atribuyó. En los siglos VI y V a. C., los tiranos a menudo eran líderes populistas que asumían el poder absoluto para llevar a cabo reformas que favorecían a las clases bajas y medias, en contraposición a la aristocracia. Sin embargo, esta concentración de poder también podía llevar a abusos y despotismo, características por las que la tiranía llegó a ser mal vista.

Hierón I se convirtió en tirano de Siracusa tras la muerte de su hermano Gelón, quien había gobernado antes que él y había transformado a Siracusa en una de las ciudades más poderosas de Sicilia. Gelón había tomado el poder tras una serie de conflictos internos y había reforzado su control mediante la victoria en la batalla de Hímera en 480 a. C., donde los griegos sicilianos, liderados por él, derrotaron a los cartagineses. Esta victoria consolidó su posición y la de su familia.

A pesar de las connotaciones negativas de la palabra tirano, el régimen de Hierón fue complejo y peculiar. Por un lado, ejercía un control absoluto sobre Siracusa y gobernaba sin oposición. Utilizó la riqueza y los recursos del Estado para mantener una red de lealtades y alianzas, y no dudó en usar la fuerza cuando era necesario para aplastar cualquier oposición. Hierón también buscó legitimar su régimen a través del mecenazgo cultural y el fomento de un entorno en el que florecieron las artes y las letras. Atraer a figuras intelectuales y artísticas a su corte no solo elevaba el prestigio de Siracusa, sino que también contribuía a crear una imagen de un gobernante justo y culto, a pesar de su autoritarismo. Este equilibrio entre la dureza y la generosidad es característico de muchos tiranos griegos, que a menudo navegaban entre ser vistos como protectores del pueblo y ser temidos como gobernantes despóticos.

El diálogo entre el tirano Hierón y el poeta Simónides ofrece una crítica sutil a la tiranía y una reflexión sobre la naturaleza del poder. Jenofonte utiliza la figura del poeta Simónides para ofrecer una visión más optimista y ética del gobierno. En lugar de aceptar la tiranía como una forma inevitable de opresión, Simónides sugiere que el poder puede utilizarse para el bien común.

Uno de los temas centrales es la alienación del tirano. Hierón está profundamente solo, aislado de los placeres sencillos de la vida debido a su desconfianza en los demás. El poder absoluto lo ha alejado de las relaciones humanas auténticas, lo que le causa sufrimiento. En contraste, Simónides destaca los placeres simples que disfrutan los hombres privados, como la amistad verdadera y el amor desinteresado.

También es de destacar la reflexión de Jenofonte sobre la relación entre el poder y la virtud. Por boca de Simónides propone que el poder puede ser una herramienta para mejorar la vida de los demás, no solo una forma de controlar y oprimir. Si un tirano gobierna con justicia, puede ganarse el amor verdadero de su pueblo, lo que le proporcionaría más satisfacción que el mero dominio. Esta idea es significativa porque desafía la noción de que los tiranos están condenados a vivir en el miedo y la desconfianza.

Jenofonte sugiere que el poder tiene un potencial transformador, pero solo si se ejerce de manera ética y justa. Esta visión es contraria a la imagen tradicional de la tiranía como un régimen inevitablemente corrupto y opresivo. Simónides ve el poder como una responsabilidad que, si se maneja adecuadamente, puede generar felicidad tanto para el tirano como para sus súbditos.

Por otro lado, Hierón representa el lado más pesimista y trágico del poder. Está atrapado en un ciclo de desconfianza y temor, incapaz de disfrutar de su posición porque siempre teme por su seguridad. Sus palabras revelan la vulnerabilidad del tirano, un tema que resonaría profundamente en la política griega de la época de Jenofonte, cuando las ciudades-Estado estaban constantemente amenazadas por revueltas y conspiraciones.

La Antigüedad griega y romana, por otra parte, se halla trufada de tiranos y dictadores. Tenemos memoria de muchos de ellos, pero la lista de sátrapas y autócratas sería inacabable si lo extendiéramos a otros ámbitos geográficos. He aquí una relación no exhaustiva de los tiranos que gobernaron en Grecia y Roma: Pisístrato de Atenas (c. 561-527 a. C., Polícrates de Samos (c. 538-522 a. C.), Periandro de Corinto (c. 627-585 a. C.), Dionisio I de Siracusa (c. 405-367 a. C.), Lucio Cornelio Sila (138-78 a. C.), Cayo Julio César (100-44 a. C.), Nerón (37-68 d. C., Domiciano (51-96 d. C.). Un buen plantel de tiranos, dictadores, sátrapas y autócratas que han jalonado nuestra Antigüedad.

Platón, Aristóteles y la esclavitud

La historia de Hierón y Simónides se inscribe en un contexto en el que el pensamiento griego es objeto de algunas contradicciones que tienen su explicación en el contexto histórico en el que surge. La contradicción más llamativa es la existencia razonada de la esclavitud en la cuna de la democracia. Democracia y servidumbre —mejor, esclavitud— conviven en aparente armonía. Tanto Platón como Aristóteles consideraron la esclavitud como parte del paisaje político y moral de la antigua Grecia.

Los esclavos formaban una parte crucial de la estructura social y económica. En Atenas, se estima que aproximadamente un tercio de la población estaba esclavizada. A diferencia de la esclavitud racial que surgiría en épocas posteriores, la esclavitud en la Grecia antigua no estaba basada en criterios étnicos o raciales, sino que era una condición impuesta principalmente a los prisioneros de guerra, los deudores y, en algunos casos, los hijos de esclavos. La existencia de esta clase de personas privadas de derechos y libertades plantea la pregunta de cómo coexistía la democracia con la esclavitud.

A pesar de la aparente contradicción entre democracia y esclavitud, muchos pensadores griegos justificaron la servidumbre como un fenómeno natural. Aristóteles, uno de los filósofos más influyentes de la Antigüedad, defendía la esclavitud en su obra *Política*. Argumentaba que algunas personas estaban naturalmente destinadas a ser esclavas debido a sus características físicas y mentales, lo que les incapacitaba para gobernarse a sí mismas. Según Aristóteles, era legítimo que estas personas fueran gobernadas por aquellos que poseían la capacidad intelectual y moral para hacerlo, es decir, los ciudadanos libres.

Esta concepción jerárquica de la naturaleza humana sirvió como una forma de justificar el sistema social de la Grecia antigua. Los esclavos, en esta perspectiva, no eran considerados ciudadanos ni sujetos de derechos políticos, sino herramientas vivientes al servicio de sus amos.

Esta realidad plantea una pregunta: ¿era la democracia ateniense verdaderamente democrática? En realidad, permitía la participación política para una minoría, al tiempo que excluía a la mayoría de la población. La libertad política de los ciudadanos libres estaba, en gran medida, construida sobre la explotación y dominación de los esclavos. La sociedad ateniense, al igual que otras sociedades antiguas, estaba marcada por la desigualdad, y su sistema político, aunque innovador, no estaba exento de las estructuras de poder y opresión.

En su diálogo en *La República*, Platón expone algunas de las causas y consecuencias de la tiranía y lo hace a través de una conversación entre Sócrates y varios interlocutores que incluyen a Glaucón y Adimanto. Este análisis se presenta principalmente en los libros VIII y IX de *La República*, donde Platón describe la evolución de los diferentes tipos de gobierno y cómo cada uno degenera en el siguiente, culminando en la tiranía como la forma más injusta y degradada de gobierno.

Platón describe al tirano como una persona dominada por sus apetitos más bajos y deseos irracionales. En *La República*, el tirano es presentado como alguien que ha sido corrompido por el poder absoluto y que busca satisfacer sus pasiones sin ningún tipo de restricción moral o legal. Este líder surge inicialmente como un «campeón del pueblo», ofreciendo soluciones populistas a los problemas creados por la anarquía de la democracia. Sin embargo, una vez en el poder, revela su verdadera naturaleza: es despiadado, opresivo y cruel.

El tirano gobierna a través del miedo y la violencia, utilizando la represión para eliminar cualquier oposición y mantener su poder. Platón argumenta que el tirano, al estar constantemente preocupado por mantener su dominio, vive en un estado perpetuo de paranoia y desconfianza. Este líder se rodea de aduladores y mercenarios, alejado del pueblo, y su gobierno se caracteriza por la injusticia, la ilegalidad y la miseria generalizada.

Platón presenta la tiranía como el peor de los males políticos, ya que no solo es el régimen más injusto, sino también el más destructivo para el alma humana. El tirano es visto como alguien que ha descendido al nivel más bajo de la existencia, esclavizado por sus pasiones y totalmente desconectado de la virtud y la razón. De esta manera, la tiranía es tanto un reflejo del estado interno corrupto del tirano como una manifestación externa de esa corrupción en la forma del gobierno.

Aristóteles, por su parte, considera que la tiranía es una forma de gobierno donde un solo individuo, el tirano, ejerce el poder de manera absoluta y despótica. Este poder no se justifica en términos del bien común, sino más bien en la satisfacción de los deseos y ambiciones personales del tirano. A diferencia de la monarquía, que según Aristóteles puede ser una forma justa de gobierno si el monarca gobierna en beneficio de todos los ciudadanos, la tiranía es esencialmente egoísta y perjudicial para el bienestar de la polis.

Aristóteles identifica varias características clave de la tiranía. En primer lugar, la tiranía es ilegal y despótica, ya que el tirano no se somete a las leyes y gobierna de manera arbitraria. Este despotismo implica que el tirano no sigue las normas establecidas y utiliza el poder coercitivo para mantener su dominio. En segundo lugar, la tiranía es irracional, pues el tirano gobierna basado en sus caprichos y deseos personales en lugar de seguir una lógica de justicia o bienestar común. El tirano suele ser una figura que busca su propia seguridad a expensas de la libertad y el bienestar de los demás. Esto lleva a que el tirano establezca un ambiente de temor y represión, utilizando la violencia y la intimidación para evitar cualquier tipo de oposición. El tirano, consciente de la falta de legitimidad de su gobierno, teme constantemente a la rebelión y a la pérdida de su poder, lo que lo lleva a desconfiar incluso de sus más cercanos colaboradores y a actuar de manera cada vez más paranoica y represiva.

Aristóteles también aborda el tema de la resistencia a la tiranía y el derecho al tiranicidio. Según él, cuando un régimen tiránico se establece, se justifica la resistencia activa contra el tirano, ya que su gobierno es contrario a la justicia y al bienestar del pueblo. La tiranía, al ser una forma de gobierno que oprime a los ciudadanos y que no busca el bien común, pierde su legitimidad y, por lo tanto, los ciudadanos tienen el derecho y el deber de resistir y, si es necesario, derrocar al tirano.

El concepto de resistencia es fundamental en la teoría política aristotélica, ya que establece un límite al poder político y una defensa del bien común. Aristóteles sugiere que la comunidad política tiene el derecho de restaurar un gobierno justo y legítimo, incluso si esto implica la eliminación del tirano. Este principio, aunque radical en su momento, sentó las bases para la idea de que los gobiernos deben ser responsables ante sus ciudadanos y que el abuso de poder no debe ser tolerado.

Aristóteles sugiere que los ciudadanos deben estar siempre alerta ante la posibilidad de que un gobierno se convierta en tiránico. La vigilancia cívica y la participación activa en los asuntos públicos son fundamentales para evitar que un gobernante o un grupo de gobernantes se aparten del camino de la justicia y se conviertan en tiranos. Además, Aristóteles advierte sobre los peligros de la concentración del poder y aboga por un sistema de gobierno que distribuya el poder de manera equitativa y que garantice la participación de todos los ciudadanos en la toma de decisiones.

Julio César y el cesarismo

El ascenso de Julio César al poder y su posterior asesinato en el 44 a. C. marcaron un punto crucial en la historia de Roma: el final de la República y el comienzo de un sistema imperial que perduraría por siglos. Aunque Julio César no fue el único responsable de la caída de la República, su liderazgo, las reformas que impulsó y su acumulación de poder personal transformaron irrevocablemente las estructuras políticas de Roma. Antes del acceso de César al poder la República romana ya estaba inmersa en una profunda crisis social, política y económica. Roma había comenzado su expansión en el siglo III a. C. y logró controlar vastos territorios a través de conquistas militares. Esta expansión trajo consigo inmensos beneficios materiales, pero también tensiones internas que socavaron el sistema republicano.

La crisis alcanzó su punto álgido con las guerras civiles del siglo
I a. C., cuando varias facciones se enfrentaron en luchas de poder,
entre ellas las de Mario y Sila. Sila, un general conservador, llegó
a proclamarse dictador en el 82 a. C., debilitando las instituciones
republicanas. Fue en este contexto de descontento popular, tensiones
políticas y guerras civiles que Julio César inició su carrera política.

Julio César se convirtió en el hombre más poderoso de Roma. Fue
nombrado dictador, primero por un período limitado y luego dictador perpetuo, un título que subvertía completamente las instituciones republicanas. Durante su mandato, César llevó a cabo una serie
de reformas que pretendían estabilizar Roma y solucionar algunos
de los problemas sociales y políticos que habían provocado las crisis anteriores. El asesinato de César simbolizó el fin de la República
romana. Aunque el sistema republicano había sido erosionado
durante décadas, su muerte selló el destino de Roma. Las luchas
de poder que siguieron al asesinato culminaron en la victoria de
Augusto, quien fundó el Imperio romano en el 27 a. C., marcando el
inicio de una nueva era en la historia de Roma. El legado político de
César perduró en la forma del imperio, caracterizado por una gran
acumulación y centralización del poder, sinónimo de «cesarismo».

El cesarismo pasó a significar aquel modelo de gobernanza en
la que, tras alcanzar el poder, el líder se transforma en dictador
mediante la mutación del marco jurídico, estableciendo la prelación
del dictador sobre la ley. Un ejemplo clásico de esta dinámica fue el
ascenso de Napoleón Bonaparte en Francia a fines del siglo XVIII y
principios del XIX. Tras la Revolución francesa y los años de inestabilidad política que siguieron, Napoleón se presentó como el salvador de la nación, prometiendo restaurar el orden y la grandeza de
Francia. Utilizando su carisma personal y su reputación como general victorioso, Napoleón consolidó su poder y, en 1804, se coronó a
sí mismo emperador, estableciendo un régimen autoritario. Aunque
su gobierno fue, en muchos aspectos, despótico, también fue apoyado por amplios sectores de la población, que veían en él una figura
fuerte y capaz de proporcionar estabilidad en tiempos de caos. En
este caso, el cesarismo de Napoleón se sustentó en la servidumbre
voluntaria de los ciudadanos, que aceptaron o incluso apoyaron su
régimen autoritario a cambio de la promesa de estabilidad y grandeza nacional. Sin embargo, esta relación no siempre es voluntaria.

En muchos casos, el cesarismo se impone a través de la coerción y la represión, lo que lleva a una servidumbre forzada de la población.

Durante el siglo xx, el cesarismo encontró nuevas formas en los regímenes totalitarios de líderes como Adolf Hitler, Benito Mussolini y Joseph Stalin. Estos líderes acumularon un inmenso poder personal, estableciendo regímenes dictatoriales que se sustentaban en el control absoluto de la vida política, social y económica de sus países. La servidumbre en estos contextos fue tanto voluntaria como forzada. Mientras que algunos ciudadanos apoyaron activamente a estos líderes, otros fueron obligados a someterse a sus dictaduras bajo amenaza de represión o muerte.

En el caso de la España actual y debido a la manera como se han desarrollado los gobiernos de coalición liderados por Pedro Sánchez, se han elevado algunas voces de la sociedad civil, así como por parte de la oposición política, en las que el presidente del Gobierno ha sido tachado de cesarista en el desarrollo de sus políticas. Dichas voces imputan al presidente la progresiva acumulación de poder, así como la opacidad y la arbitrariedad de algunas de sus decisiones. También se señala el inusual modo por el que accedió al poder, prometiendo una regeneración política que, finalmente, se ha sustanciado en un nepotismo cada vez más acusado. Como ejemplo de políticas arbitrarias cabe señalar los cambios apresurados del Código Penal, así como la mercantilización de los poderes del Estado a cambio de la permanencia en el poder. También cabe señalar la inconstitucional soberanía fiscal pactada con el soberanismo catalán, regresión esta que recuerda los privilegios feudales que el monarca solía entregar a determinados territorios de su reino. La historia dirá, en todo caso, el nombre y calificativo que corresponde a la peculiar gobernanza del presidente Sánchez, pero centrémonos, por ahora, en el esbozo del régimen feudal y el tipo de servidumbre que le era inherente.

Servidumbre y feudalismo

El feudalismo surgió en Europa entre los siglos ix y xv como una respuesta a la fragmentación política y social que siguió a la caída del Imperio romano. Sin un poder central fuerte, las sociedades medievales se organizaron en torno a relaciones de lealtad y dependencia personal, que unían a diferentes estamentos de la jerarquía social.

En este sistema, los señores feudales, que controlaban grandes extensiones de tierra, eran la clase dominante, mientras que los vasallos y siervos se encontraban en posiciones subordinadas.

El núcleo del sistema feudal estaba constituido por las relaciones entre señores y vasallos. Los señores ofrecían protección y tierras a sus vasallos, a cambio de su lealtad y servicios, especialmente en el ámbito militar. En un nivel inferior se encontraban los campesinos, o siervos, que trabajaban la tierra y producían bienes para sus señores. A cambio, recibían protección y acceso a parcelas de tierra para su subsistencia. En este sistema, el poder no solo estaba descentralizado, sino que también estaba basado en la propiedad de la tierra y las relaciones de dependencia personal.

Los siervos, en su mayoría campesinos, no eran esclavos en el sentido estricto de la palabra, pero estaban vinculados a la tierra que trabajaban y no podían abandonarla sin el permiso del señor feudal. En muchas ocasiones, no tenían la libertad de decidir dónde vivir o trabajar, y estaban obligados a rendir una parte significativa de su producción agrícola al señor. Aunque se les permitía cultivar tierras para su propio sustento, sus derechos eran limitados y vivían bajo la autoridad y control de su señor. En este contexto, la servidumbre, aunque restrictiva, ofrecía a los campesinos algunas ventajas relativas. A cambio de su lealtad y trabajo, los señores feudales proporcionaban protección contra invasores o bandidos, así como un cierto grado de estabilidad económica en un mundo incierto.

La servidumbre voluntaria, en el sentido de que muchos campesinos aceptaban o incluso buscaban esta forma de vida, puede explicarse en parte por la falta de alternativas. En un sistema feudal, la movilidad social era extremadamente limitada, y la propiedad de la tierra estaba concentrada en manos de una pequeña élite. Los campesinos no tenían acceso a la propiedad de la tierra, por lo que su subsistencia dependía en gran medida de su relación con el señor feudal. Para muchos, la opción no era entre libertad y servidumbre, sino entre la servidumbre o la miseria y el hambre.

Las relaciones feudales no se basaban únicamente en la coerción. Había una dimensión moral y cultural en estas relaciones que las legitimaba. En la mentalidad medieval, el mundo estaba organizado de acuerdo con un orden divino, y cada persona tenía un lugar en esa jerarquía. Los reyes y señores feudales eran vistos como representantes de la voluntad divina, mientras que los campesinos tenían la obligación moral de aceptar su lugar en el orden social. Esta cosmovisión religiosa y jerárquica reforzaba la idea de que la servidumbre no solo era inevitable, sino también legítima y necesaria.

La Boétie se pregunta por qué los pueblos se someten voluntariamente a tiranos o señores, en lugar de rebelarse contra ellos y reclamar su libertad. Para él, la servidumbre voluntaria es un fenómeno complejo que se basa en una mezcla de costumbre, manipulación y miedo. Las personas, argumenta, se acostumbran a la dominación desde temprana edad y llegan a aceptar el poder del señor como algo natural. Además, el tirano o señor puede manipular a la población mediante recompensas y castigos, creando una relación de dependencia que perpetúa el sometimiento. Pero ya en los siglos XIV y XV el contexto económico, político, cultural y militar cambia de manera progresiva y el régimen feudal declina, dejando paso a las monarquías absolutas que lideran la formación de los Estados nacionales.

Es en este contexto político y cultural, donde se inscribe el *Discurso de la servidumbre voluntaria* de Étienne de La Boétie y en el que se cuestiona de manera radical la génesis y el desarrollo del poder político, dando lugar al cuestionamiento de la tiranía y del poder opresor como modelos políticos indeseables. Bodin y Hobbes elucubran sobre el Estado moderno y constituyen la avanzada de un pensamiento que culminará en la Ilustración, pero en el intermedio surge un pensador genial cuyo nombre es Baruch Spinoza, judío sefardí, cuyos ancestros se vieron forzados a emigrar primero a Portugal y a Holanda, después. Hay quien sitúa a los ancestros de Spinoza en un valle del norte de Burgos. Pero esa es otra historia.

Spinoza y la servidumbre

Spinoza (1632-1677) es uno de los principales precursores de la Ilustración al poner el foco en la persona que busca su libertad tanto interior como colectiva. Spinoza, de quien Novalis afirmó que estaba «ebrio de Dios», renunció a su fe judía y fue por ello expulsado de la sinagoga. Spinoza es el campeón de la libertad interior y huye de la religión que reduce a los hombres a la servidumbre interior y política.

Su concepción filosófica parte de una concepción radicalmente naturalista del ser humano. En su Ética, presenta una visión del universo como un todo unificado y necesario, que denomina «Dios o naturaleza» (*Deus sive natura*). Según Spinoza, todo lo que existe es una expresión de esta única sustancia divina, que se manifiesta en infinitos modos. Los seres humanos, como modos de la sustancia divina, están sujetos a las mismas leyes naturales que gobiernan todo lo que existe.

Para Spinoza, la libertad no es la capacidad de actuar de manera independiente de las leyes de la naturaleza, sino la capacidad de entender estas leyes y actuar en conformidad con ellas. En este sentido, la verdadera libertad es el conocimiento adecuado de la necesidad. En contraste, la servidumbre o esclavitud humana radica en la ignorancia y la falta de autocontrol, que conducen a los hombres a ser arrastrados por sus pasiones. La servidumbre política, por lo tanto, en Spinoza puede entenderse como una extensión de esta esclavitud personal: un estado en el cual los individuos están gobernados no por la razón, sino por las pasiones y deseos irracionales, tanto en su vida personal como en la esfera pública.

Baruch Spinoza esboza su teoría del Estado en su *Tratado teológico-político* y más detalladamente en su *Tratado político*. Para él, la sociedad surge de la naturaleza misma del ser humano, quien, por su deseo de vivir y su necesidad de seguridad, se ve obligado a formar comunidades políticas. El Estado, por tanto, es una creación natural que tiene como fin fundamental la seguridad y el bienestar de sus ciudadanos. Spinoza difiere, con ello, de los contratistas sociales como Hobbes y Locke en su visión del pacto social. No cree que los individuos transfieran su derecho natural al soberano en un contrato irrevocable. Para Spinoza, el poder del soberano se fundamenta en la realidad de la fuerza colectiva que los individuos mantienen al unirse; el soberano no tiene poder por sí mismo, sino por el consenso y la voluntad del pueblo.

> El miedo a la soledad es innato a todos los hombres, puesto que nadie en solitario tiene fuerzas para defenderse ni para procurarse los medios necesarios para la vida. De ahí que los hombres tiendan por naturaleza al estado político (*Tratado político*, VI, 1, pág. 134).

Spinoza critica los regímenes autoritarios y tiránicos que imponen una servidumbre política sobre sus súbditos. Un gobierno tiránico es aquel que no busca el bien común, sino que somete a sus ciudadanos mediante la fuerza, la coacción y el temor, manteniéndolos en la ignorancia y explotando sus pasiones. Este tipo de régimen representa la antítesis del ideal spinoziano de libertad racional.

En un régimen tiránico, la servidumbre política se manifiesta cuando los ciudadanos están privados del derecho de participar en la vida política y de expresar sus opiniones libremente. Para Spinoza, la libertad de pensamiento y de expresión es fundamental, no solo como un derecho individual, sino como un medio para alcanzar un entendimiento más profundo de la realidad y promover un gobierno racional y justo. Un Estado que reprime estas libertades perpetúa la ignorancia y la superstición, manteniendo a sus ciudadanos en una condición de esclavitud política.

En su *Tratado político*, aboga por un sistema democrático como la forma más natural y efectiva de gobierno, porque, en ella, el poder reside en el colectivo de la comunidad, y no en un individuo o una pequeña élite. La democracia, según Spinoza, es el sistema político que más se aproxima a la naturaleza humana, porque se basa en el acuerdo mutuo y la igualdad, permitiendo que cada ciudadano participe en la creación de las leyes bajo las cuales vive.

La democracia, al permitir la participación activa de los ciudadanos y proteger la libertad de pensamiento y expresión, reduce la servidumbre política. Spinoza sostiene que, en una sociedad democrática, los ciudadanos son más libres porque están gobernados por leyes que ellos mismos han contribuido a formular y porque se fomenta el uso de la razón en la deliberación política.

> Nadie puede renunciar a su libertad de opinar y pensar lo que quiera, sino que cada uno es, por el supremo derecho de la naturaleza, dueño de sus pensamientos (...) El estado más violento será, pues, aquel en el que se niega a cada uno la libertad de decir y enseñar lo que piensa (*Tratado teológico-político*, capítulo XX, pág. 410).

La democracia, así entendida, no solo es una forma de gobierno, sino también un espacio de educación política y moral donde los ciudadanos aprenden a vivir según la razón, alejándose de la servidumbre de las pasiones.

En su *Tratado teológico-político*, Spinoza examina la relación entre religión y política, criticando las formas en que las autoridades religiosas pueden colaborar con los gobiernos tiránicos para mantener a las personas en la servidumbre. Spinoza argumenta que la religión, en su interpretación más supersticiosa y autoritaria, se utiliza para manipular a las masas, fomentando el miedo y la obediencia ciega, en lugar de la comprensión racional.

Spinoza sostiene que la verdadera religión se basa en la enseñanza del amor y la justicia, valores que coinciden con los principios racionales del buen gobierno. Sin embargo, cuando la religión se corrompe y se convierte en una herramienta de poder político, se convierte en una fuente de servidumbre. Los líderes religiosos que buscan el control político no fomentan el pensamiento crítico o la búsqueda de la verdad, sino que alientan la sumisión y la superstición, perpetuando así la esclavitud tanto espiritual como política.

Para Spinoza, la educación es clave para superar la servidumbre política. La educación racional permite a los individuos entender la naturaleza de sus emociones y cómo controlarlas, conduciendo a una vida más libre. En este sentido, Spinoza ve la educación como un medio para la emancipación política: una sociedad bien educada es menos susceptible a la manipulación y más capaz de gobernarse a sí misma de manera racional.

El Estado, según Spinoza, debería promover la educación pública como un medio para formar ciudadanos libres y responsables. Una educación que fomente el pensamiento crítico y el entendimiento de las leyes naturales es fundamental para el desarrollo de un Estado que se rija por la razón y no por la coerción. En este contexto, la servidumbre política se puede ver como el resultado de una educación deficiente y una falta de acceso al conocimiento verdadero.

Más adelante, cuando abordemos el tema de Marx y la servidumbre económica, abordaremos la coincidencia entre Spinoza y Marx al valorar el tema de la alienación y la subsiguiente servidumbre voluntaria que ello comporta.

La Revolución francesa y la servidumbre

Como el resto de las naciones europeas y antes de la Revolución francesa, Francia estaba organizada bajo un sistema feudal, en el cual el rey y la nobleza poseían tierras y ejercían el poder sobre la mayoría de la población, principalmente campesinos y siervos. La servidumbre, también conocida como *corvée*, era una institución que obligaba a los campesinos a trabajar en las tierras de los nobles sin recibir ningún pago. Estos campesinos, o siervos, no tenían derechos legales sobre la tierra que trabajaban y estaban sujetos a una serie de obligaciones, como pagar impuestos exorbitantes y brindar servicios al señor feudal.

La *corvée* era una forma de trabajo obligatorio que los campesinos debían realizar para su señor feudal en la sociedad feudal de la Francia medieval. Este sistema de trabajo forzado era uno de los pilares fundamentales de la economía feudal, ya que proporcionaba a los señores la mano de obra necesaria para mantener sus tierras y propiedades sin tener que pagar por ellas. La *corvée* se extendió durante siglos, desde el inicio del feudalismo en la Alta Edad Media hasta su declive y eventual abolición en la Revolución francesa de 1789. En su forma más básica, la *corvée* consistía en la obligación de los campesinos de trabajar varias jornadas al año en las tierras del señor feudal o realizar tareas comunales como la construcción de caminos, puentes o fortificaciones. El tiempo y el tipo de trabajo variaban según la región y la época, pero la esencia de la *corvée* era que no se ofrecía compensación monetaria.

Los siervos eran esencialmente dependientes del señor feudal, lo que los mantenía en una situación de sumisión y subordinación. En muchos casos, estaban atados a la tierra, lo que significaba que no podían dejar el feudo sin el consentimiento de su señor. Aunque no eran técnicamente esclavos, ya que no podían ser vendidos como propiedad, su vida estaba fuertemente controlada por los señores feudales, lo que los ponía en una situación de vulnerabilidad y explotación. Cuando La Boétie escribe su *Discurso* sobre la servidumbre voluntaria, todavía estaba vigente la administración feudal en Francia y es desde dicho contexto socioeconómico como se ha de entender su ensayo. La Boétie argumenta que la servidumbre, en muchos casos, es voluntaria en el sentido de que los oprimidos se someten de manera consciente o inconsciente al poder del opresor. Según él, esta sumisión no se debe tanto al miedo o la fuerza, sino a una forma de consentimiento, en la que las personas se acostumbran a la opresión y la aceptan como algo normal. Este concepto es relevante para la ubicar la Revolución francesa, ya que muchos campesinos y siervos habían aceptado durante siglos su subordinación a los señores feudales como una parte inevitable de sus vidas.

La Revolución francesa acontece en un contexto donde se combinan diversos factores políticos, económicos y sociales. A finales del siglo XVIII, Francia se encontraba en una profunda crisis económica, con una deuda masiva acumulada por el gasto militar, especialmente durante la participación en la guerra de Independencia de los Estados Unidos. Esta crisis fue agravada por un sistema fiscal profundamente injusto, en el que la nobleza y el clero estaban exentos de impuestos, mientras que el tercer estado, que incluía a los campesinos y la clase media, cargaba con el peso de la tributación.

Fue en la noche del 4 de agosto de 1789, cuando la Asamblea Nacional Constituyente votó para abolir los privilegios feudales. Este decreto puso fin a los derechos feudales de los nobles sobre los campesinos y las tierras. Se abolieron prácticas como el pago de la *corvée* y otros impuestos feudales que los campesinos debían pagar a sus señores. Este fue un paso decisivo hacia la igualdad legal entre los ciudadanos y el fin de la servidumbre.

Decreto de la Asamblea Nacional Constituyente.

Artículo 1: La Asamblea Nacional suprime completamente el régimen feudal. Declara que, en adelante, no habrá más derechos ni impuestos feudales, de cualquier naturaleza que sean, procedentes tanto de la propiedad como de la persona.

Artículo 2: Todos los derechos personales y servidumbres que oprimen a los campesinos, tales como la corvée, los censos y otros, quedan abolidos sin indemnización.

Artículo 5: Los derechos que se deriven de prestaciones personales, como la servidumbre, quedarán abolidos sin necesidad de compensación económica.

Sin embargo, fue la Constitución de 1791, promulgada por la Asamblea Nacional Constituyente, la que constitucionalizó la abolición de la servidumbre en Francia; un hito fundamental en la lucha por la igualdad y la libertad en Francia. Esta constitución estableció una monarquía constitucional y declaró que todos los ciudadanos eran iguales ante la ley, lo que significaba que la servidumbre y otras formas de discriminación basadas en el estatus social estaban oficialmente abolidas. Aunque la Constitución de 1791 no resolvió todos los problemas sociales y económicos de Francia, marcó un avance significativo hacia una sociedad más justa y equitativa.

La abolición de la servidumbre en Francia durante la Revolución francesa sentó un precedente para otros países europeos. Durante el siglo xix, muchos países de Europa occidental y central siguieron el ejemplo de Francia y abolieron la servidumbre. En algunos casos, como en Prusia y el Imperio austrohúngaro, la abolición fue impulsada por las reformas sociales y económicas que se inspiraron en las ideas revolucionarias francesas.

Sin embargo, en otras partes de Europa, especialmente en Rusia, la servidumbre continuó existiendo hasta mediados del siglo xix. Fue solo en 1861 cuando el zar Alejandro II de Rusia emitió el decreto de emancipación, que liberó a millones de siervos rusos y marcó el final oficial de la servidumbre en Europa. Aunque la abolición de la servidumbre en Rusia fue un avance significativo, muchos antiguos siervos continuaron viviendo en condiciones de pobreza y explotación debido a la falta de una reforma agraria adecuada.

Tocqueville y la servidumbre

Alexis de Tocqueville (1805-1859) estudió Derecho y obtuvo una plaza de magistrado en Versalles en 1827. Su inquietud intelectual le llevó a aceptar una misión gubernamental para viajar a los Estados Unidos a estudiar su sistema penitenciario (1831). Su estancia allí duró nueve meses. Fruto de este viaje fue su primera obra: *Del sistema penitenciario en los Estados Unidos y de su aplicación en Francia* (1833). Sin embargo, su estancia en Estados Unidos le sirvió para profundizar en el análisis de los sistemas político y social estadounidenses, que describió en su obra *La democracia en América* (1835-1840).

El pensamiento de Alexis de Tocqueville sobre la servidumbre y la libertad es uno de los temas centrales en su obra *La democracia en América*, donde analiza los riesgos y las oportunidades que la democracia moderna ofrece para la libertad individual y las posibles formas de servidumbre que podrían emerger en este contexto. Tocqueville fue un agudo observador de las sociedades democráticas, y en sus escritos identificó tanto las virtudes como los peligros inherentes a la igualdad.

Para Tocqueville, la libertad es un valor fundamental y esencial para el desarrollo humano. Sin embargo, su concepción de la libertad no se reduce simplemente a la libertad política o a la capacidad de participar en el gobierno, sino que abarca también la libertad individual y la autonomía personal. Tocqueville sostenía que las personas deben ser libres para desarrollar sus capacidades, tomar decisiones y perseguir sus propios objetivos en la vida.

«El despotismo me parece el mayor peligro que amenaza a los tiempos democráticos. Creo que en cualquier época yo habría amado la libertad, pero en los tiempos que corremos me inclino a adorarla» (*La democracia en América*, pág. 689).

En una democracia, según Tocqueville, la libertad política es crucial porque ofrece a los ciudadanos un sentido de responsabilidad y participación en los asuntos públicos. La participación política no es solo un medio para ejercer poder, sino también una forma de educación cívica, en la que los individuos aprenden a actuar como miembros activos de la sociedad. Sin embargo, Tocqueville también advierte que la democracia por sí sola no garantiza la libertad individual, ya que existen riesgos de que las instituciones democráticas y la igualdad puedan degenerar en nuevas formas de opresión. Tocqueville observó que, en Estados Unidos, a diferencia de las monarquías europeas, la igualdad entre los ciudadanos era un valor predominante. Esta tendencia hacia la igualdad puede tener efectos positivos, como el debilitamiento de las jerarquías sociales y la eliminación de privilegios hereditarios. Sin embargo, Tocqueville temía que la búsqueda desenfrenada de la igualdad pudiera poner en peligro la libertad individual. Cuando todos los ciudadanos se consideran iguales en derechos y oportunidades, desarrollan un fuerte sentido de competencia y comparación con los demás. Esta presión por la igualdad puede llevar a que los individuos busquen una uniformidad social y política, en detrimento de la diversidad de pensamiento y las diferencias individuales.

El deseo de igualdad puede generar dos tendencias negativas. Por un lado, las personas podrían estar dispuestas a sacrificar su libertad para alcanzar una mayor igualdad, aceptando restricciones en sus vidas personales y políticas con tal de que esas limitaciones se apliquen de manera uniforme a todos. Por otro lado, la búsqueda de igualdad podría conducir a la creación de un poder central fuerte que regule y controle a la sociedad para mantener la uniformidad, lo que abriría la puerta a nuevas formas de servidumbre.

Una de las ideas más originales de Tocqueville es su concepto de la «nueva servidumbre» que podría surgir en las democracias modernas. A diferencia de las formas tradicionales de servidumbre o esclavitud, en las que las personas eran sometidas a un poder tiránico de manera directa y violenta, Tocqueville advirtió que la servidumbre moderna podría adoptar formas más sutiles y benignas, pero igualmente peligrosas.

Tocqueville describió esta nueva servidumbre como un tipo de despotismo blando o tiranía de la mayoría, en la que el poder central, en nombre del bienestar general y la igualdad, ejercería un control paternalista sobre los individuos. En este tipo de sociedad, los ciudadanos estarían protegidos, cuidados y provistos por el Estado, pero a costa de su independencia y autonomía. El resultado sería una sociedad en la que los individuos ya no tendrían un sentido de responsabilidad sobre sus propias vidas, sino que delegarían sus decisiones y su libertad en un poder central que, aunque aparentemente benigno, los sometería a una forma de servidumbre invisible.

Tocqueville temía que la centralización del poder y el creciente control estatal en las democracias podría llevar a una pérdida gradual de la libertad individual, incluso en sociedades donde los ciudadanos eligen a sus gobernantes. Esta visión de la «nueva servidumbre» está directamente relacionada con el avance de la burocracia y el papel cada vez más omnipresente del Estado en la vida de los individuos, que Tocqueville no duda en calificar de «despotismo democrático».

> El soberano extiende su brazo sobre la sociedad entera (…) no destruye las voluntades, las ablanda, las doblega; rara vez obliga a obrar, se opone constantemente a que se obre; no mata, impide nacer; no tiraniza, pero mortifica, reprime, enerva, apaga, embrutece y reduce al cabo a toda la nación a un rebaño de animales tímidos e industriosos cuyo pastor es el gobierno (*La democracia en América*, pág. 687).

Otro concepto clave en la obra de Tocqueville es la tiranía de la mayoría, una forma de opresión que puede surgir en las democracias cuando la mayoría de los ciudadanos impone su voluntad sobre las minorías de manera injusta o desmedida. Tocqueville argumentó que, en las democracias, el poder de la mayoría puede volverse tan absoluto que aplaste la libertad de las personas que no comparten las opiniones mayoritarias. Este tipo de tiranía no necesita recurrir a la violencia o la represión abierta; puede manifestarse a través de la conformidad social y la presión de grupo, que hacen que los individuos tengan miedo de expresar opiniones disidentes o adoptar comportamientos diferentes.

En este sentido, Tocqueville intuye el peligro de lo que actualmente conocemos como el «pensamiento políticamente correcto», que en aras de una supuesta equidad esclaviza el pensamiento y censura la expresión libre de las convicciones e ideas en libertad. Esta es, sin duda, una las aberraciones que en nombre de la mayoría trata de imponerse en la sociedad democrática. La tiranía de la corrección política coarta tanto la libertad de pensamiento como la libertad de expresión.

Tocqueville reconoció las ventajas y el valor de la democracia, así como su capacidad para promover la igualdad y la participación política, pero también advirtió y predijo sobre los peligros que acechan a las sociedades democráticas: el despotismo blando, la tiranía de la mayoría y la centralización del poder. En *La democracia en América*, Tocqueville ofrece una advertencia profética sobre los peligros que enfrentan las democracias modernas. Aunque valora la libertad y la igualdad que las democracias promueven, también reconoce que estas mismas virtudes pueden ser llevadas al extremo, dando lugar a una nueva forma de servidumbre. Esta servidumbre no se basa en la violencia ni en la opresión directa, sino en un despotismo blando, donde el Estado, bajo la apariencia de proteger a los ciudadanos, socava su autonomía y libertad. Tocqueville también advierte sobre la importancia de los movimientos civiles y la libertad de prensa, en especial a la hora de combatir el despotismo democrático.

«Pero esta servidumbre no será total si la prensa es libre. La prensa es el instrumento democrático por excelencia de la libertad» (pág. 691).

Al final de *La democracia en América*, Tocqueville advierte sobre los peligros que encierra la primacía de la igualdad sobre la libertad en la sociedad democrática. Se trata de un aviso para navegantes de fortuna, que en nombre de la democracia pueden inclinar la balanza hacia la libertad o la servidumbre.

> Las naciones de nuestros días no pueden impedir la igualdad de condiciones en su seno, pero de ellas depende que la igualdad las lleve a la servidumbre o a la libertad, a la civilización o a la barbarie, a la prosperidad o a la miseria (pág. 699).

Alexis Tocqueville conocía el *Discurso* de la Boétie y no deja de hacer un guiño de complicidad a quien tres siglos antes había escrito sobre la tiranía y la dificultad de nombrarla.

> Creo que el tipo de opresión que amenaza a los pueblos democráticos no se parecerá en nada al mundo que lo precedió. Nuestros contemporáneos no recordarán algo ya sucedido y semejante. Yo mismo busco en vano una expresión que reproduzca y encierre exactamente la idea que me formo; las antiguas palabras de despotismo y tiranía no son adecuadas. La cosa es nueva; es preciso entonces tratar de definirla, ya que no puedo nombrarla (pág. 686).

«Servidumbre voluntaria» lo llamó Étienne de La Boétie y Tocqueville se inclinará por el término «despotismo democrático» o también nos remitirá al hecho de que los franceses crearon expresamente una palabra que define a quienes sirven voluntariamente: «lacayos».

Hegel, el amo y el esclavo

Hegel (1770-1831) escribió la *Fenomenología del espíritu* entre el verano del año 1805 y el otoño de 1806 durante su estancia en Jena. El libro fue editado en el año 1807 y, si bien inicialmente no obtuvo un gran éxito, pronto se convirtió en un texto fundamental en la historia del pensamiento. Hegel escribió su obra durante la permanencia de Napoleón en Jena y recuerda haberlo visto en persona cuando se dirigía a caballo a inspeccionar el terreno que rodeaba la ciudad. Hegel se refiere a Napoleón con la expresión «el emperador era el alma del mundo».

El concepto de servidumbre en Hegel se encuentra enmarcado en la famosa dialéctica del amo y el esclavo, la cual forma parte de su obra *Fenomenología del espíritu*. Esta dialéctica, aunque es una etapa del proceso de desarrollo de la autoconciencia, revela profundos significados sobre la libertad, la dependencia y la autocomprensión del ser humano. La servidumbre, dentro de este marco, se refiere tanto a una condición existencial como a una relación social, y su análisis nos permite entender cómo Hegel concibe el desarrollo de la autoconciencia en términos de lucha, trabajo y transformación.

La dialéctica del amo y el esclavo comienza con una lucha por el reconocimiento entre dos conciencias. Para Hegel, la autoconciencia no puede desarrollarse plenamente en aislamiento; solo puede lograrse cuando uno es reconocido por otro. En la *Fenomenología del espíritu*, Hegel plantea que, cuando dos conciencias se encuentran, cada una busca ser reconocida por la otra como un ser libre y autónomo. Esta necesidad de reconocimiento lleva a un conflicto, ya que ambas conciencias desean imponerse y afirmarse a sí mismas como independientes.

El resultado de este conflicto es una lucha de vida o muerte, donde una de las conciencias se impone sobre la otra, surgiendo así la relación de amo y esclavo. El amo es quien ha prevalecido en esta lucha, mientras que el esclavo, habiendo temido por su vida, ha decidido someterse. Este sometimiento voluntario da origen a la servidumbre, que no es simplemente una relación de dominación externa, sino una condición en la que el esclavo pierde su autonomía al aceptar la dominación del amo.

> Se reconocen como reconociéndose mutuamente. Por consiguiente, el comportamiento de las dos autoconciencias se halla determinado de tal modo que se comprueban por sí mismas y la una a la otra mediante la lucha a vida o muerte. Y deben entablar esta lucha, pues deben tener la certeza de sí misma. (*Fenomenología del espíritu*, pág. 116).

La servidumbre en Hegel implica una profunda alienación de la autoconciencia del esclavo. En su sumisión al amo, el esclavo no es capaz de afirmarse a sí mismo como un ser autónomo. Su existencia está definida por su relación de subordinación. El esclavo vive para servir al amo y satisfacer sus necesidades, y, en este sentido, su autoconciencia está ligada a la voluntad del otro. La libertad del esclavo está negada, ya que su existencia está dedicada a cumplir los deseos del amo.

La autoconciencia, en la visión de Hegel, es esencialmente relacional. No se puede lograr la plena autoconciencia en aislamiento; uno debe ser reconocido por otro. Este reconocimiento mutuo es fundamental para la constitución de la identidad y la libertad. En este punto, Hegel introduce la noción de la lucha por el reconocimiento, una lucha inevitable y violenta entre dos conciencias que buscan afirmarse como sujetos autónomos.

> El señor se relaciona al siervo de un modo mediato, a través del ser independiente, pues a esto precisamente es a lo que se halla sujeto el siervo; ésta es su cadena, de que no puede abstraerse en la lucha, y por ella se demuestra como dependiente (pág. 118).

Sin embargo, Hegel no ve esta condición de servidumbre como una etapa definitiva o estática. A diferencia de una simple opresión permanente, Hegel entiende la servidumbre como parte de un proceso dialéctico en el que tanto el amo como el esclavo se ven transformados por su relación mutua. De hecho, la servidumbre, aunque implica una subordinación, contiene las semillas para un posible desarrollo de la autoconciencia y, eventualmente, para la emancipación.

Una de las ideas más importantes en la concepción hegeliana de la servidumbre es el papel del trabajo. Mientras que el amo disfruta pasivamente de los frutos del trabajo del esclavo, es el esclavo quien, a través del trabajo, comienza a transformarse. Para Hegel, el trabajo no solo produce bienes materiales, sino que también tiene un efecto transformador sobre la conciencia del trabajador.

«Y aunque el miedo al señor es el comienzo de la sabiduría, la conciencia es en esto para ella misma y no el ser para sí. Pero a través del trabajo llega a sí misma» (pág. 120).

A través del proceso de trabajo, el esclavo se enfrenta a la naturaleza y la transforma. En este sentido, el esclavo comienza a darse cuenta de su capacidad para influir en el mundo externo. El trabajo también implica disciplina y esfuerzo, y, a través de esta actividad, el esclavo aprende a dominar sus propios deseos y a ejercer control sobre el entorno. Aunque el esclavo está obligado a trabajar para el amo, este proceso lo lleva, paradójicamente, a una forma más avanzada de autoconciencia.

Observamos aquí la interdependencia entre el amo y el siervo, tal como La Boétie concebía, al contemplar que sin el sostén del siervo, es decir, sin el reconocimiento del siervo con respecto al amo, el amo deja de serlo. También asistimos a la posibilidad que el siervo posee para su emancipación, en tanto en cuanto al acceder a la autoconciencia el siervo se emancipa. Hegel, como otros muchos pensadores que sucedieron a La Boétie no menciona a Étienne de La Boétie, pero apreciamos la huella de su *Discurso* en la dialéctica amo/esclavo. El trabajo como recuperación de la autoconciencia y su posterior despliegue social puede análogamente observarse en La Boétie cuando este se refiere a la autoconciencia de la libertad en la élite de quienes se reconocen mutuamente como libres e iguales, mediante el reconocimiento recíproco.

La servidumbre, para Hegel, no es simplemente una condición de pasividad. A través del trabajo, el esclavo desarrolla una comprensión de su capacidad de agencia y creatividad. Esta actividad laboriosa le permite al esclavo superar, en cierta medida, su alienación inicial. La relación entre amo y esclavo está destinada a cambiar, ya que no es sostenible a largo plazo. Aunque al principio parece que el amo es el que tiene el poder y el esclavo es completamente dependiente, Hegel revela que esta relación es más compleja. El amo, en realidad, depende del esclavo para su reconocimiento y para satisfacer sus necesidades. Por lo tanto, la libertad del amo es en última instancia ilusoria, ya que no puede ser completamente independiente.

Hegel sostiene que el verdadero reconocimiento no puede lograrse en una relación de dominación y sumisión. La dialéctica del amo y el esclavo es solo una etapa en el desarrollo de la autoconciencia; eventualmente, ambos deben superar esta relación para alcanzar una forma más elevada de reconocimiento mutuo, basada en la libertad y la igualdad. Este desarrollo posterior es lo que Hegel llama la conciencia universal, en la cual los individuos se reconocen entre sí como seres libres y autónomos en una comunidad de iguales.

La influencia de la dialéctica del amo y el esclavo ha sido profunda en la filosofía y la teoría social moderna. Pensadores como Karl Marx y Frantz Fanon han reinterpretado esta dialéctica en sus propias teorías sobre la lucha de clases, el colonialismo y la liberación.

Para Marx, la dialéctica del amo y el esclavo proporciona una base filosófica para entender la lucha de clases en el capitalismo. Marx reinterpretó la relación entre el amo y el esclavo como una alegoría de la relación entre el capitalista (el dueño de los medios de producción) y el trabajador (el proletariado). En el capitalismo, el trabajador, como el esclavo hegeliano, produce riqueza para el capitalista, pero es a través de este proceso de trabajo que también se desarrolla la conciencia de clase y la eventual lucha por la emancipación.

Por otro lado, Frantz Fanon, en su obra *Los condenados de la tierra* (1961), utiliza la dialéctica del amo y el esclavo para analizar las relaciones coloniales. En el colonialismo, el colonizador (amo) y el colonizado (esclavo) están atrapados en una relación de dominación. Sin embargo, como en la dialéctica hegeliana, esta relación está destinada a ser superada a través de la lucha por la libertad y la afirmación de la humanidad del colonizado.

Nietzsche y la voluntad de poder

El binomio amo/esclavo, que ocupó un lugar descollante en el pensamiento de Hegel, cobra con Friedrich Nietzsche (1844-1900) un nuevo impulso que tendrá consecuencias determinantes en el pensamiento moderno y en la política del siglo XX. A Nietzsche le correspondió vivir una época de profundos cambios sociales, científicos y culturales. El auge de la ciencia, la secularización y la crisis de los valores tradicionales eran temas prominentes que Nietzsche abordó en su obra. Su crítica radical a la moral convencional, la religión cristiana y la filosofía occidental en general se refleja en su obra más conocida, *Así habló Zaratustra*, así como en otros textos como *Más allá del bien y del mal* y *La genealogía de la moral*.

Nietzsche luchó con vehemencia contra lo que percibía como una decadencia cultural, un declive de los valores vitales en favor de una moral de resentimiento y conformidad. Para él, la filosofía occidental, desde Sócrates hasta su época, había sido una negación de la vida, un esfuerzo por reprimir y dominar las fuerzas instintivas humanas en lugar de afirmarlas.

> Los europeos nos hallamos enfrente de un inmenso montón de escombros, en que algunas cosas se elevan todavía a gran altura y amenazan derrumbarse, otras presentan aspecto caduco y amenazan derrumbarse y la mayor parte anda por los suelos (*La gaya ciencia*, pág. 191).

La relación entre la «servidumbre» y la «voluntad de poder» es una de las cuestiones filosóficas más profundas y complejas. A través de sus textos, Nietzsche explora cómo los seres humanos se ven atrapados entre dos fuerzas: la tendencia a someterse a normas, autoridades o tradiciones (servidumbre), y el impulso vital hacia la autoafirmación y la creación de nuevos valores (voluntad de poder). Esta dualidad está presente a lo largo de toda su obra.

La servidumbre, en el pensamiento de Nietzsche, no se limita al sentido físico o político, sino que tiene una dimensión psicológica, cultural y existencial. En su análisis de la moral y la cultura occidental, Nietzsche critica lo que él llama «la moral de los esclavos». Esta forma de moral se caracteriza por la sumisión a normas externas, la renuncia a la voluntad individual y la glorificación de valores como la humildad, la compasión y el sufrimiento. Nietzsche sostiene que esta moral de esclavos surgió como una reacción a lo que denomina «la moral de los señores». En las sociedades antiguas, los nobles y guerreros afirmaban su poder y su vitalidad a través de valores como la fuerza, el orgullo y la independencia. Sin embargo, los oprimidos, los débiles y los resentidos, incapaces de imponer su propia voluntad en el mundo, crearon un sistema moral que invertía estos valores, glorificando la debilidad y la obediencia.

La servidumbre, entonces, se convierte en un estado mental y cultural en el que las personas aceptan de manera pasiva los valores impuestos por la tradición, la religión o la autoridad social. Nietzsche argumenta que el cristianismo, especialmente, ha jugado un papel crucial en la promoción de esta moral de esclavos al enfatizar el sacrificio, la renuncia a los placeres terrenales y la obediencia a una autoridad divina.

La voluntad de poder, en contraste, propone un tipo de moralidad que no se basa en el sometimiento de los instintos o en el sacrificio de uno mismo por un bien mayor abstracto, sino en la afirmación de la vida en todas sus formas, incluyendo la lucha, el conflicto y la superación personal. Para Nietzsche, la verdadera nobleza y virtud radica en aquellos que son capaces de crear sus propios valores y vivir de acuerdo con ellos, en lugar de seguir ciegamente las normas impuestas por la sociedad o la religión. Nietzsche proclama que la muerte de Dios ensancha el horizonte humano.

«Los espíritus libres, ante la nueva de que el Dios antiguo ha muerto, nos sentimos iluminados por una nueva aurora... el mar, nuestra alta mar, se abre de nuevo a nosotros y tal vez nunca tuvimos un mar tan ancho» (pág. 171).

El concepto de superhombre (Übermensch) está íntimamente relacionado con la voluntad de poder. El superhombre es una figura que Nietzsche introduce en *Así habló Zaratustra* como un ideal de lo que los humanos pueden llegar a ser. Este ser no está atado por los valores y las morales tradicionales; en cambio, crea sus propios valores y vive según la afirmación de la vida, uniendo la voluntad de poder con una creatividad y fuerza excepcionales.

La tensión entre la servidumbre y la voluntad de poder es un tema recurrente en la obra de Nietzsche. Esta dialéctica puede verse como una lucha entre dos modos de existencia: el del esclavo, que se define por su resentimiento, su miedo y su sumisión, y el del señor, que se define por su capacidad de crear, afirmar y trascender.

En *La genealogía de la moral*, Nietzsche rastrea el origen de esta dicotomía a lo largo de la historia de la humanidad. Según él, la moral de los esclavos surgió como una respuesta al poderío y la independencia de los señores. Incapaces de competir en términos de fuerza o valentía, los esclavos desarrollaron un sistema moral que invertía los valores de sus opresores. Mientras que los señores valoraban la fuerza, el orgullo y la autonomía, los esclavos glorificaban la debilidad, la humildad y la obediencia.

Esto no significa que Nietzsche defienda una forma de tiranía o autoritarismo. Más bien, su crítica está dirigida a cualquier sistema que sofoca la individualidad y la creatividad. La verdadera libertad, para Nietzsche, no consiste en la mera ausencia de restricciones externas, sino en la capacidad de afirmar la propia voluntad y crear nuevos valores. Esta visión tiene profundas resonancias existenciales, ya que implica que cada individuo debe encontrar su propio camino hacia la libertad, en lugar de conformarse con las normas establecidas por la sociedad o la religión. La superación de la servidumbre, según Nietzsche, no es simplemente una cuestión de liberación externa, sino un proceso de transformación interna en el que el individuo asume la responsabilidad de crear sus propios valores y vivir de acuerdo con ellos.

Hayek y la servidumbre

La primera edición del libro *Camino de la servidumbre* (Unión editorial, 2008), de Friedrich von Hayek, tuvo lugar en el año 1944. De inmediato se convirtió en un *best seller* y sus traducciones florecieron en todo Occidente. Curiosamente, habían transcurrido cuatro siglos desde que Étienne de La Boétie escribió su *Discurso sobre la servidumbre voluntaria*, en la cuarta década del siglo XVI. Decididamente, cuatro siglos de vigencia de la pregunta de La Boétie sobre la servidumbre es un tiempo dilatado en la historia de las ideas políticas, pero su persistencia indica la dificultad o tal vez el «misterio» que encierra la pregunta sobre la sumisión voluntaria. Hayek retoma la pregunta sobre la servidumbre en plena eclosión de los totalitarismos que asolaron Europa en los años treinta del siglo pasado y reconoce analogías y similitudes entre el comunismo, el nacionalsocialismo y el fascismo. Todos ellos tendrán como protagonistas necesarios a las masas que voluntariamente se sometieron a los totalitarismos de distinto signo, pero común raigambre.

En la introducción de *El camino de la servidumbre*, Hayek plantea la idea central de su obra: el peligro de la planificación centralizada y el socialismo como caminos hacia el totalitarismo. Aunque sus ideas van en contra de las corrientes dominantes de su tiempo, especialmente en Europa tras la Segunda Guerra Mundial, su advertencia es clara: el intento de organizar la sociedad de manera planificada para garantizar la igualdad y la seguridad económica lleva a una pérdida de libertades individuales. Para Hayek, los regímenes totalitarios no son anomalías históricas, sino el resultado lógico de la implementación de políticas socialistas. Hayek comienza el libro destacando cómo la planificación económica había ganado popularidad en Europa, especialmente en el Reino Unido, durante las décadas anteriores. Sostiene que este cambio en la opinión pública representa un alejamiento de los principios del liberalismo clásico, que valora la libertad individual por encima de todo. Según él, la libertad económica y política están inextricablemente vinculadas, y cualquier intento de restringir la primera inevitablemente restringirá la segunda.

En su mencionado libro, Hayek argumenta que la planificación económica centralizada y el socialismo, aunque a menudo motivados por ideales de justicia social y equidad, inevitablemente conducen a la pérdida de libertades individuales y a la servidumbre de los ciudadanos frente al Estado. La intervención estatal en la economía es el primer paso hacia un régimen autoritario. Al centralizar el poder, el Estado tiende a convertirse en una autoridad despótica que puede regular todos los aspectos de la vida. Aunque el socialismo puede comenzar con buenas intenciones, Hayek advierte que desemboca en un sistema opresivo.

Hayek cuestiona la idea de que el bienestar económico pueda alcanzarse a través de la intervención estatal sin sacrificar libertades fundamentales. Sostiene que la planificación centralizada inevitablemente destruye el dinamismo del mercado libre, el cual él considera esencial para la prosperidad y el progreso humano. El precio del bienestar social puede ser la servidumbre más o menos voluntaria.

Uno de los temas recurrentes en *Camino de servidumbre* es la tensión entre la seguridad económica y la libertad. Hayek reconoce que muchas personas apoyan la planificación centralizada porque ofrece la promesa de una mayor seguridad económica: un empleo garantizado, vivienda, atención médica, etc. Sin embargo, advierte que esta seguridad tiene un precio muy alto: la pérdida de libertad. No obstante, la seguridad económica no puede ser el objetivo último de una sociedad libre. Si bien es importante proteger a los más vulnerables y asegurar un nivel mínimo de bienestar, esto no debe lograrse a expensas de las libertades individuales. La búsqueda de una seguridad total lleva inevitablemente al control estatal sobre la vida económica y, en consecuencia, a la servidumbre de los ciudadanos.

La única manera de evitar la servidumbre, según Hayek, es garantizar un sistema de mercado libre donde los individuos tomen decisiones económicas basadas en sus preferencias. Para él, la competencia en el mercado permite una mejor asignación de los recursos que cualquier planificador central podría lograr.

Hayek se cuestiona la identidad, las capacidades e intereses de quienes planifican la economía en un régimen socialista y su respuesta es que los planificadores no serán expertos imparciales o tecnócratas benevolentes, sino personas con agendas políticas y sesgos propios. Según él, los planificadores inevitablemente favorecerán a ciertos grupos y sectores de la sociedad, lo que generará corrupción, favoritismo y desigualdad.

Además, Hayek señala que el tipo de personas que buscan y obtienen poder en un sistema planificado no son los más capacitados para tomar decisiones justas o eficientes. En lugar de ello, son aquellos que están dispuestos a utilizar el poder coercitivo del Estado para imponer sus propias ideas sobre los demás. Esto lleva, según Hayek, al surgimiento de dictadores y líderes autoritarios que consolidan su poder sobre la población.

Según Hayek, la planificación centralizada afecta a la libertad de pensamiento y expresión. Para que un sistema planificado funcione, los ciudadanos deben aceptar las decisiones de los planificadores, lo que implica una cierta conformidad en el pensamiento. La crítica o disidencia puede verse como un obstáculo para la implementación de los planes, y, por lo tanto, el Estado puede comenzar a reprimir la libertad de expresión.

Hayek sostiene que, en última instancia, los sistemas socialistas requieren una manipulación de la verdad. Las mentiras y la propaganda se convierten en herramientas necesarias para convencer a la población de que los sacrificios que están haciendo son por el bien común. A medida que el Estado controla más aspectos de la vida, también empieza a controlar la información, lo que resulta en una sociedad donde la verdad está subordinada a los intereses del poder político.

El libro culmina con la propuesta de un camino alternativo al que lleva a la servidumbre. Para evitar los peligros del socialismo y la planificación centralizada, Hayek argumenta que las sociedades deben reafirmar su compromiso con los principios del liberalismo clásico: la libertad individual, la propiedad privada y el mercado libre.

El mercado libre, con todas sus imperfecciones, es el único sistema que permite a los individuos tomar decisiones por sí mismos y coordinar sus acciones de manera eficiente. A través de la competencia y el intercambio voluntario, los mercados generan prosperidad y evitan la concentración de poder. Para Hayek, solo una sociedad basada en estos principios puede garantizar tanto la prosperidad económica como la libertad política, así como evitar la servidumbre.

Marx, Spinoza y la servidumbre

Hemos mencionado la persistencia de la huella de La Boétie en distintos pensadores que abordaron el tema de la servidumbre en los últimos cinco siglos, pero ninguno como Frédéric Lordon ha recapitulado y actualizado el pensamiento de La Boétie en clave contemporánea, al releer a Marx con las lentes de Spinoza. Lordon es, también, el contrapunto de Hayek en tanto que marxista, aunque heterodoxo, e impugnador de la ideología liberal. En lo que ambos coincidirán es en la denuncia de la servidumbre. Frédéric Lordon, en su libro *Capitalismo, deseo y servidumbre. Marx y Spinoza* (Ed., Tinta de Limón, Buenos Aires, 2015), realiza una relectura de Spinoza y Marx con el objeto de desentrañar y reinterpretar el pensamiento de La Boétie sobre la servidumbre voluntaria. F. Lordon, economista de formación, transita al campo de la filosofía atraído por el pensamiento de Spinoza, de quien asume y reinterpreta el núcleo de su filosofía ética y política. El *conatus*, la estructura y dinámica del sentimiento y de los afectos, así como la cartografía del deseo son asumidos por Lordon para releer y actualizar a Marx en clave del neoliberalismo del siglo XXI.

F. Lordon se autodefine como un marxista heterodoxo y parafraseando a Pierre Boudieu afirma que «Marx es indispensable a condición de sobrepasarlo». Lordon se basa en el concepto de «servidumbre voluntaria» de Étienne de La Boétie, que se pregunta sobre cómo las personas pueden consentir su propia sumisión a un poder tiránico. Para La Boétie, y también para Lordon, esta aceptación no es simplemente una cuestión de coacción física o de fuerza directa, sino de un consentimiento más profundo que puede surgir de factores psicológicos, culturales y emocionales.

Lordon asume y transcribe la definición de Spinoza sobre la servidumbre voluntaria que aparece en el prefacio del capítulo IV de la Ética que se titula «De la servidumbre humana o de la fuerza de los afectos»:

«Llamo servidumbre a la impotencia humana para dirigir y reprimir los afectos; sometido a los afectos, el hombre no depende de sí mismo, sino de la fortuna».

Lordon argumenta que, en el capitalismo moderno, la servidumbre voluntaria no se manifiesta simplemente a través de la coacción física o la represión directa. En cambio, opera a través de lo que él llama la «captura afectiva» de los individuos por parte de las estructuras económicas y sociales dominantes. Lordon utiliza la idea de la «captura afectiva» para explicar cómo los sistemas económicos y sociales logran que los individuos se identifiquen con valores y objetivos que, aunque en muchos casos no son realmente de su interés, son percibidos como tales debido a la manipulación de deseos y afectos. Esto muestra que las personas pueden ser «servidoras» de un sistema (en términos de trabajar y vivir para él) de manera «voluntaria» (porque han sido afectivamente alineadas con sus imperativos). Este fenómeno es observable, por ejemplo, en cómo los trabajadores en las economías capitalistas desarrollan una «identificación» con sus empleadores o corporaciones, donde los intereses de las empresas se vuelven, aparentemente, los intereses de los empleados. Esta identificación no es simplemente una ilusión; está sostenida por un complejo entramado de incentivos materiales y simbólicos que van desde salarios y beneficios hasta prestigio social y sentido de pertenencia.

Basándose en la filosofía de Spinoza, argumenta que los seres humanos están impulsados por deseos y afectos, que son moldeados y explotados por las estructuras capitalistas para mantener a las personas en un estado de sumisión. Lordon, siguiendo la senda trazada por Spinoza con el concepto *conatus*, redefine a este de la siguiente manera:

> La fuerza de existir (…) la energía del conatus es la vida. Y esta vez lo más cerca de Spinoza: es la energía del deseo. Ser es ser un ser de deseo. Existir es desear y por consecuencia activarse -activarse en busca de sus objetos de deseo (pág. 23).

El capitalismo posee la habilidad de colmar, al menos parcialmente, los deseos del asalariado y a ellos contribuyen las ideologías del trabajo que insisten en la creatividad y la dimensión humana del trabajo. El capital es capaz de «capturar» los afectos que mueven al trabajador y convertir la sumisión en mérito y objeto de deseo.

Según Lordon, el capitalismo contemporáneo ha perfeccionado la habilidad de explotar estos afectos, creando un entorno donde los deseos y necesidades de los individuos se alinean estrechamente con los imperativos del sistema económico. Esto se manifiesta en la forma en que el trabajo se organiza y en cómo los productos y servicios se diseñan para satisfacer no solo necesidades materiales, sino también aspiraciones emocionales y psicológicas.

«La relación salarial como captura de un cierto deseo, expone en su desnudez el principio real del sometimiento: la necesidad y la intensidad de un deseo» (pág. 34).

La relación salarial como relación de dominio cabe extrapolarlo al ámbito de la política donde «gratificación» adquiere no necesariamente la forma del dinero, sino que la relación de dominio se establece en base a ilusorias compensaciones en forma de reconocimientos identitarios o relatos de índole populista, donde los dominados son recompensados en su orgullo grupal o personal. La alienación del siervo adquiere multitud de formas en su aquiescencia servil. El voto o la aclamación son algunas de ellas.

La concepción marxista de la alienación en el sistema capitalista tiene una significación determinante en la teoría de F. Lordon al extender la idea de Marx desde el ámbito económico al territorio de los afectos. Entiende que el concepto de alienación del marxismo implica también una alienación afectiva, donde los deseos y emociones de los individuos son separados de sus verdaderas necesidades y canalizados hacia fines que benefician al capital. En este sentido, la servidumbre voluntaria se ve reforzada por una doble alienación: material y afectiva. Las personas no solo están alienadas en su trabajo, sino también en sus propios deseos y aspiraciones, que son manipulados y reconfigurados para servir a los intereses del capital.

Lordon es taxativo cuando afirma que «si el primer sentido de la dominación consiste en la necesidad para un agente de pasar por otro para acceder a su objeto de deseo; evidentemente, la relación salarial es una relación de dominación» (pág. 33).

El salario implica la inmersión del trabajador en un mundo relacional en el que el deseo, los afectos y la ideología del trabajo constituyen el engranaje donde la servidumbre se materializa. Desde esta óptica de la implicación de los afectos en la servidumbre voluntaria de los trabajadores, Lordon analiza y critica las ideologías del trabajo en el capitalismo. El trabajo, en muchas sociedades capitalistas, no es solo un medio para ganarse la vida; es un medio fundamental de realización personal y un marcador clave de identidad y valor social. Lordon sostiene que esta ideología del trabajo es una de las formas más poderosas de servidumbre voluntaria, ya que lleva a las personas a ver su sumisión al trabajo y al capital no como una forma de explotación, sino como una expresión de libertad y autodesarrollo.

A este respecto, Lordon disiente de Hegel en lo referente al trabajo como medio del autoconocimiento y de la libertad.

Lordon es radical en su crítica al capitalismo cuando denuncia la aparente paradoja de la libertad en el capitalismo. En teoría, las sociedades capitalistas valoran la libertad individual por encima de todo, pero, en la práctica, esta libertad está severamente limitada por las necesidades y restricciones del sistema económico. La «libertad» que se ofrece a los individuos es, en muchos casos, la libertad de elegir entre diferentes formas de servidumbre, ya sea el trabajo asalariado, el consumo compulsivo o la competencia constante. Según Lordon, el capitalismo es particularmente efectivo en capturar los deseos humanos, orientándolos hacia objetivos que benefician al capital más que a los individuos mismos. Aquí, la «voluntariedad» no es el resultado de un libre albedrío puro, sino de un proceso de alineación afectiva y deseo que es, en gran medida, inconsciente y socialmente construido.

«Los sometimientos exitosos son aquellos que consiguen separar, en la imaginación de los sometidos, los afectos tristes del sometimiento de la idea misma del sometimiento» (pág. 17).

La obra de Frédéric Lordon sobre la servidumbre voluntaria ofrece una perspectiva radical y provocadora sobre cómo las personas se someten a estructuras de poder que, en teoría, podrían resistir. Al destacar el papel de los afectos, los deseos y la alienación en la perpetuación de la dominación capitalista, Lordon nos invita a repensar nuestras propias relaciones con el trabajo, el consumo y la libertad, y a considerar cómo podríamos crear formas de vida más autónomas y auténticas.

A pesar de su análisis a menudo sombrío, pero sugerente, de la servidumbre voluntaria en el capitalismo, Lordon no es del todo pesimista sobre la posibilidad de cambio y resistencia; sugiere que, aunque los afectos y deseos de las personas están en gran medida capturados por el capital, no están completamente determinados por él. Existe la posibilidad de que los individuos desarrollen formas de conciencia crítica y prácticas de resistencia que desafíen y desmantelen las estructuras de dominación.

Bibliografía

Applebaum, Anne, *Autocracia, S. A.*, Debate, 2024.

Arendt, Hannah, *Sobre la violencia*, Alianza, 2008.

Azúa, Félix de, «Contorsionistas», *The Objective*, 5 octubre 2024, https://theobjective.com/elsubjetivo/notas-del-espectador/2024-10-05/contorsionistas-psoe-sanchez/

Berlin, Isaiah, *La traición de la libertad. Seis enemigos de la libertad humana*, Fondo de Cultura Económica, México, 2004.

Berlin, Isaiah, *Vico y Herder*, Cátedra, Madrid, 2000.

Berlin, Isaiah. «Dos conceptos de libertad», en *Cuatro ensayos sobre la libertad*, Alianza Editorial, Madrid, 1993.

Blackburn, Simon, «Structuralism». En Diccionario Oxford de Filosofía, 2.ª edición, Oxford.

Bobbio, N. *Igualdad y libertad*. Paidós, Barcelona, 1993.

Carreras, Francesc. (2024, 18 de abril). «Memoria histórica, ETA y Bildu». *The Objective*, 18 abril 2024, https://theobjective.com/elsubjetivo/opinion/2024-04-18/memoria-historica-eta-bildu/

Cuesta Carlos, *El gran impostor*, La Esfera de los Libros, 2023.

Delibes Liniers, Alicia, *El suicidio de Occidente*, Encuentro, Madrid, 2024.

Elorza, Antonio, «LPS. El lenguaje político de Pedro Sánchez», *The Objective*, 1 octubre 2024, https://theobjective.com/elsubjetivo/opinion/2024-10-01/lenguaje-politico-pedro-sanchez/

Guezuraga, Ainara, *El PSOE en el laberinto*, Ed. Martínez Roca, 2017.

Haranburu Altuna, Luis, «Bilingüismo y democracia», *Triunfo*, núm. 685, año xxx, 13 de marzo de 1976.

Haranburu Altuna, Luis, *Pedro Sánchez y el síndrome de Narciso*, Almuzara, 2023.

Hartsuaga José Ignazio, *Mitologia vasca comparada, el fin de los gentiles*, Hiria, San Sebastián, 2011

Hayek, Friederich von, *Camino de servidumbre*, Alianza, Madrid, 2011.

Hegel, Georg Wilhelm, *Fenomenología del espíritu*.

Heidegger, Martin, *Sein und Zeit*, ed. de Jorge Eduardo Rivera, Editorial Universitaria.

Hennig, Jean-Luc, *De la amistad extrema. Montaigne y La Boétie*, Planeta, Barcelona 2016.

La Boétie, Étienne de, *Discurso de la servidumbre voluntaria*, Ed. de Jorge Álvarez, Akal, 2022.

Laclau y Mouffe, *Hegemonía y estrategia socialista*, Gedisa, 2001.

Leguina Joaquín, *Historia de un despropósito*, Temas de hoy, 2014.

Leguina Joaquín, *Pedro Sánchez, historia de una ambición*, Espasa, 2021.

Levitsky, Steven y Ziblatt, Daniel, *Cómo mueren las democracias*, Ariel, 2018.

Lordon, Frédéric, *Capitalismo, deseo y servidumbre. Marx y Spinoza*, Tinta Limón, 2013.

Michnik, Adam, *Elogio de la desobediencia*, Ladera Norte, 2024.

Montaigne Michel de, *Oeuvres complètes*, Gallimard, 1962.

Neiman, Susan, *La izquierda no es woke*, Debate, Barcelona, 2024.

Nietzsche, Friedrich, *La gaya ciencia*.

Roza, Stéphanie, ¿*La izquierda contra la Ilustración?*, Laetolli, Pamplona, 2023.

Ruiz Soroa, José María, «Reclutando colonos», *El Correo*, 29 septiembre 2024. https://paralalibertad.org/reclutando-colonos/

Ruiz Soroa, José María, *El esencialismo democrático*, Trotta, Madrid, 2010.

Sánchez Baena, Guadalupe, «Pedro Sánchez y el descrédito de la democracia constitucional», *The Objective*, 6 septiembre 2014, https://theobjective.com/elsubjetivo/opinion/2024-09-06/pedro-sanchez-descredito-democracia-constitucional/

Sánchez Baena, Guadalupe, *Crónica de la degradación democrática española*, Deusto, 2023.

Sánchez Baena, Guadalupe, *Populismo punitivo*, Deusto, 2020.

Sánchez, Pedro, *Tierra firme*, Ediciones Península, 2023.

Savater, Fernando, «La mala intención», *The Objective*, 13 febrero 2024. https://theobjective.com/elsubjetivo/opinion/2024-10-13/la-mala-intencion/

Scurati Antonio, *Fascismo y populismo*, Penguin Random House, Barcelona, 2024.

Scurati, Antonio, *M. El hijo del siglo*, Alfaguara, 2020.

Schmitt, Carl, *El concepto de lo político*, Alianza, Madrid, 2014.

Schmitt, Carl, *Interpretación europea de Donoso Cortés*, Rialp, Madrid, 1952.

Soriano, José Eugenio, «Arbitrariedad como norma», *El Mundo*, 23 noviembre 2021.

Spinoza Baruch, *Tratado Político*, Alianza, 1986.

Spinoza Baruch, *Tratado teológico-político*, Alianza, 1986.

Tajadura, Javier, «Gobernar sin el Parlamento», *El Correo,* 18 septiembre 2024.

Tocqueville, Alexis de, *La democracia en América*.

Torra, Quim, «La lengua y las bestias», *el Món*, 19 diciembre 2012.

Tortella, Gabriel y Núñez, Clara Eugenia, «Educación para la mediocridad», *El Mundo*, 28 diciembre 2020. https://www.elmundo.es/opinion/columnistas/2020/12/28/5fe87e0ffdddff308c8b463c.html

Toscano Manuel, *Contra Babel*, Atheneica, Sevilla, 2024.

Serrano de Haro A., *Arendt y España*, Trotta, Madrid, 2023.

Varela, Ignacio, «¿Quién regenera a Pedro Sánchez?», *El Confidencial*, 20 septiembre 2020. https://blogs.elconfidencial.com/espana/una-cierta-mirada/2024-09-20/quien-regenera-pedro-sanchez_3966128/

Varela, Ignacio, «Un gobierno para vegetar», *El Confidencial*, 25 septiembre 2024.

Vilches, Jorge, «¿Por qué votan sanchismo?», *The Objective*, 19 octubre 2024. https://theobjective.com/elsubjetivo/opinion/2024-10-19/por-que-votan-sanchismo/

Zarzalejos, José Antonio, «Pilar Alegría (por ejemplo) y el derecho a mentir», El Confidencial, 10 octubre 2024. https://blogs.elconfidencial.com/espana/notebook/2024-10-10/pilar-alegria-derecho-mentir_3979857/

Este libro, por encomienda de la editorial Almuzara, se terminó de imprimir el 11 de abril de 2025. En esa misma fecha, en el año 2002, tuvo lugar en Venezuela una multitudinaria marcha de la oposición que derivó en un enfrentamiento entre civiles y la Guardia Nacional, culminando en un golpe de Estado contra el presidente Hugo Chávez.